Innovative Finanzierungsformen
im Licht des Aufsichtsrechts

Europäische Hochschulschriften Recht

European University Studies in Law

Publications Universitaires Européennes de Droit

Band/Volume **6189**

Fernando Ortega

Innovative Finanzierungsformen im Licht des Aufsichtsrechts

Eine rechtliche Analyse der Mikrofinanzierung und des Crowdlending als Finanzierungsformen für KKMU-Unternehmen und Existenzgründung in Deutschland

PETER LANG

Bibliografische Information der Deutschen Nationalbibliothek
Die Deutsche Nationalbibliothek verzeichnet diese Publikation in der Deutschen Nationalbibliografie; detaillierte bibliografische Daten sind im Internet über http://dnb.d-nb.de abrufbar.

Zugl.: Mainz, Univ., Diss., 2020

Gedruckt bzw. veröffentlicht mit Unterstützung des Deutschen Akademischen Austauschdienstes

Gedruckt auf alterungsbeständigem, säurefreiem Papier.
Druck und Bindung: CPI books GmbH, Leck

D 77
ISSN 0531-7312
ISBN 978-3-631-82454-2 (Print)
E-ISBN 978-3-631-83286-8 (E-PDF)
E-ISBN 978-3-631-83287-5 (EPUB)
E-ISBN 978-3-631-83288-2 (MOBI)
DOI 10.3726/b17551

Diese Publikation wurde begutachtet.

www.peterlang.com

A Anni

Danksagung

Mein aufrichtiger Dank gilt zuerst meiner Doktormutter, Frau Prof. Dr. Elke Gurlit, für die engagierte Betreuung der vorliegenden Dissertation, die große Unterstützung bei den Bewertungen für mein Stipendium und die zügige Korrektur meiner Arbeit. Ohne ihre fachliche Begleitung mit wertvollen Hinweisen und Bemerkungen wäre die besondere Herausforderung, als ausländischer Jurist ein Promotionsstudium in Deutschland zu absolvieren, nicht zu bewältigen gewesen. Ihre kluge Entscheidung, mir die Möglichkeit zu geben, in einem Büro integriert mit dem Team am Lehrstuhl zu arbeiten, ermöglichte mir eine wertvolle Interaktion mit meinen Kollegen und meine eigene Integration in die Welt der deutschen Rechtswissenschaft. Ich bin dafür sehr dankbar.

Herrn Prof. Dr. Peter Mülbert danke ich für die Zweitbegutachtung und die darin enthaltenen Anregungen.

Dem Deutschen Akademischen Austauschdienst (DAAD) gilt mein Dank für das gewährte Promotionsstipendium sowie für die großzügige Unterstützung bei der Finanzierung der Druckkosten der Arbeit.

Ferner danke ich meinen Freunden am Lehrstuhl für Staats- und Verwaltungsrecht, Rechtsvergleichung und Europarecht sowie meinen Kollegen vom Fachbereich Rechts- und Wirtschaftswissenschaften der Johannes Gutenberg-Universität Mainz. All denen von euch, die mit mir im Büro gesessen haben und mir zur Seite standen. Danke dafür, dass ihr die Zeit gefunden habt, euch mit meinen Sorgen und Zweifeln auseinanderzusetzen. Meine Promotionszeit ist von eurer Erinnerung nicht zu trennen: Danke an Petra Michaela Kirchmayer, Christopher Finck, Dr. iur. Marcel Buus, Annika Frenz, Dr. iur. Christoph Czauderna, Ali Günes, Hans-Ulrich Klöppel, Lukas Zöllner, Erik Sollman, Dr. iur. Eva Ellen Wagner und Dr. iur. Christina Globke. Ich danke dir, Christina, dafür, dass du mich während der Entstehung der Arbeit unterstützt und mir vor allem in schwierigen Momenten gute Ratschläge gegeben hast.

Herrn Klaus Kretschmer danke ich für die Korrektur von Orthographie und Grammatikfehlern.

Dir, Jorge Alfredo, mein großer Bruder, widme ich posthum diese Arbeit, in der Hoffnung, dass ich dir eines Tages jenseits dieses Lebens einen Teil all dessen zurückgeben kann, was du mir im Leben gegeben hast.

Die vorliegende Arbeit wurde im Oktober 2018 eingereicht und vom Fachbereich Rechts- und Wirtschaftswissenschaften der Johannes Gutenberg-Universität

Mainz als Dissertation angenommen. Die nach Abschluss der Arbeit erschienene Rechtsprechung, Gesetzgebung und Literatur konnte größtenteils bis Frühling 2020 berücksichtigt werden.

Frankfurt am Main, im April 2020 *Fernando Ortega*

Inhaltsverzeichnis

Abkürzungen

ABl.	Amtsblatt
ABl. EU	Amtsblatt der Europäischen Union
Abs.	Absatz, Absätze
AG	Aktiengesellschaft
AGB	Allgemeine Geschäftsbedingungen
Alt.	Alternative
Art.	Artikel
Aufl.	Auflage
BaFin	Bundesanstalt für Finanzdienstleistungsaufsicht
BAKred	Bundesaufsichtsamt für das Kreditwesen
Bd.	Band
Beschl.	Beschluss
BGB	Bürgerliches Gesetzbuch
BGBl.	Bundesgesetzblatt
BGH	Bundesgerichtshof
BGHZ	Entscheidungen des Bundesgerichtshofs in Zivilsachen
BKR	Zeitschrift für Bank- und Kapitalmarktrecht
BMWi	Bundesministerium für Wirtschaft und Energie
BMAS	Bundesministerium für Arbeit und Soziales
BT-Drucks.	Drucksachen des Bundestages
BVerfG	Bundesverfassungsgericht
BVerfGE	Entscheidungen des Bundesverfassungsgerichts
BVerwG	Bundesverwaltungsgericht
BVerwGE	Entscheidungen des Bundesverwaltungsgerichts
bzw.	beziehungsweise
CRD IV	Capital Requirements Directive IV
CRR	Capital Requirements Regulation
DB	Der Betrieb
d.h.	das heißt
DÖV	Die öffentliche Verwaltung
EaSI	Programm der Europäischen Union für Beschäftigung und soziale Innovation
EBA	European Banking Authority
EG	Europäische Gemeinschaft
endg.	endgültig

ErwGr.	Erwägungsgrund
ESMA	Europäische Wertpapier- und Marktaufsichtsbehörde
EU	Europäische Union
EuGH	Europäischer Gerichtshof
EuZW	Zeitschrift für Europäisches Wirtschaftsrecht
e.V.	eingetragener Verein
EWS	Europäisches Wirtschaft- und Steuerrecht
EZB	Europäische Zentralbank
f.	folgende
ff.	fortfolgende
FinDAG	Finanzdienstleistungsaufsichtsgesetz
FinVermV	Finanzanlagenvermittlungsverordnung
Fn.	Fußnote
GbR	Gesellschaft bürgerlichen Rechts
gem.	gemäß
GewArch	Gewerbearchiv
GewO	Gewerbeordnung
GG	Grundgesetz
ggf.	gegebenenfalls
GmbH	Gesellschaft mit beschränkter Haftung
HGB	Handelsgesetzbuch
h. M.	herrschende Meinung
Hrsg.	Herausgeber
i. d. R.	in der Regel
i. S. d.	im Sinne des, im Sinne der
i. V. m.	in Verbindung mit
JASMINE	Gemeinsame Aktion zur Förderung von Kleinstkreditinstituten in Europa
JASPERS	Gemeinsame Hilfe bei der Unterstützung von Vorhaben in europäischen Regionen
JEREMIE	Gemeinsame europäische Ressourcen für kleinste bis mittlere Unternehmen
JESSICA	Gemeinsame europäische Unterstützung für Investitionen zur nachhaltigen Stadtentwicklung
JZ	Juristenzeitung
Kap.	Kapitel
KASG	Kleinanlegerschutzgesetz
KKMU	Kleinst-, Klein- und mittlere Unternehmen
KMU	Kleine und mittlere Unternehmen

KOM	Dokumente der Kommission der Europäischen Gemeinschaften
KWG	Gesetz über das Kreditwesen
LG	Landgericht
lit.	litera
LMK	Kommentierte BGH-Rechtsprechung Lindenmaier-Möhring – Fachdienst Zivilrecht
MaRisk	Mindestanforderungen an das Risikomanagement – MaRisk
Mio.	Million
Mrd.	Milliarden
NJW	Neue Juristische Wochenschrift
NJW-RR	NJW-Rechtsprechungs-Report Zivilrecht
Nr.	Nummer
NVwZ	Neue Zeitschrift für Verwaltungsrecht
NZG	Neue Zeitschrift für Gesellschaftsrecht
OVG	Oberverwaltungsgericht
RdF	Recht der Finanzinstrumente
RegBgr.	Begründung der Regierung
RL	Richtlinie
Rn.	Randnummer, Randnummern
Rspr.	Rechtsprechung
S.	Seite, Seiten/Satz
s.	siehe
SEC	Securities and Exchange Commission
sog.	sogenannt
SSM	Single Supervisory Mechanism
StB	Der Steuerberater
StGB	Strafgesetzbuch
u.a.	und andere, unter anderem
v.	vom, von
v. a.	vor allem
Var.	Variante
VermAnlG	Vermögensanlagengesetz
VG	Verwaltungsgericht
VGH	Verwaltungsgerichtshof
vgl.	vergleiche
VO	Verordnung
wistra	Zeitschrift für Wirtschafts- und Steuerstrafrecht
WM	Zeitschrift für Wirtschafts- und Bankrecht
WpHG	Wertpapierhandelsgesetz

ZAG	Gesetz über die Beaufsichtigung von Zahlungsdiensten
z.B.	zum Beispiel
ZBB	Zeitschrift für Bankrecht und Bankwirtschaft
ZfPW	Zeitschrift für die gesamte Privatrechtswissenschaft
ZGR	Zeitschrift für Unternehmens- und Gesellschaftsrecht
ZHR	Zeitschrift für das gesamte Handels- und Wirtschaftsrecht
zit.	zitiert
ZKG	Zahlungskontengesetz
z. T.	zum Teil
ZVglRWiss	Zeitschrift für Vergleichende Rechtswissenschaft

Erster Teil

Grundlagen der Mikrofinanzierung und Online-Kreditvermittlungsplattformen (Crowdlending) als innovative Finanzierungsformen in Deutschland

1. Kapitel: Einleitung und Gang der Untersuchung

Im Frühjahr 2018 hat die Bundesregierung die Rahmenbedingungen für die Verlängerung der Vergabe von Mikrokrediten im Rahmen des „Mikrokreditfonds Deutschlands" bis 2021 geschaffen und damit die Fortsetzung der Förderung einer spezifischen Zielgruppe in der Fremdkapitalvergabe gesichert,[1] bei der die Entwicklung von Wirtschaftstätigkeiten, Produkten und Dienstleistungen, die in der Regel keine Finanzierungsquelle auf dem traditionellen Finanzmarkt finden, ermöglicht wird.[2] Ihrerseits hat die EU-Kommission am 8.3.2018 im Rahmen des sog. „FinTech-Aktionsplan" einen Gesetzvorschlag vorgelegt, um die Regulierung von Crowdfunding bei der Finanzierung von Kleinunternehmen und Start-ups bzw. Existenzgründung auf europäischer Ebene zu harmonisieren und grenzüberschreitende Angebote von Online-Kreditvermittlungsplattformen zu erleichtern.[3]

Die Notwendigkeit, kostengünstige und effiziente Kredite zu bekommen, ist vor allem für die KKMU- und Existenzgründungsfinanzierung bei der kreditnehmenden Wirtschaft von Bedeutung. Dabei geht es um einen Wirtschaftssektor, der insbesondere unter der Wirtschaftskrise des Jahres 2008 europaweit gelitten und die Bankkreditvolumina noch nicht wieder erreicht hat. Fehlende Mittel sollen daher beim Scheitern von Start-ups eine erhebliche Rolle spielen und die Gesetzgebung soll entsprechend angepasst werden.[4]

---

1 Dazu Informationen des Bundesministeriums für Arbeit und Soziales (BMAS), Stand April 2018, Pressemitteilung des BMAS vom 18. Juni 2018, abrufbar unter: https://www.bmas.de/DE/Presse/Pressemitteilungen/2018/bundesregierung-verlaengert-mikrokreditfonds-deutschland.html; zuletzt geprüft am 07.04.2020.

2 Dazu Infoletter des Bundeswirtschaftsministeriums für Gründerinnen, Gründer und junge Unternehmen („GründerZeiten"). In der Ausgabe 06 vom 07.2015 ist Mikrokredit als eine wirtschaftliche Form von Förderung anzusehen und als Teil des Förderungsangebots für das Startkapital in Deutschland zu verstehen.

3 Vgl. Vorschlag für eine Verordnung des Europäischen Parlaments und des Rates über Europäische Crowdfunding-Dienstleister für Unternehmen vom 8.3.2018, KOM (2018) 113 endgültig.

4 Vgl. Vorschlag für eine Verordnung des Europäischen Parlaments und des Rates über Europäische Crowdfunding-Dienstleister für Unternehmen vom 8.3.2018, KOM (2018) 113 endgültig, Begründung, S. 1.

Vor diesem Hintergrund haben sich binnen weniger Jahre sowohl die Mikrokreditvergabe als auch internetgestützte Finanzierungsformen als innovative Finanzierungsformen (auch außerhalb des vom Staat regulierten Banksystems) etabliert, sodass heute beide eine zunehmende Rolle auf dem Kreditmarkt spielen. Das hat eine eindrucksvolle Entwicklung mit sich gebracht, die zahlreiche Rechtsfragen im Bereich der Aufsicht aufgrund der Einführung neuartiger Finanztechnologien ausgelöst hat. Denn der Etablierungsprozess solcher Geschäftsmodelle hat in der Praxis zum zunehmenden Eindringen von neuen Marktakteuren im Bereich der Finanzintermediation geführt, das häufig die Verlagerung des Kreditrisikos bei der Kreditvermittlung ohne die Einflussnahme traditioneller Finanzintermediäre ermöglicht. Damit stehen sie außerhalb der tradierten Typologie der Bankgeschäfte und werden bezüglich der verschärften aufsichtsrechtlichen Regeln vor allem mit dem Aufkommen der Internet-Kreditvermittlungsplattformen als Herausforderung für die Kreditwirtschaft angesehen.[5]

---

5 Vgl. *Möslein/Omlor*, BKR 2018, 236 (240); s. in Bezug auf Forschung u. Innovation „Assessing the potential for crowdfunding and other forms of alternative finance to support research and innovation" – EU Commission Final Report, Januar 2017. Über das Phänomen des Crowdfunding und die möglichen Risiken in ihren verschiedenen Gestaltungsformen haben die EBA und die ESMA entsprechende Berichte bzw. Stellungnahmen veröffentlicht, dazu ESMA/2014/SMSG/010: „Crowdfunding" – Position Paper vom 10.04.2014; ESMA/2014/1378: „Opinion – Investment-based crowdfunding" (Crowdinvesting), Stellungnahme vom 18.12.2014; EBA/Op/2015/03: „Opinion of the European Banking Authority on lending-based crowdfunding" (Crowdlending), Stellungnahme vom 26.02.2015. Konkret über den Anwendungskreis der Regulierung im Rahmen der Eigenmittelrichtlinie CRD-IV und die Capital Requirements Regulation – CRR Verordnung bei Unternehmen, die Kreditintermediation betreiben und kein CRR-Institut sind (darunter Crowdfunding bzw. Crowdlending-Plattformen): „EBA Report on other Financial Intermediaries and regulatory perimeter issues", Bericht vom 09.11.2017; EBA/Op/2017/13: „Opinion of the European Banking Authority on matters relating to other financial intermediaries and regulatory perimeter issues", Stellungnahme vom 09.11.2017. S. auch über FinTech-Regulierung, Mitteilung der Kommission, „Aktionsplan Finanzdienstleistungen für Verbraucher: bessere Produkte, mehr Auswahl", v. 23.3.2017, COM (2017) 139 Final; „Financial Stability Implications from FinTech Supervisory and Regulatory Issues that Merit Authorities´Attention", v. 27.6.2017, Financial Stability Board; Mitteilung der Kommission, „FinTech-Aktionsplan: Für einen wettbewerbsfähigen und innovativeren EU-Finanzsektor", v. 8.3.2018, COM (2018) 109 final; „The EBA´s FinTech Roadmap: Conclusions from the Consultation on the EBA´s approach to financial technology (FinTech)", v. 15.3.2018, European Banking Authority; Vorschlag für eine Verordnung des Europäischen Parlaments

Dieses Spannungsfeld zwischen bestehenden Regelungsstrukturen und der Entstehung innovativer Finanzierungsformen gibt Anlass, sich mit der Bedeutung der finanzmarktaufsichtsrechtlichen Ziele im Hinblick auf die praktische Entwicklung neuer Geschäftsmodelle in der Kreditwirtschaft auseinanderzusetzen. Konkret wird analysiert, ob im Kontext einer scheinbaren mangelhaften Kreditversorgung beim KKMU- und Existenzgründungssektor diese neue Finanzierungsformen unter Berücksichtigung der traditionellen Zulassungsanforderungen und Aufsichtspraktiken in Deutschland bewertet werden können, obwohl Finanzintermediäre dabei nicht mehr als Erbringer der Finanzdienstleistungen fungieren und der Risikomaßstab nicht immer als materieller Inhalt der Schutznormen wahrgenommen werden kann.

Insofern werden die Schutzfunktionen des Aufsichtsrechts und insbesondere der Gegenstand der Regulierung i.S.d. § 32 KWG ausführlich problematisiert. Im Zentrum dieser Untersuchung liegt dann die Frage, ob bei der Etablierung dieser zwei innovativen Finanzierungsformen auf dem Kapitalmarkt die Schutzzwecke der Finanzmarktaufsicht beeinträchtigt werden. Zugleich kommt dabei die eigene Einschätzung des erreichten Schutzniveaus in Betracht, die entsprechend in Bezug auf den Funktionsschutz, sowie auf den Anleger- und Verbraucherschutz analysiert wird.

Mit Rücksicht auf die Erkenntnisinteressen dieser Arbeit werden zunächst die Grundlagen der Mikrofinanzierung[6] und der Internet-Kreditvermittlungsplattformen (Crowdlending)[7] in Deutschland dargestellt. Dazu werden diese beiden Geschäftsmodelle im Zusammenhang mit den Schutzgütern der Finanzmarktaufsicht und insbesondere mit den Zwecken des § 32 Abs. 1 S. 1 KWG beleuchtet (Erster Teil). Sodann wird die bankrechtliche Genehmigungsbedürftigkeit der sog. „MFI´s" überprüft und die zu berücksichtigenden Rechtsfolgen behandelt (Zweiter Teil). Im Anschluss kommt die Analyse der vertraglichen Ausgestaltung des unechten Crowdlending-Geschäftsmodells sowie die Überprüfung der Genehmigungsbedürftigkeit aus der Perspektive jedes Marktteilnehmers in Betracht, die zusammen mit der jeweils eigenen durchgeführten Würdigung dargestellt wird. Als ergänzendes Kapitel wird dazu der aktuelle Vorschlag für die Regulierung des Crowdfunding auf europäischer Ebene gewürdigt (Dritter

---

und des Rates über Europäische Crowdfunding-Dienstleister für Unternehmen vom 8.3.2018, KOM (2018) 113 endgültig.

6 Durch Marktakteure außerhalb des Finanzsektors, sog. „Mikrofinanzinstitute – MFI´s" im Rahmen des Förderprogramms „Mikrofinanzfonds Deutschland".

7 Die Untersuchung bezieht sich in dieser Arbeit auf das sog. „unechtes" Crowdlending, das sich als Erscheinungsform und Geschäftsmodell in Deutschland etabliert hat.

Teil). Die Arbeit schließt mit einer Zusammenfassung der Ergebnisse in Thesen (Vierter Teil).

Gegenstand dieser Untersuchung sind die Vorgaben des öffentlichen Wirtschaftsrechts, die sich vor allem im Rahmen des Kreditwesengesetzes (KWG), des Vermögensanlagengesetzes (VermAnlG) und der Gewerbeordnung (GewO) entfalten. Nicht im Rahmen der hier vorliegenden Fragestellung liegen hingegen spezifische finanzaufsichtsrechtliche Regeln, die auf eine Verbesserung der KKMU-Finanzierungsbedingungen abzielen. Dabei sind insbesondere die mit dem Bankenpaket beschlossene Regelung, die den Anwendungsbereich des bereits bestehenden Unterstützungsfaktors für Kredite an kleine und mittlere Unternehmen ausweitet (sog. „KMU-Faktor“) und im Ergebnis zu einer Reduzierung der bankaufsichtlichen Eigenkapitalanforderungen führt (Art. 501 CRR-neu), sowie der § 76 WpHG in der am 03.01.2018 und in Umsetzung von MiFID II geltenden Fassung zur Etablierung regulierter KMU-Wachstumsmärkte zu nennen. Geldwäscheregulierung sowie Datenschutz- und Kartellrecht bleiben auch außer Betracht.

2. Kapitel: Der geförderte Mikrofinanzierungsmarkt für Existenzgründung und KKMU-Unternehmen als innovative Finanzierungsform

Bei der Förderung neuer Finanzierungsformen und der Entwicklung neuer Technologien in der Kreditwirtschaft sollen zugleich neue Adressaten erreicht werden. Dabei spielen die sog. „KKMU“ (Kleinst-, Klein- und mittleren Unternehmen) eine zunehmende Rolle.

So ist in erster Linie die Entstehung der Mikrokreditvergabe als Finanzierungsmodell weltweit im Rahmen dieser Entwicklung zu verstehen. Insbesondere zu nennen ist das am Ende der 1970er Jahre vom Ökonomen und Friedensnobelpreisträger Muhammad Yunus in Bangladesch entwickelte Kreditvergabemodell, das Zugang zu Finanzmitteln für diejenigen ermöglicht, die in der Regel keine andere Finanzierungsmöglichkeit auf dem Markt finden. Gleichwohl ist die Etablierung dieses Finanzierungsmodells als effektives Mittel für die Armutsbekämpfung und Schaffung von Reichtum immer noch hoch umstritten.[8]

Jenseits dieser Diskussion hat sich die Mikrokreditvergabe konkret als Instrument für die Förderung von spezifischen Wirtschaftssektoren etabliert, sodass die ausreichende Liquidität für bestimmten Adressaten zu Verfügung gestellt werden kann. Dies ist zunächst bei der Identifizierung der dabei zu berücksichtigenden Ziele zu beleuchten.

---

8 Ein ehemaliger Investor im Bereich Mikrofinanzierung, die Deutsche Bank Group, ist nun beispielsweise laut einem 2015 veröffentlichten Work Paper des ADBI (Asian Development Bank Institut) sehr kritisch gegenüber Mikrofinanzen: „Deutsche Bank finds, that „a consensus is now emerging that problems are rooted…within the characteristics of the microfinance industry“. *Neuberger*, ADBI, 530, 2015 11, 13. Andere Autoren sind sogar der Meinung, ein strategischer Wechsel im Mikrofinanzbereich sei zu beobachten, in dem heute die Rede viel mehr von „financial inclusion“ als von Unternehmenskrediten sei. Dieser strategische Wechsel sollte „weniger aus rationaler Verbesserung im Sinne der Armutsreduktion als aus „Mythos und Zeremonie“ zwecks organisationalen Selbsterhalts“ stattgefunden haben. Dazu *Sabrow und Mader*, ZfAS 2014, 175 (194).

A. Mikrofinanz im Rahmen der ordnungspolitischen Ziele

I. Innovationswirtschaft

Die Möglichkeit, ein Wirtschaftssystem durch Innovationen zu entwickeln, ist keine neue Idee. Ursprünglich kann man diese Prägung des Wirtschaftssystems zurück bis in die 1930er Jahre nachvollziehen, als die Vorstellung von „kreativer Zerstörung"[9] und die Erwirtschaftung technologischer Veränderungen später bei verschiedenen Wirtschaftssektoren zu sehen war und immer noch zu sehen ist.[10] Dabei ist zu erkennen, dass Innovation und wirtschaftliches Wachstum zusammenhängen und diese Interaktion eine wesentliche Rolle bei den vom Staat geförderten Zielen spielt. Das Wachstumsziel wird auch durch Innovationen gefördert,[11] die sich z.B. zugleich auch mit disruptiver Kraft neuer Anbieter im sog. „FinTechs"-Sektor[12] bei der Entstehung innovativer Finanzierungsformen im Internet wie dem Crowdfunding bzw. Crowdlending in der Finanzwirtschaft widerspiegeln.[13]

Aufgrund dieses Zusammenhangs soll man berücksichtigen, dass es, wenn von Innovation im Bereich Mikrofinanzierung die Rede ist, vor allem um Mikrokredite für Kleine- und Mittlere Unternehmen (auch Freiberufler) geht, damit sie Transaktionskosten sparen und mehr Wert in ihren entwickelten Dienst oder ihr Produkt stecken können.[14] So ist beim sog. „EaSI-Programm"[15] für die

---

9 Der Begriff „kreative Zerstörung" wird durch das Werk von Joseph A. Schumpeter „Kapitalismus, Sozialismus und Demokratie" als „schöpferische Zerstörung" bekannt, in dessen zweitem Teil (Kapitel 7) „Der Prozess der schöpferischen Zerstörung" als für den Kapitalismus wesentliches Faktum beschrieben wird. Dazu *Schumpeter*, Kapitalismus, 1950, S. 134 ff.

10 So *Nugroho/Miles*, Microfinance and Innovation, in: Global Review of Innovation Intelligence and Policy Studies, 2009, 1 (20).

11 Dazu *Mazzucato*, Das Kapital des Staates, 2013, S. 45 ff.

12 Als ein Akronym aus den Anfangsbuchstaben von „Financial" and „Technology" ist „FinTech" zu verstehen. Neue Geschäftsmodelle haben sich mit innovativen Technologien auf dem Sektor der Finanzdienstleistungen spezialisiert, sodass sie durch völlig neue Ideen und IT-Systeme die bisherigen etablierten Geschäftsmodelle oder IT-Systeme ersetzen, vgl. *Söbbing*, BKR 2016, 360.

13 Überblick zu den neuen Finanztechnologien und die „schöpferischen" Wirkung auf den Bankenmarkt s. *Paul*, Wirtschaftsdienst 2016, 631 ff.

14 So *Nugroho/Miles*, Microfinance and Innovation, in: Global Review of Innovation Intelligence and Policy Studies, 2009, 1 (21).

15 Verordnung (EU) Nr. 1296/2013 des Europäischen Parlaments und des Rates vom 11. Dezember 2013 über ein Programm der Europäischen Union für Beschäftigung und soziale Innovation („EaSI") und zur Änderung des Beschlusses Nr. 283/2010/EU

Förderung der Mikrofinanzierung in Europa eine Definition von Innovation zu finden, die aber nur in Bezug auf „soziale Innovationen" gemeint wird, indem es sich um die Entwicklung und die Umsetzung neuer Ideen handelt, die neue soziale Beziehungen oder Kooperationen mit Handlungspotenzial und gesellschaftliche Nutzung schaffen, d.h., Produkte, Dienstleistungen oder Modelle, wodurch eine neue Dynamik verliehen wird.[16]

Von besonderer Bedeutung ist in Deutschland beispielsweise der sog. Sektor der „Kultur- und Kreativwirtschaft", in dem Innovationen die Hauptrolle spielen. Es handelt sich dabei um eine Branche von verschiedenen Teilmärkten (wie Kunstmarkt, Musikwirtschaft, Architekturmarkt, Designwirtschaft, Softwareindustrie und Werbemarkt, u.a.), in der ca. 146 Milliarden Euro in 2014 erzielt wurden[17] und die daher relevant für die gesamte Wirtschaft ist.

II. Nachhaltigkeit

Mikrofinanzierung wird häufig auch als ein geeignetes Vehikel betrachtet, wenn es um „nachhaltige" Investitionen geht,[18] jedoch ist Nachhaltigkeit bisher auf europäischer Ebene eher in Bezug auf „nachhaltige Beschäftigung" oder „nachhaltige Integration" zu verstehen. So ist es beispielsweise bei den Zielen des von der Europäischen Union im Bereich der Mikrofinanzierung geförderten Programms,[19] in dem die Bekämpfung von Langzeitarbeitslosigkeit, Armut und sozialer Ausgrenzung genannt werden.[20] In diesem Sinne ist Nachhaltigkeit in der europäischen Förderungspolitik der Mikrokreditvergabe dann nicht als Finanzierungsprodukt, sondern als Finanzierungsziel wahrzunehmen, in dem der Begriff „Nachhaltigkeit" in erster Linie eine wirtschaftliche Bedeutung hat und nicht im Zusammenhang mit ökologischen Zwecken zu verstehen ist.[21] Dabei ist insbesondere die Rolle des European Social Fund zu nennen,

---

über die Einrichtung eines europäischen Progress-Mikrofinanzierungsinstruments für Beschäftigung und soziale Eingliederung, VO (EU) 1296/2013 zum EaSI-Programm (ABl. Nr. L 347 S. 238), geändert durch VO (EU) 2016/589 des EP und des Rates vom 13. 4. 2016 (ABl. Nr. L 107 S. 1).

16 Artikel 2, Nr. 5 des VO (EU) 1296/2013.

17 Initiative „Kultur- und Kreativwirtschaft der Bundesregierung", Daten online erreichbar unter: http://www.kultur-kreativ-wirtschaft.de. Zuletzt geprüft am 04.04.2020.

18 Dazu *Heise*, Mikrofinanzierung als Anlageklasse, 2015.

19 Artikel 4 der VO (EU) 1296/2013 zum EaSI-Programm.

20 Artikel 4 Nr. 2 lit. d, der VO (EU) 1296/2013 zum EaSI-Programm.

21 Dazu eingehend *Bendig/Unterberg/Sarpong*, Overview of the Microcredit Sector in the European Union, 2014, S. 16 ff.

dessen Investitionsbereich und Investitionsprioritäten im Artikel 3 der VO (EU) 1304/2013 geregelt sind und u.a. die „Förderung nachhaltiger und hochwertiger Beschäftigung (...)" als ein thematisches Ziel zu erkennen ist.

Auch bei der Mikrokreditvergabe in Deutschland ist Nachhaltigkeit im Zusammenhang von ökologischen Zwecken als Entscheidungskriterium kaum zu spüren. Die Kreditkonditionen haben sich auf junge Unternehmen bzw. Kleinstunternehmen und sozial ausgeschlossene Gruppen konzentriert, unabhängig davon, ob diese nachhaltigen Projekte bzw. ökologische Ziele verwirklichen wollen oder nicht.

Im Gegensatz dazu spielt Nachhaltigkeit bei der Mikrokreditvergabe im Rahmen der Entwicklungsfinanzierung im Sinne der Verfolgung von ökologischen Zwecken eine wesentliche Rolle. In Deutschland ist die Kreditanstalt für Wiederaufbau – KfW zu erwähnen, die einer der größten Finanzierer von Mikrokrediten weltweit in Entwicklungsländern ist.[22] Die Nachhaltigkeit hat sich als Entscheidungskriterium zur Projektfinanzierung (Finanzierungsprodukt) durch den Ausbau von Mikrokrediten in Entwicklungsländer etabliert, insbesondere in Bezug auf Projekte im Bereich erneuerbarer Energien und Energieeffizienz.[23]

III. Unternehmergeist (Entrepreneurship)

Ein wesentlicher Teil der Strukturierung der Mikrofinanzen als alternatives Finanzierungsmodell lässt sich ohne den Unternehmergeist der Menschen nicht erklären und noch wichtiger, es wäre auch wirtschaftlich nicht zu rechtfertigen. Der Unternehmergeist, der mit dem aus dem angelsächsischen gebrachten Begriff „Entrepreneurship" weltweit bezeichnet wird,[24] wird auch als ein Fundament des Mikrofinanzsystems betrachtet, indem sich zusammen mit dem Privatverbrauch, Sparen und Mikroversicherungen das sog. „Microfinance Trinity" herausbildet.[25] Allerdings ist die Herausbildung des „Microfinance Trinity" nicht genug, um eine klare Vorstellung des Konzepts Entrepreneurship zu haben. In der Tat geht es um einen Begriff, der durch die Beiträge von Autoren

22 Dazu https://www.kfw.de/KfW-Konzern/%C3%9Cber-die-KfW/Auftrag/Entwicklungsfinanzierung/. Zuletzt geprüft am 03.04.2020.

23 Über die Aufgaben und Geschäften der KfW siehe § 2 des KfW-Gesetzes.

24 Ursprünglich geht der Begriff „Entrepreneurship" auf das französische Verb „entreprendre" zurück und wird häufig in Bezug auf eine Geschäftstätigkeit, die bestimmte Unsicherheiten mit sich bringt, die also bestimmte Risiken trägt, verstanden. Dazu *Cantillon*, in: *Fritsch*, Entrepreneurship, 2016, S. 6.

25 So *Bendig/Unterberg/Sarpong*, Overview of the Microcredit Sector in the European Union, 2014, S. 32.

verschiedener Fachrichtungen angereichert wurde, unter denen vor allem der österreichische Ökonom Joseph Alois Schumpeter zu erwähnen ist.[26]

Schumpeters Beiträge haben die Idee von Entrepreneurship so stark geprägt, dass dieses nur durch die Anwendung von Innovationen zu verstehen ist. Entrepreneurship stellt somit ein Resultat einer wirtschaftlichen Anwendung von Erfindungen dar, unabhängig davon, ob es um ein Produkt (Produktinnovation), ein Verfahren (Verfahrensinnovation), die Erschließung neuer Bezugsquellen (Beschaffungsinnovation) oder neuer Absatzmärkte (Marketinginnovation) geht. Alle diese Neuerungen sollten die Durchsetzung von Innovationen ermöglichen, die zugleich zu einem Strukturwandel führen, indem Technologien, Unternehmen und Industrien, die nicht rentabel bzw. nicht rentabel genug sind, durch die neuen und innovativen Unternehmen ersetzt werden sollen, sodass immer eine gewisse Quantität an Risiko berücksichtigt werden muss.[27] Es handelt sich am Ende um einen Strukturwandel, der heutzutage auch als „kreative Zerstörung"[28] bekannt ist.[29]

Es besteht daher die Notwendigkeit, Entrepreneurship nicht nur als ein theoretisches Konzept zu erkennen, sondern vor allem als einen Prozess zu identifizieren, der besonders im Kontext des wirtschaftlichen Wachstums, hoher Produktivität und beschleunigten Konsums des heutigen finanzkapitalistischen Systems zu begreifen ist.

Aufgrund dieser Vorstellungen ist Entrepreneurship dann nur als Begriff zu konkretisieren, wonach ein Prozess zu beschreiben ist, „(...) der von Individuen initiiert und durchgeführt wird und der dazu dient, unternehmerische Gelegenheiten zu identifizieren, zu evaluieren und zu nutzen".[30] Diese Grundideen dienen der Kultur der Unternehmensgründung, die sich zugleich auf der von den Regierungen auf europäischer und internationaler Ebene geförderten Politik für Kleine- und Mittlere Unternehmen (KMU) reflektieren lässt,[31]

---

26 Vgl. *Fritsch*, Entrepreneurship, 2016, S. 3 ff.

27 Dass Entrepreneurship immer ein gewisses Risiko beinhaltet, spielt jedenfalls von Anfang an eine wesentliche Rolle in der Strukturierung und Entwicklung der Idee von Mikrofinanzierung, und es wird sogar bei der Risikoverwaltung und Risikosteuerung bei der Einrichtung der Mikrokreditvergabe bis heute spürbar.

28 Über den Begriff „kreative Zerstörung" s. *Schumpeter*, Kapitalismus, 1950, S. 134 ff.

29 *Fritsch*, Entrepreneurship, 2016, S. 7.

30 *Fueglistaller/Müller/Müller/Volery*, Entrepreneurship, 2016, S. 2.

31 Ein Beispiel dazu auf europäischer Ebene: Die Gründung im Jahr 2004 des „International Consortium on Entrepreneurship (ICE)" in Dänemark. Siehe dazu: *Beckmann*, Entrepreneurship-Politik, 2009, S. 26.

sodass „(…) Unternehmer die Triebkraft der Marktwirtschaft (…)“[32] sein sollen.

Aber Entrepreneurship lässt sich auch durch bestimmte Eigenschaften von Personen erkennen. Somit kann man jemanden „Entrepreneur“ nennen, wenn diese Person beispielsweise kreativ, risikobereit oder durch ein eigenverantwortliches Handeln u.a. zu identifizieren ist.[33] Alle diese Merkmale sind hoch relevant beim Unternehmensmanagement und bei der Ausbildung und führen auch zur Idealisierung der Personen in den heutigen Gesellschaften, die mit solchen Eigenschaften charakterisiert werden. Nach Selbstverwirklichung zu streben oder Gestaltungswillen zu haben, bringt nicht nur einen angesehenen Ruf in den sozialen Kreisen, sondern schafft auch die Notwendigkeit, über genügend Finanzmitteln zu verfügen, bzw. Zugang zu den Finanzmitteln zu haben. Somit ist auch das Verhältnis von Entrepreneurship und Mikrofinanzierung zu verstehen.

Auf der anderen Seite ist zu beobachten, wie die Politik darauf reagiert hat. Auch auf der wirtschaftspolitischen Agenda auf europäischer Ebene spielt Entrepreneurship eine wichtige Rolle, sodass manche Autoren der Meinung sind, dass es seit den 1990er Jahren „zu einem wesentlichen Ziel der Wirtschaftspolitik geworden ist“.[34] Zu berücksichtigen ist dabei insbesondere das im Jahr 2003 von der EG-Kommission vorgelegte Grünbuch „Unternehmergeist in Europa“, in dem „(…) Entrepreneurship als Motor für Innovation, Wettbewerbsfähigkeit, Beschäftigung und Wachstum erkannt (…)“[35] wird und deshalb auch „(…) das unternehmerische Wirken stärker zu fördern“[36] war. Unternehmergeist und insbesondere neue und kleine Unternehmer sollten dafür sorgen, Arbeitsplätze und damit Wachstum in der Europäischen Union zu schaffen.[37] Diese Ansicht

---

32 KOM (2003) 27 end., Ratsdok. 5765/03; Beschluss des Bundesrates, BR-Drucks. 89/03 vom 11. 4. 2003; RdA 2003, 380.

33 *Fritsch*, Entrepreneurship, 2016, S. 8.

34 So *Beckmann*, Entrepreneurship-Politik, 2009, S. 25. Als Beleg für die Entstehung dieses Ziels werden sowohl Positionspapiere der EU (Fostering Entrepreneurship in Europa, 1998) und der OECD (SME and Entrepreneurship Outlook, 2005) als auch die Verabschiedung der Lissabonner Agenda erwähnt, jedoch handelt es sich dabei vielmehr um ein schon im Lauf dieser Arbeit vom Verfasser genanntes wachstumsorientiertes Ziel, das durch die Entstehung neuer Arbeitsplätze bei den Klein- und Mittleren Unternehmen zu erreichen ist.

35 *Beckmann*, Entrepreneurship-Politik, 2009, S. 26.

36 KOM (2003) 27 end., Ratsdok. 5765/03; BR-Dr 89/03; EuZW 2003, 482.

37 KOM (2003) 27 end., Ratsdok. 5765/03; Beschluss des Bundesrates, BR-Drucks. 89/03 vom 11. 4. 2003; RdA 2003, 380.

herrscht immer noch bei den politischen Entscheidungsträgern in Europa und lässt sich auch bei der Entstehung und Entwicklung der von der Europäischen Kommission geförderten Finanzinstrumente und Programme beobachten, die den Zugang zu Finanzmitteln, Entrepreneurship und Innovation als Hauptziele verfolgen.

In diesem Sinne sind Programme wie „JEREMIE", „JASPER", „JESSICA" und „JASMINE" zu nennen, die die Europäische Kommission zusammen mit der Europäischen Investitionsbank eingeführt und manche mit Hilfe des Europäischen Sozial Fonds finanziert haben. Auch das sog. „COSME", das seit 2014 durchgeführt wurde und bis 2020 laufen sollte, ist dabei zu berücksichtigen. Ziel ist in diesem Fall aber ausschließlich die Förderung von Klein- und Mittleren Unternehmen. Inzwischen ist die Verordnung (EU) 1303/2013 (s.g. „ESI-Fonds-Verordnung") als ein Meilenstein der Förderung von Klein- und Mittleren Unternehmen und Mikrounternehmen zu betrachten, da die Nutzung von Finanzinstrumenten wie die Mikrofinanzierung dadurch unterstützt wird.[38] Schließlich ist der sog. „Entrepreneurship 2020 Action Plan" auf europäischer Ebene zu berücksichtigen. Die Rolle des Entrepreneurships wird bezüglich wirtschaftlichen Wachstums und Schaffung von Arbeitsplätzen wieder anerkannt.[39] Die Betonung bei der Förderung für die Entrepreneurship-Bildung und der Versuch, junge Menschen und neue Generationen von „entrepreneurs" zu erreichen, sind die besonderen Merkmale des Plans, die u.a. als wichtig zu nennen sind.

Unter den genannten Bedingungen wurde dann die Entrepreneurship-Politik auf europäischer Ebene eingeführt und bis heute weiterentwickelt. Besonders relevant ist die o.g. Verordnung (EU) Nr. 1296/2013 des Europäischen Parlaments und des Rates vom 11. Dezember 2013 über ein Programm der Europäischen Union für Beschäftigung und soziale Innovation („EaSI"), da Unternehmergeist dabei eine wichtige Rolle spielt.[40] Damit ist Entrepreneurship auch als wesentlicher Teil einer rechtlichen Definition von Mikrokredit in Europa zu begreifen, wenn es um eine teleologische Auslegung geht. Diese rechtliche Interpretation lässt sich konsequenterweise vor allem bei der genannten Verordnung verwirklichen, wonach die Gründung von Kleinstunternehmen durch einen verbesserten Zugang zu Finanzmitteln und Mikrofinanzierung gefördert wird.[41]

---

38 Art. 37 Abs. 4 der VO (EU) 1303/2013.

39 *Pes/Porreta*, Microfinance, EU Structural Fonds and Capacity Building, 2016, S. 118.

40 Es ist in dieser Stelle zu bemerken, dass die im Artikel 2 Nr. 2 des VO (EU) 1296/2013 eingeführte Definition von Mikrokredit vor allem unter Berücksichtigung unternehmerischer Ziele zu verstehen ist.

41 Artikel 4 Nr. 1 Lit. e der VO (EU) 1296/2013.

Noch konkreter lässt sich diese Gründungsförderung bei den Entscheidungsträgern in Bezug auf die Mikrofinanzierung in der Bundesrepublik beobachten. So wird beispielsweise die Neuauflage des Mikrokreditfonds als eine Lösung für die Schließung der Marktlücken in der Kreditfinanzierung von Kleinstunternehmen in Deutschland angesehen, während Mikrofinanzierung als „ein unverzichtbares Instrument, um dem Finanzierungsbedarf von Kleinstunternehmen zu begegnen, die sonst keinen Zugang zu Finanzierung haben“, beschrieben wird.[42] Dazu ist das Beispiel vom sog. „Infoletter“ des BMWi für Gründerinnen, Gründer und junge Unternehmen zu nennen, womit versucht wird, Lösungsvorschläge und relevante Themen bezüglich der Gründung und Unternehmensführung zu betrachten. Dabei wird ebenfalls über die Fortsetzung des „Mikokreditfonds Deutschland“ berichtet, und dieser zugleich als eine Finanzierungsoption für Kleinunternehmen beschrieben, wenn man keine Sicherheiten anzubieten habe oder sich nur einen Beitrag leihen möchte.[43]

Das Verhältnis zwischen der von der Politik geförderten Gründung von Kleinstunternehmen und dem Zugang zu Finanzmitteln durch Mikrofinanzinstrumente im Rahmen des Beschäftigungs- und Wachstumsziels ist somit sowohl auf europäischer als auch auf deutscher Ebene mehrfach belegt.

IV. „Financial Inclusion“

Dabei geht es um die Möglichkeit, bestimmte benachteiligte Gruppen der Bevölkerung am Finanzwesen teilhaben zu lassen. Um eine richtige Wahrnehmung des Begriffes „finanzielle Eingliederung“ im Kontext dieser Dissertation zu sichern, wird hier nunmehr im Sinne des von Basler Ausschuss für Bankenaufsicht verwendeten englischen Begriffes von „Financial Inclusion“ gesprochen.

Als die Mikrofinanzierung sich in den letzten Jahrzehnten als ein echtes Finanzierungsmodell insbesondere in den Entwicklungsländern etablierte, war auch zu beobachten, dass dieses alternative Modell zugleich eine wesentliche Rolle spielt, wenn es um die Förderung der „Financial Inclusion“ geht. So wurde es beispielsweise seit Mitte der 2000er-Jahre von wichtigen Finanzaufsichtsbehörden

42 Eingehend dazu, BMWi Monatsbericht, 08.2015, S. 27. Es handelt sich um den Bericht des Bundesministeriums für Wirtschaft und Energie, in dem es im Grunde genommen um die politische Entscheidung geht, den Mikrofinanzfonds als „Nationales Programm“ fortzusetzen, nachdem es im vergangenen Jahr eingestellt worden war und indem ca. 80 Millionen Euro zu Verfügung gestellt wurden.

43 Infoletter des Bundeswirtschaftsministeriums für Wirtschaft und Energie – BMWi für Gründerinnen, Gründer und junge Unternehmen „GründerZeiten“ 06, 07.2015. S. 10.

anerkannt,[44] sodass es heutzutage sogar als ein wichtiger Punkt in der Agenda des „Basler Ausschuss für Bankenaufsicht“ zu betrachten ist.[45]

Es handelt sich dabei um die Entstehung eines Mittel-Zweck-Verhältnisses, in dem Mikrofinanzen ein Instrument (Mittel) darstellt, durch das die Erleichterung des Zugangs zu Finanzmitteln in der Tat die finanzielle Eingliederung von Personen und Gruppen der Bevölkerung, die sonst keine andere Alternative auf dem Finanzmarkt gefunden hätten, geschafft werden könnte (Zweck).

Jedoch lässt sich bis heute die „Financial Inclusion“ als Begriff auf internationaler Ebene noch nicht konkretisieren. Zunächst sind verschiedene Elemente bei einem Bericht des Basler Ausschusses für Bankenaufsicht im Jahr 2015 zu erkennen und zu analysieren. So werden sowohl der Zugang zu als auch die Nutzung von Finanzdienstleistungen als „Financial Inclusion“ verstanden, immerhin sollte der Zugang eine stärkere qualitative Bedeutung haben. Dazu zählen ebenfalls die Fähigkeit, mehrere Finanzprodukte und Dienstleistungen anzubieten sowie ihre Qualität, Angemessenheit, und vor allem die Berücksichtigung des Verbraucherschutzes,[46] deren Wichtigkeit bei der Einrichtung eines alternativen Finanzierungsmodells erkennbar wird.

Hierbei ist es besonders relevant, dass aus der Perspektive der Bankenaufsicht der Verbraucherschutz zu beachten ist, wenn dabei auch von erzielter „Financial Inclusion“ die Rede ist. Erwähnenswert ist in diesem Kontext die Umsetzung der Zahlungskontenrichtlinie[47] durch die Verabschiedung des Zahlungskontengesetzes (ZKG)[48] in Deutschland, wonach allen Verbrauchern Zugang zum

---

44 Das Institut für Finanzielle Stabilität (Financial Stability Institut – FSI) hat sich zum ersten Mal 2003 getroffen, um über Mikrofinanzen zu diskutieren. Danach haben sie im Jahr 2006 zusammen mit der Weltbank die „Konferenz für die Förderung von eingegliederten finanziellen Systemen“ geführt.

45 S. dazu u.a. folgende Berichte des Basel Committee on Banking Supervision – BCBS: „Core Principles for Effective Banking Supervision“, Oktober 2006; „Microfinance Activities and the Core Principles for Effective Banking Supervision“, August 2010; und „Range of Practice in the Regulation and Supervision of Institutions relevant to Financial Inclusion“, Januar 2015.

46 BCBS, Range of Practice in the Regulation and Supervision of Institutions relevant to Financial Inclusion, 2015, S. 11.

47 Richtlinie 2014/92/EU des Europäisches Parlaments und des Rates vom 23.07.2014 über die Vergleichbarkeit von Zahlungskontoentgelten, den Wechsel von Zahlungskonten und den Zugang zu Zahlungskonten mit grundlegenden Funktionen, ABl. L 257 vom 28.8.2014, S. 214.

48 Gesetz über die Vergleichbarkeit von Zahlungskontoentgelten, den Wechsel von Zahlungskonten sowie den Zugang zu Zahlungskonten mit grundlegenden Funktionen als Art. 1 des Gesetzes zur Umsetzung der Richtlinie über die Vergleichbarkeit von

bargeldlosen Zahlungsverkehr verschafft werden soll, sodass eine behördliche Durchsetzung des Anspruchs auf ein sog. „Basiskonto" nach §§ 48 u. 49 ermöglicht wird. In der Praxis geht es um den Anspruch auf Abschluss eines Guthabenkontos für jedermann, das durch einen Kontrahierungszwang gewährleistet wird, d.h. dass das auf Antrag verpflichtete Institut, das Zahlungskonten für Verbraucher anbietet, mit einem berechtigten Verbraucher einen Basiskontovertrag zu schließen hat (§ 31 Abs. 1 Satz 1 ZKG), wenn die dafür notwendigen Voraussetzungen gegeben sind. Auch Regelungen zur Verbesserung der Transparenz und Vergleichbarkeit von Zahlungskontoentgelten (§§ 5 ff. ZKG) sowie Normen über den Kontowechsel (§§ 20 ff. ZKG) sind dabei zu sehen. Inwiefern die in den §§ 48 u. 49 ZKG vorgesehenen Regelungen als eine Ausnahme zu betrachten sind oder eher langfristig als Vorbild für einen finanzmarktaufsichtsrechtlichen Individualschutz fungieren können, ist eine Frage, die hier nicht zu beantworten ist. Im Prinzip sind für den aufsichtsrechtlichen Verbraucherschutz keine individuellen Rechte nach § 4 Abs. 1a Satz 1 FinDAG durch die Aufsichtsbehörde in Deutschland durchzusetzen; dennoch stellen die genannten Normen ausnahmsweise eine individuelle Rechtsdurchsetzung verbraucherschutzrechtlicher Vorschriften durch die BaFin dar und dienen als Beispiel für ein effektives Instrument finanzieller Inklusion.[49]

Zum Schluss ist „Financial Inclusion" als solche vielmehr als die Konsequenz eines strategischen Wechsels im Mikrofinanzbereich zu verstehen. Das Zusammenwirken einer angemessenen Regulierung der Mikrokredite und die Förderung von „Financial Inclusion" hat sich in der Agenda der Finanzaufsichtsbehörden etabliert.[50]

Dabei kommt nicht nur die Identifizierung des Risikos bei der Mikrokreditvergabe (u.a.: Kreditrisiko, Liquiditätsrisiko) in Betracht, sondern auch der Schutz des Verbrauchers und die Gewährleistung des Vertrauens der Marktteilnehmer bei der Entwicklung und Etablierung innovativer Finanzierungsformen (z. B. im sog. „FinTech" Bereich bzw. Crowdfunding-Sektor) oder bei der Entstehung neuer Finanzprodukte und Technologien.

Zahlungskontoentgelten, den Wechsel von Zahlungskosten sowie den Zugang zu Zahlungskonten mit grundlegenden Funktionen vom 11.4.2016, BGBl. I 2016, S. 270.

49 Vgl. *Klöppel*, WM 2017, 1090 (1095).

50 S. dazu u.a. folgende Berichte des Basel Committee on Banking Supervision – BCBS: „Core Principles for Effective Banking Supervision", Oktober 2006; „Microfinance Activities and the Core Principles for Effective Banking Supervision", August 2010; und „Range of Practice in the Regulation and Supervision of Institutions relevant to Financial Inclusion", Januar 2015.

B. Definition von „Mikrokredit“ und „Mikrofinanzierung“

Die heute noch geltende Definition von Mikrokredit wurde zum ersten Mal auf europäischer Ebene in der EU-Kommissionsmitteilung vom 29. Juni 2006 mit dem Titel „Umsetzung des Lissabon-Programms der Gemeinschaft: Die Finanzierung des Wachstums von KMU – Der besondere Beitrag Europas“ verwendet und gilt immer noch als Referenz bei der Formulierung der Förderungspolitik im Bereich Wachstum und Beschäftigung.[51]

Jedoch wurde sowohl von der Seite der jeweiligen Interessengruppen[52] als auch selbst von der Seite der Europäischen Kommission[53] die Notwendigkeit einer differenzierten Betrachtung bei der Konkretisierung der Definition von Mikrokredit festgestellt, die es erlauben würde, nicht nur Allokationsprobleme bei der Abgabe der Förderungsmittel zu vermeiden, sondern auch die Zielgruppe dieser öffentlichen Mittel effektiver zu erreichen.[54]

Diese differenzierte Betrachtung ist erforderlich, weil es bei der heutigen Definition von Mikrokredit nur um die Höhe des Betrags geht, ohne dabei andere entscheidende Kriterien zu berücksichtigen, wie die Art des Geldgebers, des Mikrodarlehensnehmertyps oder sogar der Dienstleistungen, die in der Regel auf einem Mikrofinanzierungsmarkt angeboten werden.[55] Das hat dazu geführt, dass heutzutage Mikrokredite als solche nicht ausschließlich im Rahmen eines

---

51 KOM (2006) 349 vom 29.6.2006, „Umsetzung des Lissabon-Programms der Gemeinschaft: Die Finanzierung des Wachstums von KMU – Der besondere Beitrag Europas“, S. 8.

52 Dazu Policy Note on Sector Proposals to Increase the Impact of Microfinance in the EU, European Microfinance Network, Microfinance Center, Oktober 2015, S. 3.

53 Eingehend dazu Bericht der Kommission an das Europäische Parlament und den RAT über die Anwendung der Richtlinie 2006/48/EG auf Mikrokredite, Brüssel, 2012.

54 Die EU-Kommission hat dieses Problem schon erwähnt, ohne bisher konkrete Entscheidungen bezüglich einer Lösung getroffen zu haben: „Die mangelnde kohärente und allgemein verwendete Definition von ‘Mikrokredit’ ist ein Hindernis für die Betreibung von Informationen und Sammlung von Daten im Hinblick auf diese Tätigkeit, wodurch es schwierig wird, die Entwicklung des Mikrokredits in der EU zu verfolgen“. (Bericht der Kommission an das Europäische Parlament und den RAT über die Anwendung der Richtlinie 2006/48/EG auf Mikrokredite, Brüssel, 2012. S. 4).

55 Dem darüber verfassten Bericht der EU-Kommission zufolge können „Die Tätigkeiten von Mikrokreditgebern (…) über die Kreditvergabe hinaus auch andere Finanzdienstleistungen umfassen, wie z. B. Sparprodukte, Girokonten, Zahlungs- und Überweisungsdienstleistungen, Versicherungen, Leasing usw. Dieses breite Spektrum an Finanzdienstleistungen sollte indes als ‘Mikrofinanzdienstleistungen’ bezeichnet und in einem weiteren Sinn als ‘Mikrokredite’ erbracht werden“. (Bericht der Kommission

erkennbaren eingerichteten Mikrofinanzsystems, sondern auch bei verschiedenen Privatbanken bzw. Kreditinstituten[56] und anderen Anbietern (z.B. sog. „Mikrokreditinstitute") auf dem Markt zu sehen sind, sodass auch traditionelle Kreditinstitute als Mikrokreditvermittler gelten sollten, ohne zwangsläufig die zu erreichenden sozialen Ziele des entsprechenden öffentlichen Förderungsprogramms berücksichtigt zu haben.[57]

Diese Allokationsprobleme der Förderprogramme sind ebenfalls beim Endadressaten zu spüren, da die Kreditbedingungen nicht immer geeignet für KKMU sind und somit nicht ausschließlich Personen und Kleinstunternehmen, die Schwierigkeiten beim Zugang zu Kredit haben,[58] berücksichtigt werden. Als Resultat werden in Deutschland „Mikrokredite" als bloße kleine Kredite angeboten, die in manchen Fällen mit staatlichen Mitteln finanziert werden könnten und daher die geförderten Ziele nicht erfüllen.[59]

Auf der europäischen Ebene spiegelt sich seinerseits die Definition von Mikrokredit in verschiedenen Rechtsakten wider. In diesem Zusammenhang kommt die EU-Kommissionsmitteilung vom 29. Juni 2006 – „Umsetzung des Lissabon-Programms der Gemeinschaft: Die Finanzierung des Wachstums von KMU – Der besondere Beitrag Europas" (S. 8) in Betracht, in der es zum ersten

---

an das Europäische Parlament und den RAT über die Anwendung der Richtlinie 2006/48/EG auf Mikrokredite, Brüssel, 2012. S. 4).

56 Kreditinstitute in Deutschland bieten „Mikrokredite" an, die im Rahmen eines öffentlichen Förderprogramms in der Regel zusammen mit einer Regional Entwicklungs-Bank durchgeführt sind, z.B. u.a.: Investitionsbank Berlin, Bremer Aufbau-Bank und die Wirtschafts- und Infrastrukturbank Hessen („WI-Bank"). Fraglich bleibt jedoch, ob beim Endadressat bzw. KMU, Gründer oder Selbstständiger erkennbar und klar wird, dass es in der Tat um öffentliches gefördertes Mittel geht.

57 Dazu Policy Note on Sector Proposals to Increase the Impact of Microfinance in the EU, European Microfinance Network, Microfinance Center, Oktober 2015, S. 3.

58 Laut der heute geltenden Definition von Mikrofinanzierung sollte es ausschließlich um Personen und Kleinstunternehmen gehen, die Schwierigkeiten beim Zugang zu Kredit haben (Art. 2 Nr. 4 der VO (EU) 1296/2013).

59 Dazu Policy Note on Sector Proposals to Increase the Impact of Microfinance in the EU, European Microfinance Network, Microfinance Center, Oktober 2015, S. 3. Darüber hat sich auch die EU-Kommission konkret geäußert: „Je nach Kontext können Darlehen mit ähnlichen Merkmalen entweder als Mikrokredit oder als herkömmliche Darlehen eingestuft werden. Sie können als Verbraucherdarlehen, Privatkundendarlehen, Unternehmensdarlehen oder Darlehen an kleine und mittlere Unternehmen (KMU) ausgewiesen werden". (Bericht der Kommission an das Europäische Parlament und den RAT über die Anwendung der Richtlinie 2006/48/EG auf Mikrokredite, Brüssel, 2012. S. 4).

Mal auf europäischer Ebene gelungen ist, die Definition vom „Mikrokredit“ zu konkretisieren und somit auch als Begriffspräzedenz für die darüber zu treffenden zukünftigen Entscheidungen im Rahmen mehrerer Förderprogramme in der Europäischen Union zu dienen. Dabei ist die Beziehung mit der möglichen Erreichung sozialer Ziele zu betonen, da vor allem Frauen und Angehörige ethnischer Minderheiten unterstützt werden. So werden die Mitgliedstaaten aufgefordert, durch die Erleichterung nationaler Rechtsvorschriften die Bereitstellung von „Mikrokrediten“ im Sinne von Krediten über weniger als 25.000 EUR zu erleichtern.[60]

Auch die EU-Kommissionsmitteilung vom 13. November 2007 – „Initiative zur Entwicklung von Kleinstkrediten für mehr Wachstum und Beschäftigung“ (Anhang 1, S. 13) ist hierbei zu nennen, da eine Definition von Mikrokredit eingeführt wurde und es somit bei der im Jahr 2006 schon festgestellten Obergrenze blieb. Ein bestimmter Grund für die Festlegung der Definition ist weder in der Kommissionsmitteilung noch bei irgendeinem Erwägungsgrund eines Rechtsaktes vor oder nach dieser Mitteilung zu finden; jedoch gilt es bis heute als Baustein für die Förderprogramme der Europäischen Union, obwohl in der Mitteilung erwähnt war, dass es um einen höheren Betrag im Vergleich mit den Beträgen der damaligen „neuen EU-Länder“ geht.[61] Es wurde dabei betont, dass es vor allem um die Schaffung von Arbeitsplätzen sowie um Startup-Kapitalfinanzierung für Geschäftsideen bei benachteiligten Gruppen der Bevölkerung geht, die Schwierigkeiten beim Zugang zu Finanzmitteln haben.[62]

An dieser Stelle ist die Verordnung (EU) Nr. 1296 vom 11. Dezember 2013 – „über ein Programm der Europäischen Union für Beschäftigung und soziale Innovation – EaSI Programm“ (Art. 2 Nr. 2 u. 4) zu beachten. Ziel war es, im Einklang mit der o.g. Kommissionsmitteilung vom 13. November 2007 („Eine europäische Initiative zur Entwicklung von Kleinstkrediten für mehr Wachstum und Beschäftigung“) einen Mikrofinanzierungsmarkt zu fördern, damit „Mikrofinanzierungen auf dem jungen Mikrofinanzierungsmarkt der Union in höherem Maße zur Verfügung stehen“ und „die institutionelle Kapazität von Mikrofinanzanbietern und vor allem von Mikrofinanzierungsinstituten,

60 Vgl. KOM (2006) 349 vom 29.6.2006, S. 8. Förderprogramme wurden danach konsequent eingeführt (z.B. „JEREMIE“, „JASPER“, „JESSICA“ und „JASMINE“). Dabei ist die schon erwähnte „ESI-Fonds-Verordnung“ hervorzuheben, weil dabei die Mikrofinanzierung als Finanzierungsquelle unmittelbar unterstützt und gefördert wird (Art. 37 Abs. 4, Verordnung (EU) 1303/2013).

61 Vgl. KOM (2007) 708 vom 13.11.2007, Anhang, S. 13, Fn. 16.

62 Vgl. KOM (2007) 708 vom 13.11.2007, Anhang, S. 13.

die keine Banken sind, ausgebaut (…)" werden kann.[63] Dieses Programm sollte andere Programme ergänzen,[64] die im Rahmen der Wirtschaftspolitik der Europäischen Union eingerichtet sind, um Armut und soziale Ausgrenzung durch den Beitrag von nachhaltiger Beschäftigung zu bekämpfen.[65] Es war insofern notwendig, die Definition von „Mikrofinanzierung" auch so zu präzisieren, dass verdeutlicht werden konnte, dass es sich ausschließlich um Personen und Kleinstunternehmen mit Schwierigkeiten beim Zugang zu Kredit handelt. Darin liegt auch die Relevanz dieser EU-Verordnung.

Die Idee des europäischen Gesetzgebers ist es dann, das potenzielle Scheitern bei Unternehmensgründungen wegen fehlenden Zugangs zu Finanzierung oder fehlenden Beteiligungskapitals oder Quasi-Beteiligungskapitals zu vermeiden[66]. Jedoch scheint diese Präzisierung bezüglich der Implementierung des Mikrofinanzierungsbegriffes bei der Durchführung der Förderprogramme nicht vollständig berücksichtigt worden zu sein, da die Definition von „Mikrokredit", wie erwähnt, bis heute immer noch problematisch bleibt und Allokationsprobleme bei der Abgabe von Förderungsmitteln fortdauern. Mikrokredite werden dann in der Praxis auch ohne die begriffliche Berücksichtigung von „Mikrofinanzierung" angeboten.

C. Bedarf und Adressaten (Zielgruppen)

Ein wichtiges Förderungsziel im Mikrofinanzbereich ist die Beschäftigung von Frauen, sodass im Jahr 2014 insgesamt 39,8 Prozent der Erwerbstätigen in der Kultur- und Kreativwirtschaft Frauen waren. Auch die sog. „sozialen Innovationen" sind zu berücksichtigen. Dabei ist dann die relevante Rolle der Kleinstunternehmen sowie der Unternehmensgründungen zu betonen, in denen im Jahr 2014 laut dem Mannheimer Unternehmenspanel (MUP) knapp 12.000 wirtschaftsaktive Unternehmen gegründet wurden.[67]

Somit wird durch die Förderung der Entstehung eines Mikrofinanzierungsmarktes in Deutschland erwartet, den Zugang zu Fremdkapital für

---

63 ErwGr. 24 Verordnung (EU) Nr. 1296/2013.

64 ErwGr. 33 Verordnung (EU) Nr. 1296/2013.

65 ErwGr. 10 Verordnung (EU) Nr. 1296/2013.

66 ErwGr. 22 Verordnung (EU) Nr. 1296/2013.

67 Monitoring zu ausgewählten wirtschaftlichen Eckdaten der Kultur- und Kreativwirtschaft 2014-Langfassung, Zentrum für Europäische Wirtschaftsordnung GmbH (ZEW), Januar 2016, SS. 22, 31, 38.

Existenzgründung, Kleinstunternehmen sowie Personen mit Migrationshintergrund zu ermöglichen.

I. Kleinstunternehmen

Laut dem Bericht des Bundesministeriums für Wirtschaft und Energie gibt es eine Marktlücke in der Kreditfinanzierung von Kleinstunternehmen, die durch die Neuauflage des Mikrokreditfonds seit Mai 2015 zu schließen sei. Es handelt sich dabei um die Fortsetzung eines von der Bundesregierung geförderten Fonds, der als „Haftungsfonds" eingerichtet wird und nun als nationales Programm im Rahmen der Förderungspolitik für Kleinstunternehmen zu betrachten ist.

Konkret existiert dem genannten Bericht zufolge ein „dringender Bedarf an Kleinstkrediten" in Deutschland, der durch die Ergebnisse einer vom Bundesministerium für Arbeit und Soziales in Auftrag gegebenen Machbarkeitsstudie bestätigt sei, wonach eine signifikante Nachfrage für Mikrokredite mit Marktzinsen bei einer durchschnittlichen Höhe von deutlich unter 10.000 Euro Kreditvolumen und kurzen Laufzeiten belegt und nicht ausreichend vom Markt bedient worden sei. Dabei werden seit 2010 im Rahmen des Förderprogramms „Mikrokreditfonds Deutschland" u.a. die folgenden Zahlen genannt: 18.800 Kredite mit einem Volumen von über 112,8 Millionen Euro wurden ausgezahlt; über 33 Prozent der Kredite wurden an Unternehmerinnen und Unternehmer mit Migrationshintergrund ausgereicht, Frauen erhielten mehr als 32 Prozent der Mikrokredite. Das durchschnittliche Kreditvolumen lag bei 6.011 Euro bei einer durchschnittlichen Laufzeit von 24 Monaten. Schwerpunkte der finanzierten Branchen waren Dienstleistungen, Einzelhandel, Gastronomie und Handwerk.[68]

Es wird zudem davon ausgegangen, bestimmtes unternehmerisches Potenzial und Kreativität könnten ungenutzt bleiben, da die Banken nur wenig bereit seien, Unternehmen mit fehlenden Vermögenswerten und damit keiner hinreichenden Bonität einen Kredit auszureichen. Darüber hinaus kommt der Aufwand der Geschäftsbanken in Betracht, da die Kosten bei der Risikoprüfung der Kreditvergabe von kleinen Krediten nicht gedeckt sind. Durch dieses Förderprogramm soll konsequent diese Unvollkommenheit des Marktes gedeckt werden.

II. Existenzgründung

Im Rahmen des gleichen Förderprogramms für Kleinstunternehmer kommt auch die Existenzgründungsfinanzierung in Betracht. Ziel ist es auch, Startkapital

68 Vgl. BMWi, Monatsbericht, 08.2015, S. 27 ff.

zur Verfügung zu stellen für diejenigen Gründer, die externe Finanzmittel in einer Höhe von bis 20.000 Euro benötigen.

So ist die Unmöglichkeit für viele Gründer, bankübliche Sicherheiten anbieten zu können, zu thematisieren. Ein Mikrokredit sollte dann als Finanzierungsalternative dafür sorgen, auch einfache Bürgschaften als Sicherheit in der Praxis geltend zu machen, sodass kleine Einzelbürgschaften von Personen aus dem Verwandten- und Bekanntenkreis oder Geschäftspartnern berücksichtigt werden können. In diesem Kontext werden 73% der von Gründern genutzten externen Finanzmittel in Form von Krediten von bis 25.000 Euro und 53% in Form von Krediten von bis 10.000 Euro vergeben.[69]

Ein Finanzierungsbedarf von Existenzgründern in Deutschland lässt sich somit beobachten, der auch durch öffentliche Förderungsprojekte gedeckt sein sollte.

D. Die Förderprogramme für Mikrofinanzierung der regionalen Investitions- und Aufbaubanken

Hierbei handelt es sich um Förderprogramme, die unter der Berücksichtigung der auf europäischer Ebene festgelegten Definition von Mikrokredit von der Seite der Investitions- und Aufbaubanken des entsprechenden Bundeslandes auf einer regionalen Ebene durchgeführt werden, wodurch die Kleinstunternehmen und Existenzgründer als Zielgruppe gefördert werden sollen.

Ein strukturiertes Geschäftsmodell ist in diesem Fall nicht zu identifizieren, die Antragsverfahren und Kreditanträge erfolgen in der Regel direkt über das jeweilige Investitions- und Aufbaukreditinstitut des Bundeslandes.[70]

Zu betonen ist u.a., dass diese Art von Kreditprogrammen auch im Rahmen des Kreditvergabeprozesses i.d.R. eine Beratung bzw. Gründungsberatung vorsehen können, und dem Existenz- und Unternehmensgründer besser zu unterstützen. Schon bei der Antragserstellung (auch online möglich) und vor allem bei den ersten Schritten kann ein persönliches Interview vorausgesetzt werden.[71]

Solche Förderprogramme werden derzeit in mindestens zehn Bundesländern angeboten:

---

69 KfW-Gründungsmonitor 2015, S. 10.

70 Z.B. bei der Investitionsbank Berlin – IBB, s. unten: https://www.ibb.de/de/foerderprogramme/mikrokredit-aus-dem-kmu-fonds.html; zuletzt geprüft am 03.04.2020.

71 Z.B. bei der Investitionsbank Berlin – IBB, „Wie verläuft die Antragstellung?", s. unten: https://www.ibb.de/de/foerderprogramme/mikrokredit-aus-dem-kmu-fonds.html; zuletzt geprüft am 03.04.2020.

i) „Mikrokredit aus dem KMU-Fonds“ (Investitionsbank Berlin – IBB);[72]
ii) „Mikrokredit Brandenburg“ (Investitionsbank des Landes Brandenburg – ILB);[73]
iii) „Hessen-Mikrodarlehen“ (Wirtschafts- und Infrastrukturbank Hessens – WIBank);[74]
iv) „Mikrodarlehen für Existenzgründer“ (Gesellschaft für Struktur- und Arbeitsmarktentwicklung GSA – Mecklenburg-Vorpommern);[75]
v) „MikroSTARTer Niedersachsen“ (Investitions- und Förderbank Niedersachsen – Nbank);[76]
vi) „NRW/EU.Mikrodarlehen“ (Förderbank des Landes Nordrhein-Westfalen – „NRW.BANK“);[77]
vii) „Startkapital-Programm des Saarlandes“ (Saarländische Investitionskreditbank AG – SIKB);[78]
viii) „Mikrodarlehen für Existenzgründer und junge Unternehmen (MKD)“ (Sächsische Aufbaubank – Förderbank – SAB);[79]

---

72 https://www.ibb.de/de/foerderprogramme/mikrokredit-aus-dem-kmu-fonds.html, mit der finanziellen Unterstützung des Europäischen Fonds für regionale Entwicklung; zuletzt geprüft am 03.04.2020.

73 https://www.ilb.de/de/wirtschaft/darlehen/mikrokredit-brandenburg, mit der finanziellen Unterstützung des Europäischen Fonds für regionale Entwicklung; zuletzt geprüft am 03.04.2020.

74 https://www.wibank.de/wibank/hessen-mikrodarlehen, in Kooperation mit dem Hessischen Ministerium für Wirtschaft, Energie, Verkehr und Landesentwicklung, als „Kooperationspartner“ werden u.a. die Handwerkskammer sowie die Industrie- und Handelskammer genannt; zuletzt geprüft am 03.04.2020.

75 https://www.gsa-schwerin.de/leistungen/existenzgruendung-und-uebernahme/mikrodarlehen.html, mit der finanziellen Unterstützung des Europäischen Sozialfonds. Bei Neugründungen wird in diesem Fall auch eine „Stellungnahme über die Marktfähigkeit“ (durch z.B. die zuständige Kammer) vorausgesetzt; zuletzt geprüft am 03.04.2020.

76 https://www.nbank.de/medien/nb-media/Downloads/Programminformation/Produktinformationen/Produktinformation_MikroSTARTer_Niedersachsen.pdf; zuletzt geprüft am 03.04.2020.

77 https://www.nrwbank.de/de/foerderlotse-produkte/~/15262/produktdetail.htm, im Auftrag des nordrhein-westfälischen Wirtschaftsministeriums und in Zusammenarbeit mit den sog. „Startercentern NRW“; zuletzt geprüft am 03.04.2020.

78 https://www.sikb.de/sites/default/files/SIKB/Merkblätter/Startkapitalprogramm.pdf; zuletzt geprüft am 03.04.2020.

79 https://www.sab.sachsen.de/förderprogramme/sie-möchten-ein-unternehmen-gründen-oder-in-ihr-unternehmen-investieren/mikrodarlehen.jsp?cookieMSG = allowed#program_conditions; zuletzt geprüft am 03.04.2020.

ix) „IB.SH Mikrokredit" (Investitionsbank Schleswig-Holstein – IB.SH);[80]
x) „Mikrodarlehen" (Mikrofinanzagentur des Thüringer Zentrum für Existenzgründungen und Unternehmertum-ThEx, Thüringer Aufbaubank – TAB).[81]

Obwohl in jedem Bundesland andere Kriterien und Voraussetzungen gelten,[82] sind im Rahmen dieser Förderprogramme in der Praxis keine wesentlichen Unterschiede zu identifizieren. In allen Fällen ist es notwendig, den Hauptsitz innerhalb des Gebiets des entsprechenden Bundeslandes zu haben, die Zinssätze können jedoch sehr unterschiedlich sein.[83] Antragsberechtigte sind in der Regel Existenzgründer und KKMU gemäß KKMU-Definition der EU sowie Angehörige der „Freien Berufe" mit Sitz im entsprechenden Bundesland.[84] Die Kreditlaufzeiten können bis zu sieben Jahre bei einer Förderungshöhe von mindestens 2.000 Euro betragen.[85] Dabei können bis zu 100% der förderfähigen Investitionskosten bzw. Betriebsmittel gefördert werden.[86]

Zuletzt ist in diesem Fall anzumerken, dass es immer um öffentliche Fördermittel der jeweiligen Bundesländer geht, die über die regionalen Investitions- und Aufbau- bzw. Förderbanken fließen sollen. Je nach Bundesland können bestimmte Sicherheiten bzw. Bürgschaften berücksichtigt werden; die Kriterien dafür variieren und sind sehr unterschiedlich,[87] jedoch ist festzustellen, dass

80 https://www.ib-sh.de/produkt/ibsh-mikrokredit/; zuletzt geprüft am 03.04.20.

81 https://www.aufbaubank.de/Foerderprogramme/Mikrodarlehen#foerderhoehe, mit der finanziellen Unterstützung der Europäischer Sozialfonds, der maximale Finanzierungsbetrag pro Vorhaben liegt in diesem Fall bei nur 10.000 Euro; zuletzt geprüft am 03.04.2020.

82 Z.B. bei der Verwendung der Darlehensmittel sind verschiedene Voraussetzungen in jedem Bundesland zu finden, wie auch bezüglich einer am Anfang des Kredites möglichen tilgungsfreien Periode.

83 So ist in Thüringen ein Sollzinssatz von 3% zu beobachten, während dieser im Laufe der ganzen Kreditlaufzeit 5,75% in Hessen beträgt. Information dazu abrufbar unter https://www.wibank.de/wibank/hessen-mikrodarlehen sowie https://www.aufbaubank.de/Foerderprogramme/Mikrodarlehen#foerderhoehe; zuletzt geprüft am 03.04.2020.

84 Da es um „Mikrokredite" gemäß EU-Definition geht, dürfen diese die Gesamtsumme von 25.000 Euro nicht übersteigen.

85 Etwa in Thüringen, Information dazu abrufbar unter: https://www.aufbaubank.de/Foerderprogramme/Mikrodarlehen#foerderhoehe; zuletzt geprüft am 03.04.2020.

86 Etwa in Brandenburg, Information dazu abrufbar unter: https://www.ilb.de/de/wirtschaft/darlehen/mikrokredit-brandenburg/; zuletzt geprüft am 03.04.2020.

87 Obwohl in Hessen beispielsweise keine banküblichen Sicherheiten verlangt werden, wird dennoch die Abgabe eines notariellen Schuldversprechens vorausgesetzt,

aufgrund der Zielsetzungen dieser Förderprogramme die mögliche Stellung von banküblichen Garantien als Kreditvoraussetzung vom Auftraggeber nicht gewünscht ist und erleichterte Kreditkonditionen gelten.

E. Das Förderprogramm des „Mikrokreditfonds Deutschland“ und die sog. „Mikrofinanzinstitute-MFI´s“

Wie oben erwähnt, sind im letzten Jahrzehnt verschiedene Förderinitiativen auf europäischer Ebene mit dem Ziel verwirklicht worden, einen Mikrofinanzsektor aufzubauen und auch mit der Beteiligung von Nicht-Banken ein nachhaltiges Mikrofinanzangebot zu entwickeln.[88]

Insofern wurde im Rahmen dieser Initiativen auch in Deutschland ein Geschäftsmodell konzipiert, bei dem bereits seit 2010 mit Unterstützung des Europäischen Sozialfonds (ESF) zusammen mit der Bundesregierung der „Mikrofinanzfonds Deutschland“ eingerichtet wurde, der seit Mai 2015 mit einer Neuauflage („Mikrokreditfonds Deutschland“) als nationales Programm unter optimierten Rahmenbedingungen und mit rund 80 Millionen Euro als zur Verfügung gestellten Garantien fortgesetzt wurde.[89]

In diesem Zusammenhang wird das Mikrokreditangebot zusammen mit den Kreditprozessen so standardisiert, dass die erforderliche Kommunikation zwischen den Akteuren über eine Internetplattform bzw. über ein EDV-gesteuertes Vergabeverfahren, das das ganze Kreditverfahren umfasst, automatisiert wird, damit die notwendigen Informationen während der Kreditbearbeitung und Kreditlaufzeit gesammelt werden.

Information dazu abrufbar unter: https://www.wibank.de/wibank/hessen-mikrodarlehen („Welche Voraussetzungen gibt es?“); zuletzt geprüft am 06.04.2020.

88 Dazu u.a. KOM (2006) 349 vom 29.6.2006, S. 8. Förderprogramme wurden danach konsequent eingeführt (z.B. „JEREMIE“, „JASPER“, „JESSICA“ und „JASMINE“). Dabei ist die schon erwähnte „ESI-Fonds-Verordnung“ hervorzuheben, weil dabei die Mikrofinanzierung als Finanzierungsquelle unmittelbar unterstützt und gefördert wird (Art. 37 Abs. 4, Verordnung (EU) 1303/2013).

89 Im Frühjahr 2018 hat die Bundesregierung die Rahmenbedingungen für die Verlängerung der Vergabe von Mikrokrediten im Rahmen des Mikrokreditfonds Deutschlands bis 2021 geschaffen, damit die Fortsetzung des Förderprogramms gesichert werden konnte. Dazu Informationen des Bundesministeriums für Arbeit und Soziales (BMAS), Stand April 2018, Pressemitteilung des BMAS vom 18. Juni 2018, abrufbar unter: https://www.bmas.de/DE/Presse/Pressemitteilungen/2018/bundesregierung-verlaengert-mikrokreditfonds-deutschland.html; zuletzt geprüft am 03.04.2020.

So werden Mikrokredite in Höhe von bis zur maximal 25.000 Euro und mit einer Kreditlaufzeit von bis zu vier Jahren vergeben, der Zinssatz beträgt 7,9 % p.a. (2020).[90] Die Stellung von banküblichen Sicherheiten ist in diesem Fall nicht notwendig, und je nach MFI werden andere Arten von Sicherheiten bzw. Bürgschaften berücksichtigt.[91]

Somit wird in Deutschland erhofft, die Konzipierung eines Geschäftsmodells für eine Verbesserung und Erweiterung des Zugangs zu Finanzmitteln auch außerhalb des traditionellen Bankensektors geschaffen zu haben, indem das Kreditinstitut[92] auf vorherige Empfehlung eines MFI Mikrokredite vergibt, obwohl diese stark in den Kreditvergabeprozess involviert sind. Das vom Gesetzgeber seit der durch das Reichsgesetz über das Kreditwesen vom 5.12.1934 eingeführten Erlaubnispflicht[93] geforderte Bankenmonopol soll dann durch die Einrichtung dieses Geschäftsmodells respektiert und gewährleistet werden, sodass die Kriterien des Gesetzes (KWG) beim Kreditvergabe- und Kreditverwaltungsprozess vor allem in Bezug auf die von den MFI´s eingeführten Tätigkeiten berücksichtigt werden, da die Funktionsfähigkeit des Kreditapparates unabhängig von der Art von Krediten, Kreditnehmern und Förderprogrammen zu erhalten ist.

I. Mikrokreditfonds

Ende 2009 hat die Bundesregierung zunächst zusammen mit der Unterstützung des Europäischen Sozialfonds (ESF) den „Mikrofinanzfonds Deutschland" als „flächendeckenden" Fonds (Haftungsfonds) für die Mikrofinanzierung in Deutschland eingerichtet, damit alle möglichen Kreditausfälle gegenüber dem Kreditinstitut gedeckt sind. Es geht dabei um ein unselbstständiges Zweckvermögen i.S. des § 1 Abs. 1 Ziffer 5 KStG mit einem Volumen von insgesamt 100 Mio. Euro, dessen Mittel aus dem Europäischen Sozialfonds (Etwa. 60 Mio.) sowie aus dem Bundeshaushalt stammen. Seit Mai 2015 wird es jedoch ausschließlich mit den rückfließenden Mitteln als nationales Programm fortgesetzt. Die Geschäftspolitik wird vom Bundesministerium für Arbeit und Soziales (BMAS) gemeinsam mit dem Bundesministerium für Wirtschaft und Energie (BMWi) im Verwaltungsrat bestimmt und die Mittel werden treuhänderisch

90 Dazu s. https://www.bmas.de/DE/Presse/Pressemitteilungen/2018/bundesregierung-verlaengert-mikrokreditfonds-deutschland.html; zuletzt geprüft am 03.04.2020.

91 In der Praxis wird die Laufzeit individuell an die Möglichkeiten des Unternehmens angepasst, immerhin bis maximal 25.000 Euro.

92 Seit 2015 die GRENKE Bank AG.

93 Reichsgesetz über das Kreditwesen vom 5.12.1934, RGBI. I, S. 1203.

für den Bund von der Investitions- und Förderbank des Landes Niedersachsen „NBank“ verwaltet.[94]

Aufgabe des Fonds ist es dann, vor allem zur Absicherung des Risikos von Ausfällen, als Hebeleffekt für Fördermittel zu wirken sowie als Qualitätssicherer zu dienen.[95]

II. Kreditinstitut

Im Rahmen der Förderinitiative des „Mikrokreditfonds Deutschland“ erfolgt die Mikrofinanzierung bundesweit derzeit über die „GRENKE Bank AG“,[96] die als zugelassenes Kreditinstitut für die Prüfung der Kreditanträge und ohne direkten Kundenkontakt für die Kreditvergabe zuständig ist. Es handelt sich um die frühen „Grenkeleasing AG“, eine deutsche Leasinggesellschaft mit Sitz in Baden-Baden, die vor allem im Bereich Factoringgeschäfte tätig war, aber seit Februar 2009 durch den Kauf der damaligen Privatbank „Hesse Newmann & Co. AG (Privatbank seit 1777)“ eine Banklizenz erwarb und somit zur GRENKE Bank AG wurde.[97]

Die Bank soll den vom jeweiligen MFI über das EDV-Tool angegebenen Kreditantrag überprüfen und nach einer positiven Entscheidung durch die Absendung an das beteiligte MFI zum Unterzeichnen des Mikrokreditnehmers den Kreditvertrag abschließen. Der Kreditbetrag soll danach direkt von der Bank an das Unternehmen bzw. an den Kreditnehmer ausgezahlt werden. Somit werden die folgenden Funktionen, die derzeit von der Seite der Bank u.a. ausgeübt werden, identifiziert:

i) Entgegennahme der Kreditempfehlung der Mikrofinanzierer (MFI`s);
ii) Überprüfung des Kreditantrages;
iii) Kreditabwicklung.

---

94 Dazu s. https://www.bmas.de/DE/Themen/Arbeitsmarkt/Arbeitsfoerderung/Mikrokredit/Fragen-und-Antworten/was-ist-der-mikrokreditfonds-deutschland.html; zuletzt geprüft am 03.04.2020.

95 Dazu s. http://www.mikrofinanz.net/das-kooperative-modell/haftungsfonds.html; zuletzt geprüft am 03.04.2020.

96 Bis 2014 war die GLS Gemeinschaftsbank eG als Kreditinstitut im Geschäftsmodell aktiv. Ab Mai 2015 hat die GRENKE Bank AG die Rolle übernommen und damit begonnen, die ersten Anfragen zu bearbeiten. Dazu s. https://www.grenkebank.de/de/mein-mikrokredit.html; zuletzt geprüft am 03.04.2020.

97 Veröffentlichung einer Ad-hoc-Mitteilung nach der damaligen geltenden Fassung des § 15 WpHG, übermittelt durch die DGAP, 12.02.2009.

III. Förderbank

Auch die Investitions- und Förderbank des Landes Niedersachsen (NBank) ist derzeit an diesem Förderprogramm beteiligt. Als Fondsverwalter soll sie die Mittel treuhänderisch für den Bund verwalten und zugleich für die Überwachung der Zahlungsflüsse und für die Auszahlung des entsprechenden Vergütungsanteils an die MFI zuständig sein. Dazu zählt auch die Verwaltung des von der Seite des jeweiligen MFI zur Verfügung gestellten Kontos, um die Sicherheiten oder Bürgschaften abzusichern, sowie die Minimierung des Ausfallrisikos durch die monatliche Analyse des Kreditportfolios des MFI. Konkret wird insofern die Förderbank für die folgenden Aufgaben zuständig:

i) Überwachung des Risikos der MFI`s;
ii) Verwaltung der von der MFI`s hinterlegten Garantien bzw. des Haftungskapitals;
iii) Abrechnung von Vergütungsanteilen an die MFI`s;
iv) Risikoanalyse und Abrechnung von Kreditausfällen.

IV. „MFI`s"

Die sog. „Mikrofinanzinstitute" sind private Organisationen und gemeinnützige Einrichtungen, die als solche vom „Deutschen Mikrofinanz- Institut"[98] akkreditiert werden und in der Regel über eine gewerberechtliche Erlaubnis[99] verfügen sollen.

Von Anfang an sind sie im Rahmen des o.g. Programms an dem Mikrokreditvergabeprozess beteiligt und sollen dabei den Mikrokreditnehmer bis zum Ende der Kreditrückzahlung begleiten. Es geht in diesem Fall um die Hauptakteure, die die wichtigste Rolle beim Auftragsprozess, den Kundeninformationen, der Kreditempfehlung und vor allem beim Ausfallrisiko spielen. So akquirieren sie, begleiten, beraten die Kunden und geben eine Kreditempfehlung gegenüber dem Kreditinstitut, zugleich beeinflussen sie durch die Auswertung von Kundeninformationen und die Steuerung des Auftragsprozesses das Ausfallrisiko. Sie müssen dann zur Absicherung Sicherheiten oder Bürgschaften auf einem

98 Das „Deutsche Mikrofinanzinstitut" wurde im April 2004 als „Verein DMI e.V." gegründet und fungiert als Dienstleister bzw. als Dachorganisation für die Gründungsunterstützung der Mikrofinanzierer und Qualitätssicherer von Methodik und Produkten für den Mikrofinanzsektor in Deutschland.

99 In der Praxis verfügen die Mikrofinanzinstitute in Deutschland über eine Erlaubnis als Darlehensvermittler nach § 34c Abs. 1 S. 1 Nr. 2 GewO.

Konto der „NBank“ (Investition und Förderbank des Landes Niedersachsen) zur Verfügung stellen. Mindestens zehn Prozent des Gesamtsaldos der empfohlenen Kredite werden besichert.

In diesem Sinne hängt in der Praxis von ihrem Urteil die Kreditvergabe entscheidend ab, da die MFI´s sich dabei auch wirtschaftlich mit 20 Prozent an dem Risiko der von ihnen empfohlenen Kredite beteiligen und das operative Kreditrisiko tragen.[100] Die Hauptaufgaben eines MFI sind dann im Einzelnen so festzulegen:

i) Akquisition (durch Einholung oder Kontaktaufnahme der Finanzierungsanfrage vom Kleinstunternehmen und Existenzgründer);
ii) Datenerfassung (durch die Einholung von Kreditinformationen);
iii) Kreditüberprüfung (durch die Überprüfung und Auswertung der Angaben zum gewünschten Kredit);
iv) Kreditempfehlung (durch die Abgabe von Kreditempfehlungen gegenüber der Bank über ein EDV-Tool);
v) Einholung des vom Kreditinstitut zugeschickten Kreditvertrages zur Unterschrift durch den Kreditnehmer;
vi) Hereinnahme, Verwaltung und Verwertung von Kreditsicherheiten (sie vereinbaren mit dem Kreditnehmer die Kreditsicherheiten nach ihren Maßgaben und verwalten diese);
vii) Rückzahlungskontrolle;
viii) Krisenintervention (durch Krisenberatung und Schadensverfolgung bei Leistungsstörungen);
ix) Empfehlungen für Kreditvertragsänderungen und Kreditausbuchungen (über das EDV-Tool teilen sie dies dem Kreditinstitut mit);
x) Betreuung und Beratung des Mikrokreditnehmers.

100 Im Fall des ganzen Ausfalls des MFI Kreditportfolios trägt der Mikrokreditfonds die Ausfälle und damit das strukturelle Kreditrisiko im Gesamtsystem.

3. Kapitel: Die Online-Kreditvermittlungsplattformen (Crowdlending) als innovative Finanzierungsform für Existenzgründung und kleinste, kleine und mittlere Unternehmen – KKMU

Das Aufkommen innovativer Finanzierungsformen ist vor allem in Bezug auf den technologischen Fortschritt in der Finanzwirtschaft zu beleuchten.

Obwohl bis vor einigen Jahren im Bereich der Kreditvergabe bzw. des Bankensektors von einem eher resilienten Geschäftsmodell gegenüber technologischer Disruption die Rede war, ist die Digitalisierung von Finanzdienstleistungen derzeit einer der stärkste Treiber für die Entwicklung der Marktstrukturen der Kreditwirtschaft.[101]

So hat in den letzten 10 Jahren die Verbreitung von neuen Technologien beispielsweise ermöglicht, die IT-Kosten zu senken und die Datenmenge sowie ihre Qualität zu steigern. Für den Nutzer bedeutet dies nichts anderes als günstigere, schnellere und im Vergleich zu den traditionellen Kreditinstituten bessere Finanzdienstleistungen. Aber ein wesentlicher Teil dieses Veränderungsprozesses ist auch dem zunehmenden Vertrauen von der Seite der Kunden der neuen Generationen zu verdanken (sog. „Digital Natives"). Mit ihrer Einschätzung von Geschwindigkeit, Ubiquität und Anonymität u.a. sind sie offen für neue Geschäftsmodelle, in denen ein hohes Vertrauensniveau vorausgesetzt wird. Wie bei der Vermittlung von Personentransport oder von Übernachtung in der eigenen Wohnung hat sich auch beim Erbringen von Finanzdienstleistungen außerhalb des Finanzsektors ein von Vertrauen gestütztes Konsumverhalten etabliert, in dessen Entstehung auch die seit der Finanzkrise 2007 verschlechterte Reputation der Banken eine Rolle gespielt hat.[102]

Zugleich hat das alles wegen der Verlagerung von Vertriebskanälen ins Internet und der Entmaterialisierung der Geld- und Finanzinstrumente als Objekte der Finanzdienstleistungen einen massiven Produktivitätszuwachs bei

---

101 So *Broer*, ZVglRWiss 2017, 189 (191); *Paul*, Wirtschaftsdienst 2016, 631.
102 Vgl. *Broer*, ZVglRWiss 2017, 189 (193).

gleichzeitiger Verbesserung der Servicequalität mit sich gebracht, sodass mit dem Erfolg von FinTech-Geschäftsmodellen ein vollständiger disruptiver Veränderungsprozess im Finanzsektor entstanden ist und sich noch weiter entwickeln wird.[103] Im Ergebnis kommen neue Formen der Risikoaufteilung bei der Finanzintermediation in Betracht, die die bisher scheinbare Notwendigkeit der Intermediationsfunktionen bei den betriebenen Bankgeschäften auf den Prüfstand gebracht hat.[104]

A. Als etabliertes FinTech-Geschäftsmodell

Unter der Bezeichnung „FinTech" werden diejenigen Entwicklungen und Produkte verstanden, in denen technologischer Fortschritt (Digitalisierung) dazu genutzt wird, Bankdienstleistungen schneller oder günstiger bereitzustellen und in Konkurrenz mit dem Kreditwesen zumindest zum Teil außerhalb vom Bankensektor zur Verfügung zu stellen. Die Intermediärsrolle der Banken wird somit auch in Frage gestellt,[105] weil die FinTechs-Geschäftsmodelle u.a. durch Veränderungen im Konsumverhalten sowie die Einführung effizienter Kostenstrukturen, die die Finanzdienstleistungen ergänzen, letztendlich zu einer zunehmenden Disintermediation führen.[106]

Diese Dynamik hat zur Entstehung verschiedener Arten von Fintechs-Geschäftsmodellen im Finanzbereich geführt, die sich beispielsweise hinsichtlich der Wertschöpfung von Banken (Zahlungsverkehr, Kreditplattformen, Crowdfunding und Online Trading)[107] oder sich in Bezug auf ihre regulatorischen Schwerpunkte nach ihren Angebotsinhalten einordnen lassen: Zahlungsverkehrslösungen, Kreditplattformen, Robo-Advice, Crypto-Währungen, E-Geld-Lösungen und Crowdfunding-Geschäfte (darunter Crowdlending).[108]

Ob konkret bei der Kreditvergabeindustrie langfristig das nun etablierte Crowdlending als ein typisiertes FinTech-Geschäftsmodell ohne Finanzintermediäre auch eine stabilisierende Wirkung auf das Finanzsystem haben kann,

---

103 Nach mehreren Einschätzungen sind immer noch hohe Wachstumsraten im FinTech-Sektor zu erwarten, so *Hartmann*, BKR 2017, 321; *Broer*, ZVglRWiss 2017, 189 (190); *Dorfleitner/Hornuf*, FinTech – Markt in Deutschland, 2016, S. 2; u.a. Nicht zuletzt deshalb wird z.B. auch vom „Megatrend FinTech" gesprochen (*Gurlit*, WM 2016, 2053 (2062)).

104 Vgl. *Schaffelhuber*, BAI Newsletter II/2017, S. 8, zit. in: *Klebeck/Dobrauz-Saldapenna*, RdF 2017, 180 (184).

105 *Grundmann*, in: Staub HGB, 10. Band – Bankvertragsrecht 1, 1. Teil, Rn. 12.

106 Vgl. *Paul*, Wirtschaftsdienst 2016, 631; *Broer*, ZVglRWiss 2017, 189 (192).

107 *Söbbing*, BKR 2016, 360 (361).

108 *Scholz-Fröhling*, BKR 2017, 133 (134).

ist immer noch offen. Laut empirischer Untersuchungen ist das Kreditvolumen beim Crowdlending im Wesentlichen nachfragegetrieben und eher weniger zinsabhängig als bei Banken.[109] Das zeigt auch, wie tief diese neuen Geschäftsmodelle die Finanzstruktur der Märkte betreffen können, die im Fall von Online-Kreditvermittlung als neue Form in der Fremdkapitalvergabe aus finanzaufsichtsrechtlicher Sicht u.a. auch die Entstehung von systemischen Risiken bedeuten kann und eine neue Aufteilungsform der Risikofunktion mit sich bringt.[110]

B. Als eine Variante des Crowdfunding

Relevant ist in diesem Sinne die Schwarmfinanzierung (sog. „Crowd"), in der innovative Formen der Eigen- und Fremdkapitalfinanzierung von Unternehmen und Verbrauchern auf elektronischen Marktplätzen zugängliche Alternativen zum traditionellen Bankkredit ermöglichen.[111]

Konkret geht es dabei um die Zurverfügungstellung von finanziellen Mitteln zu einem bestimmten Zweck, kostengünstig und durch eine Vielzahl von Einzelpersonen,[112] die über spezielle Internet-Plattformen erreicht werden und in Kontakt treten und damit die Kreditinstitute als Intermediär im Prinzip überflüssig machen können.[113] Obwohl diese Erscheinungsform von Finanzierung tatsächlich keine Neuigkeit darstellt,[114] ist die Möglichkeit, eine erweiterte Zahl von Personen erreichen zu können, als eine echte Neuerung zu betrachten.[115]

In diesem Zusammenhang wurden bis heute verschiedene Schwarmfinanzierungsmodelle entwickelt und ausgestaltet, in denen die cloudbasierten altruistischen Ansätze[116] von den renditeorientiert ausgerichteten Finanzierungsmodellen zu unterscheiden sind. Darunter ist das sog. „Schenkungs- und Belohnungsmodell" zu nennen, in dem ein Geldbetrag ohne jegliche Gegenleistung oder Rückzahlungspflicht von einem „Initiator" zur Verfügung gestellt wird.

---

109 Vgl. *Broer*, ZVglRWiss 2017, 189 (199 f.).

110 Vgl. *Hartmann*, BKR 2017, 321 (323 f.); *Rehm*, ZVglRWiss 2017, 117 (128 f.).

111 So *Renner*, ZBB 2014, 261 f.

112 *Veith*, BKR 2016, 184 (185).

113 *Renner*, ZBB 2014, 261 (262).

114 Das Phänomen der „Crowdfinanzierung" bzw. des „Crowdfunding" ist als Appell von Joseph Pullitzer zur Fertigstellung des Sockels der New Yorker Freiheitsstatue in der Zeitung *New York World* am 16.03.1885 bereits zu beobachten. Mitte der 2000er Jahre wurden auch in den USA künstlerische und soziale Projekte dadurch finanziert, u.a. war der Wahlkampf von Barack Obama 2008 ein sehr medialer Fall.

115 *Veith*, BKR 2016, 184 (185).

116 Dazu *Uffmann*, JZ 2016, 928 (931).

Beim „Belohnungsmodell" wird auch von „Crowdsponsoring" gesprochen, weil symbolische Gegenleistungen zu vereinbaren sind. Andererseits können dem renditeorientierten Modell das sog. Crowdinvesting und das sog. Crowdlending (auch als „Peer-to-Peer Lending", kurz „P2P-Lending", oder im Fall der Unternehmensfinanzierung als „Peer-to-Business" kurz „P2B-Lending" in der Fachliteratur bezeichnet)[117] zugeordnet werden. Das Crowdinvesting kommt dann in Betracht, wenn eine Kapitalüberlassung gegen Teilhabe am Unternehmensgewinn und evtl. am Unternehmenswert stattfindet.[118] Im Unterschied dazu besteht die Gegenleistung beim Crowdlending in der Rückzahlung des Betrags mit einem festen Zinssatz.[119]

Dieses weltweit entwickelte[120] Modell, vor allem aber ihre besondere Erscheinungsform im Sinne seiner juristischen Konzeption, um es als Geschäftsmodell in Deutschland zu ermöglichen, wird im Rahmen der vorliegenden Arbeit eingehend thematisiert werden.

C. Erscheinungsformen

Beim Crowdlending geht es regelmäßig um die Vermittlung von Darlehen über eine geeignete Internet-Plattform zwischen Wirtschaftssubjekten, die Kreditmittel nachfragen, und einem Kreditinstitut als Darlehensgeber. Diese Plattformen, die sich dazu in die Wertschöpfungskette der Kreditintermediation einschalten, erbringen durch ihre Aktivität eine besondere Leistung (z.B. durch die Entwicklung eines innovativen Screening-Systems), um einen ausreichenden Transaktionsvorteil gegenüber dem etablierten Intermediationsprozess zu erzielen.[121]

Diese Zwischenschaltung einer Bank im Kreditprozess ist in den meisten Jurisdiktionen erforderlich, um den Kreditmarktplatz (Online-Kreditvermittlungsplattform) ohne Banklizenz in rechtlich zulässiger Weise betreiben zu

---

117 Diese begriffliche Unterscheidung ist beispielsweise bei *Renner* zu finden (ZBB 2014, S. 261 ff.); auch im EBA´s „Opinion of the European Banking Authority on lending-based crowdfunding", EBA/Op/2015/03 vom 26.02.2015, S. 9 ff.

118 *Veith*, BKR 2016, 184 (185).

119 *Uffmann*, JZ 2016, 928 (931).

120 Eingehend auf das Wachstum des Crowdlending in anderen Ländern s. *Milne/Parboteeah*, „The Business Models and Economics of Peer-to-Peer Lending" – European Credit Research Institut (ECRI), S. 5 ff., Mai 2016.

121 Vgl. *Rudolph/Zech*, Wirtschaftsdienst 2016, 636 (637).

dürfen, und diese Erforderlichkeit stellt zugleich den Kernunterschied dar, wenn man „echtes“ von „unechtem“ Crowdlending unterscheiden will.[122]

I. Echtes Crowdlending

Hauptziel beim Crowdlending ist es, kreditsuchende Privatpersonen oder Unternehmen und Kapitalanleger über eine vom Betreiber zur Verfügung gestellte Internetplattform zusammen zu führen, damit sie in Kontakt treten und damit auf der Internetplattform Kreditanträge eingestellt werden können.[123] Beim „echten“ Crowdlending ist es wichtig zu erkennen, dass es zu einem Darlehensvertragsschluss zwischen Kreditgeber und Kreditgeber ohne die Abwicklung über ein Kreditinstitut direkt kommt.

Dieser Prozess soll durch den Kapitalsuchenden initiiert werden, der anonym sein Kreditgesuch über die Plattform bekannt gibt, damit in der Regel seine Kreditwürdigkeit vom Betreiber auf Grundlage eines eigenen entwickelten Ratingverfahrens zu bewerten und überprüfen ist. Das bedeutet in der Praxis, dass bezüglich der Kreditkonditionen der Internetplattform das Kreditgesuch nicht nur überprüft, sondern es eingestuft und auf der Plattform veröffentlicht werden soll, damit auf deren Grundlage die Anleger über eine mögliche Kreditvergabe entscheiden können. Bei der Risikokalkulierung greifen viele der Crowdlending-Plattformen auf externe Bonitätseinschätzungen wie etwa die Schufa-Auskunft oder Ratings der Creditreform AG zurück.[124] Ob die jeweilige Kreditvergabe erfolgen kann, hängt davon ab, ob sich innerhalb eines vordefinierten Zeitfensters genug Kapitalgeber zur Finanzierung des beantragten Kreditbetrages finden.[125]

Je nach Vertragsgestaltung und vom Plattform-Betreiber angebotenen Dienstleistungsportfolio[126] finanziert er sich über Gebühren, die teils vom Kreditnehmer, teils vom Anleger erhoben werden. Andererseits profitiert der Kreditnehmer durch die Zuführung liquider Mittel, die im Banksystem nicht schnell und einfach zugänglich sind, während der Kapitalanleger nach Ablauf

---

122 Vgl. *Broer*, ZVglRWiss 2017, 189 (196).

123 *Renner*, ZBB 2014, 261 (262).

124 Dazu *Dorfleitner/Hornuf*, FinTech – Markt in Deutschland, 2016, S. 33.

125 Vgl. *Veith*, BKR 2016, 184 (185).

126 Es ist zu erklären, dass in der Regel die Kreditvermittlung beim Crowdlending zusammen mit anderen verbundenen Dienstleistungen sowohl vom Plattform-Betreiber alleine als auch in Zusammenarbeit mit einem Kreditinstitut angeboten werden kann.

des vereinbarten Zeitraums sein gestelltes Kapital zusammen mit den vereinbarten Zinszahlungen zurückerhält.[127]

II. Unechtes Crowdlending

Aufgrund der weitreichenden aufsichtsrechtlichen Erlaubnispflichten (auch vermögensanlagenrechtliche und gewerberechtliche Pflichten können in Betracht kommen) hat sich auf dem deutschen Markt für Crowdlending ein Geschäftsmodell etabliert, in dem kein Darlehensvertragsverhältnis zwischen Kreditnehmer und Kapitalanleger vorgesehen wird, damit die tatsächliche Kreditvergabe über ein lizenziertes Kreditinstitut abzuwickeln ist.

Obwohl Kreditsuchende und Anleger auf der Internet-Plattform unmittelbar in Kontakt treten, kommt es nicht zu einem direkten Vertragsschluss. Der Plattform-Betreiber wird zunächst als Kreditvermittler tätig, sodass er dem Kapitalsuchenden auf Grundlage eines Kreditvermittlungsvertrags ein Darlehen eines lizensierten Kreditinstituts vermittelt und einen Provisionsanspruch[128] gegen den Kreditnehmer erwirbt. Anschließend kommen sowohl ein Forderungskaufvertrag[129] als auch ein Abtretungsvertrag[130] zwischen dem Kreditinstitut und dem Anleger zustande. Gegenstand des Forderungskaufvertrags sind die zukünftigen Forderungen (Darlehensrückzahlung und Zinsansprüche) aus dem Darlehensvertrag zwischen Kreditnehmer und Kreditinstitut.[131]

Dazu ist noch zu beachten, dass der mit dem Anleger abgeschlossene Forderungskaufvertrag unter der aufschiebenden Bedingung steht, dass zwischen Kreditinstitut und Kreditsuchendem ein wirksamer Darlehensvertrag[132] zustande kommt und der Plattform-Betreiber (ggf. die dafür eingeschaltete Zweckgesellschaft)[133] die

127 Vgl. *Renner*, ZBB 2014, 261 (263); *Veith*, BKR 2016, 184 (186).

128 Nach § 652 BGB.

129 Nach § 453, 433 ff. BGB.

130 Nach § 398 BGB.

131 Vgl. *Renner*, ZBB 2014, 261 (264); *Veith*, BKR 2016, 184 (187 f.).

132 In der Regel ein Verbraucherdarlehensvertrag, wenn es nicht um Unternehmensfinanzierung geht.

133 Aus erlaubnispflichtigen Gründen, die im Verlauf dieser Arbeit zu analysieren sind, wird dabei oftmals ein mit dem Plattform-Betreiber verbundenes Unternehmen bzw. eine Zweckgesellschaft zwischengeschaltet, die die Forderungen an den Anleger weiterreichen sollte. Somit werden die Rückzahlungs- und Zinsansprüche vom Kreditinstitut nicht direkt an den Plattform-Betreiber, sondern an die Zweckgesellschaft übertragen.

jeweiligen Forderungen aus dem Darlehensvertrag vom Kreditinstitut übertragen bekommt.[134]

III. P2P-Crowdlending

Da in der Literatur nicht immer eine deutliche Begrenzung des Konzepts des „Peer-To-Peer“ Lending zu finden ist, ist eine begriffliche Differenzierung für die Analyse hervorzuheben.

Wie oben erwähnt, ist P2P die Abkürzung für den aus dem Englischen stammenden Begriff „Peer-To-Peer“, und zusammen mit dem Begriff „Crowdlending“ bezeichnet sie in diesem Kontext die Finanz-Disintermediation, die bei der Schließung jedes Darlehensgeschäfts auf solchen Kreditvermittlungsplattformen stattfindet. Somit wird insbesondere darauf hingewiesen, dass ein qualifizierter Intermediär (Bank) nicht (mehr) notwendig ist. Kreditgeber und Kreditnehmer können direkt in Verbindung verbracht werden.

Relevant ist in dieser Stelle die noch dazu zu berücksichtigende Abgrenzung zwischen „Unternehmer“ und „Verbraucher“, die in Zusammenhang mit der Schutzbedürftigkeit der dabei beteiligten Parteien zu verstehen ist und sowohl im deutschen Zivilrecht (z.B. §§ 13, 491 ff. BGB) als auch im Aufsichtsrecht (z.B. § 18a KWG) festgelegt ist.

Damit ist im Fall des P2P-Crowdlending aus rechtlicher Sicht von Online-Kreditmarktplätzen bzw. Kreditvermittlungsplattformen in Deutschland zu sprechen, auf denen i.d.R. „Verbraucherkredite“ angeboten und geschlossen werden, weil beim jeweiligen Darlehensgeschäft der Kreditnehmer die Eigenschaft einer Privatperson bzw. eines „Verbrauchers“ nach § 13 BGB erfüllt.

IV. P2B-Crowdlending

In Abgrenzung zu „Peer-To-Peer“ findet man „Peer-To-Business“, das mit der Abkürzung P2B bezeichnet wird. Dabei handelt es sich um die Vermittlung von Krediten auf den genannten Online-Kreditmarktplätzen, bei denen man in diesem Fall gewerblichen oder selbstständigen Zwecken folgt. Beim P2B-Crowdlending wird insofern von Unternehmensfinanzierung bzw. Unternehmenskrediten in Deutschland gesprochen, in denen beim jeweiligen Darlehensgeschäftsabschluss der Kreditnehmer die Eigenschaft eines Unternehmens nach § 14 BGB zu erfüllen hat.

---

134 *Veith*, BKR 2016, 184 (188).

D. Der deutsche Markt für Crowdlending

Der Crowdlending-Markt hat in Deutschland vor allem seit 2014 schon sein Wachstumspotenzial gezeigt. Das Gesamttransaktionsvolumen betrug im Jahr 2014 noch 3,5 Mio. Euro, im Jahr 2015 47 Mio. Euro, im Jahr 2016 163,5 Mio. Euro, im Jahr 2017 439,7 Mio. Euro.[135] Während sich zwischen 2010 und 2014 das Volumen der vergebenen P2P-Lending Kredite versiebenfachte,[136] wird im Jahr 2021 nach Branchenexperten ein Volumen von 4 Mrd. Euro erwartet.[137] Es ist deshalb kein Zufall, dass der Crowdlending-Markt im Rahmen aller crowdbasierten Finanzierungsmodelle am schnellsten weiter wuchs.[138] Dafür spricht auch eine im Februar 2015 von der University of Cambridge veröffentlichte Studie, wonach das Crowdlending den größten Anteil der deutschen Crowd-Finanzierungen ausmacht.[139]

Wie das Wachstum und die positive Entwicklung dieser Finanzierungsform langfristig auf den gesamten Kreditmarkt Deutschlands wirken können, ist immer noch nicht einzuschätzen. Dennoch ist derzeit festzustellen, dass das „Thema Crowdlending" angefangen hat, eine Rolle dabei zu spielen,[140] sodass es sogar als eine mögliche „Bedrohung" für die traditionellen deutschen Hausbanken gesehen werden kann.[141]

Insgesamt wurden zwischen 2007 und 2014 13 Kreditvermittlungsplattformen in Deutschland gegründet, von denen fünf Plattformen Kredite an

---

135 *Alscher/Kolbecher*, ZBB 2018, 43.

136 *Renner*, ZBB 2014, 261 (262).

137 *Alscher/Kolbecher*, ZBB 2018, 43.

138 *Zirngibl*, Crowdfunding, in: Bankrechtstag 2015, 2016, S. 98.

139 *Wardrop/Zhang/Rau/Gray*, Moving Mainstream, 2015, S. 29.

140 In Bezug auf eine mögliche Ersetzung der Bankkredite im Verbraucher-Segment zu Gunsten des P2P-Crowdlending in Deutschland, *De Roure/Pelizzon/Tasca*, Deutsche Bundesbank Discussion Paper 30/2016.

141 Dazu „Crowdlending: Sturm im Wasserglas oder signifikante Bedrohung für Banken", Deloitte & Touche GmbH Wirtschaftsprüfungsgesellschaft, Juli 2015, abrufbar unter: https://www2.deloitte.com/content/dam/Deloitte/de/Documents/financial-services/Crowdlending%20(3).pdf; zuletzt geprüft am 03.04.2020. Im Jahr 2018 wird in Zusammenarbeit mit dem Europäischen Kompetenzzentrum für Mittelstandsforschung der Universität Bamberg (EFAM) eine neue Studie veröffentlicht, wonach Crowdlending eher komplementär und nicht als Alternative/Substitut zum Kredit von der Hausbank in Deutschland angesehen wird, vgl. „Crowdlending 2.0", Europäisches Forschungsfeld für Angewandte Mittelstandsforschung (EFAM), S. 17, abrufbar unter: https://www2.deloitte.com/content/dam/Deloitte/de/Documents/financial-services/Deloitte_Crowdlending_2.0_2018.pdf; zuletzt geprüft am 03.04.2020.

Privatpersonen, zehn Kredite an Unternehmen und eine Plattform Kredite an Genossenschaften vermitteln. Auf drei Plattformen ist das Angebot von sowohl Unternehmens- als auch Privatkrediten zu finden.[142]

Wie sich im Fall der USA und Großbritannien beobachten lässt, wird der deutsche Markt von wenigen Akteuren dominiert. Darunter sind derzeit Auxmoney, Smava, Kapilendo, Lendico[143] und Funding Circle[144] auf dem Markt für P2P- sowie für P2B-Crowdlending zu nennen.[145] Da diese Marktakteure ihr Produktportfolio ändern und die Geschäftsmodelle anpassen (der frühere P2P-Crowdlending Plattformanbieter Smava ist seit 2015 zugleich ein Kreditvergleichsportal), werden aber nicht immer nur Verbraucherkredite (P2P) angeboten, sie können auch zugleich im Bereich Unternehmensfinanzierung (P2B) tätig sein (Lendico) oder diese ausschließlich anbieten. Erwähnenswert ist der Fall von Kapilendo (P2B), in dem nicht nur in der Fremdkapitalfinanzierung (Crowdlending), sondern auch Anlagenoptionen in Form von Eigenkapitalfinanzierung (Crowdinvesting) in Unternehmen innerhalb Deutschlands angeboten werden.[146]

Hervorzuheben ist an dieser Stelle, dass zwischen 2014 und 2016 die Vermittlung von Unternehmenskrediten über Crowdlending-Plattformen in Deutschland an Bedeutung gewann und damit den Gesamtmarkt weiter vorangetrieben hat. Mit einem durchschnittlichen Wachstum von jährlich 95% und einem erfolgreichen eingesammelten Kapital von knapp 190 Mio. Euro[147] stellt

142 *Dorfleitner/Hornuf*, FinTech – Markt in Deutschland, 2016, S. 33.

143 Am 19.02.2018 wurde öffentlich bekannt gegeben, dass die ING Deutschland GmbH, Muttergesellschaft der ING-DiBa AG, beabsichtigt, die ECommerce Holding II S.a.r.l. sowie die zugehörigen Unternehmen (darunter Lendico Deutschland GmbH) zu erwerben, dazu s. https://www.ing-diba.de/ueber-uns/presse/pressemitteilungen/erwerb-von-lendico/; zuletzt geprüft am 03.04.2020.

144 Früher als „Zencap“ bekannt. Das Unternehmen wurde seit 2015 vom britischen FinTech Marktführer „Funding Circle“ übernommen, (*Dorfleitner/Hornuf*, FinTech – Markt in Deutschland, 2016, S. 32). Im März 2020 wurden wichtige Änderungen im Rahmen des Geschäftsmodells eingeführt, Funding Circle wechselt von einem Kreditvermittlungs- zu einem reinen Markplatzmodell zur Vermittlung von Kreditanfragen in Deutschland. S. dazu https://www.fundingcircle.com/de/blog/geschaeftsmodell; zuletzt geprüft am 07.04.2020.

145 Vgl. *Renner*, ZBB 2014, 261 (262); *Dorfleitner/Hornuf*, FinTech – Markt in Deutschland, 2016, S. 32–33

146 Dazu s. https://www.kapilendo.de/anleger/crowdinvesting#/#section-3; zuletzt geprüft am 03.04.2020.

147 Vgl. *Dorfleitner/Hornuf*, FinTech – Markt in Deutschland, 2016, S. 32–33.

der Crowdlending-Markt in Deutschland eine tatsächliche Alternative auch im Bereich KMU- und Existenzgründungsfinanzierung dar.

I. Kreditkonditionen

Obwohl in der Regel keine banküblichen Sicherheiten notwendig sind und daher die Kredite nicht besichert werden müssen, gibt es auf dem Crowdlending-Markt je nach Plattform-Betreiber verschiedene Varianten und Kreditvoraussetzungen, die dafür jeweils festzustellen sind.

Die Kreditkonditionen können stark variieren und sind davon abhängig, wie hoch das Risiko für die Anleger im Einzelfall ist bzw. wie das zu finanzierende Projekt oder der Kreditsuchende nach der Bonitätsprüfung vom Plattform-Betreiber eingestuft wird. Deshalb sind sowohl Kreditkosten als auch Kreditvoraussetzungen aufgrund der Eigenschaften des entsprechenden Kreditnehmers (Verbraucher-P2P und Unternehmenskredit-P2B) vom Plattform-Betreiber zu berechnen.[148] So hat sich beispielsweise seit Februar 2013 im Fall von Auxmoney die Schufa-Auskunft der Kreditnehmerinnen und -nehmer als nötige Voraussetzung etabliert, um künftige Zahlungsschwierigkeiten besser zu vermeiden. Die positive Auswirkung solcher Kreditpolitik der genannten Kredit-Plattform zeigt sich durch die Entwicklung der Ausfallrate der finanzierten Kredite seit der Einführung der Maßnahme, in der die Kreditschwierigkeiten zurückgegangen seien.[149]

1. Bei P2P-Crowdlending

Die wegen der Einfachheit und Geschwindigkeit leichtere Verfügbarkeit des P2P-Crowdlending bedeutet im Vergleich zur immer unzugänglicher werdenden Kreditvergabe durch klassische Banken einen wichtigen Wettbewerbsvorteil, was in den letzten Jahren schon eine beachtliche Wirkung auf die Kreditlandschaft für Verbraucherkredite in Deutschland trotz vergleichbarer Zinskonditionen[150] gehabt hat.

---

148 Dabei ist der Fall vom Plattform-Betreiber *Auxmoney* zu nennen, in dem für Kredite zum Erwerb von Kraftfahrzeugen eine Sicherungsübereignung des finanzierten Fahrzeugs vorgesehen ist. Dazu *Renner*, ZBB 2014, 261 (263), Fn. 23.

149 Vgl. *Dorfleitner/Hornuf*, FinTech – Markt in Deutschland, 2016, S. 33–34.

150 Die Kreditkonditionen beim P2P-Crowdlending sind aufgrund ihres immanenten höheren Kreditrisikos nicht günstiger als bei Bankkrediten, und können sogar im Vergleich dazu teurerer sein bzw. höher verzinst werden, vgl. *De Roure/Pelizzon/Tasca*, Deutsche Bundesbank Discussion Paper 30/2016.

So werden in diesem Bereich Darlehen ab 1.000 und bis zu 50.000 Euro mit einer Laufzeit von maximal 7 Jahren angeboten.[151] Betrachtet man die Konditionen auf der Seite des Anlegers, werden für diese Kreditlaufzeiten zwischen 12 und 84 Monaten als Zeitraum einer möglichen Investition angeboten, die Mindestanlagesumme liegt bei 25 Euro. Empfohlen wird in diesem Fall, in mindestens 100 verschiedenen Kreditprojekten 25 Euro jeweils zu investieren, damit das Risiko gut gestreut werden kann. Die Renditen variieren je nach Scoreklasse (und Kredittyp), und der Plattform-Betreiber erhält einmalig 1% Gebühr der gesamten Anlagesumme.[152]

2. *Bei P2B-Crowdlending*[153]

Auf dem deutschen Markt für Unternehmenskredite liegt der Auszahlungsbetrag z.B. zwischen 1.000 und 750.000 Euro.[154]

Ob die Finanzierung eines Kreditprojekts zustande kommt, hängt in diesem Fall auch von der Erfüllung der entsprechenden Voraussetzungen ab, die im Einzelfall und/oder durch automatisierte interne Mechanismen des Plattform-Betreibers im Zusammenhang mit der Bonitätsprüfung überprüft werden. Eine Sicherheit durch Bürgschaft ist insoweit auch zu leisten und kann zusammen mit zusätzlichen Daten zum Unternehmen bzw. zu dessen Geschäftsmodell sowie zu Gesellschaftern, Organen und vertretungsberechtigten Personen erforderlich sein, um die Auszahlung des Kredits zu ermöglichen.[155]

Aus Sicht des Anlegers lassen sich Rendite von ca. 5,0% oder mehr je nach Anlageklasse bzw. Risikopräferenz und nach Gebühren beobachten, der Plattform-Betreiber bekommt einen Prozentpunkt vom Bruttozinssatz als Servicegebühr.[156]

---

151 Diese Konditionen sind als repräsentatives Beispiel zu berücksichtigen, hier bei Auxmoney, vgl. https://www.auxmoney.com/kredit, zuletzt geprüft am 03.04.2020.

152 Auch als repräsentatives Beispiel zu berücksichtigen, hier bei Auxmoney, vgl. https://www.auxmoney.com/faq/anleger, zuletzt geprüft am 03.04.2020.

153 Eingehend auf die Akzeptanz zu P2B-Crowdlending für deutsche KMU, s. *Alscher/Kolbecher*, ZBB 2018, 43 ff.

154 Dazu s. https://www.auxmoney.com/firmenkredit/unternehmensfinanzierung, zuletzt geprüft am 07.04.2020.

155 Dazu s. https://www.auxmoney.com/firmenkredit/unternehmensfinanzierung zuletzt geprüft am 07.04.2020.

156 Diese Konditionen sind als repräsentatives Beispiel zu berücksichtigen, hier bei Auxmoney, vgl. https://www.auxmoney.com/infos/geld-anlegen-mit-auxmoney, zuletzt geprüft am 07.04.2020.

II. Marktteilnehmer

1. Plattform-Betreiber und ggf. Zweckgesellschaft

Der Plattform-Betreiber vermittelt im Rahmen des „Unechten Crowdlending" Modells einen Darlehensvertrag (bzw. weist die Gelegenheit zum Abschluss nach) zwischen dem Kapitalsuchenden und dem kooperierenden kreditgewährenden Kreditinstitut, der nach der Bonitätsprüfung und Einstufung des entsprechenden Kreditantrags abgeschlossen wird.[157] Für diese Vermittlungstätigkeit wird ein Entgelt vereinnahmt. Damit soll der Plattform-Betreiber als gewerblich tätiger Darlehensvermittler über die jeweilige Erlaubnis der zuständigen Behörde nach § 34c Abs. 1 S. 1 Nr. 2 GewO verfügen.[158]

Mit dem Kapitalanleger soll der Plattform-Betreiber einen „Nutzungsvertrag" abschließen, der im Rahmen einer entsprechenden Registrierung des Anlegers als „Nutzer" der Plattform durch ihre AGB zusammen mit den datenschutzrechtlichen Klauseln geregelt wird.[159] Somit entsteht die Pflicht des Betreibers, die Plattform zur Verfügung zu stellen und technisch ihre Nutzung zu ermöglichen,[160] während der Kapitalanleger die dafür notwendigen Informationen anzugeben hat.

2. Kreditnehmer

Der Kreditsuchende bzw. Kreditnehmer sollte als Nutzer der Plattform die Gelder von einer Vielzahl von Personen entgegennehmen, sodass ein klassisches Darlehen und damit unter bestimmten Voraussetzungen das mögliche Betreiben eines erlaubnispflichtigen Bankgeschäfts bzw. ein Einlagengeschäft i.S.d. § 1 Abs. 1 Satz 2 Nr. 1 KWG im Betracht kommen könnte.[161] Jedoch wird ein solches Geschäft beim „unechten Crowdlending" nicht betrieben, da der

157 Dazu https://www.auxmoney.com/agb; Auxmoney vermittelt als Plattform-Betreiber i.S.v. § 655a BGB gegen Entgelt Allgemein-Verbraucherdarlehensverträge i.S.v. § 491 Abs. 2 BGB, vgl. § 1 Darlehensvermittlungsvertrag (Muster), abrufbar unter: https://www.auxmoney.com/contact/dokumente/borrower/AnlageA.pdf, beide zuletzt geprüft am 07.04.2020.

158 So *Veith*, BKR 2016, 184 (188 f.).

159 Im Fall von Auxmoney, abrufbar unter: https://www.auxmoney.com/contact/dokumente/Nutzungsbedingungen_Kreditsuchende.pdf, zuletzt geprüft am 07.04.2020.

160 Vgl. § 5 Abs. (1) der Nutzungsbedingungen für Kreditsuchende, Auxmoney, abrufbar unter https://www.auxmoney.com/contact/dokumente/Nutzungsbedingungen_Kreditsuchende.pdf; zuletzt geprüft am 07.04.2020.

161 *Veith*, BKR 2016, 184 (188).

Darlehensbetrag über das jeweilige mit dem Plattform-Betreiber kooperierende Kreditinstitut zu bekommen ist.[162]

3. *Kapitalanleger*

Im Rahmen des „Unechten Crowdlending“ erwirbt der Kapitalanleger Darlehensrückzahlungs- sowie Zinsforderungen entweder vom Plattform-Betreiber (evtl. von der dafür eingerichteten Zweckgesellschaft) oder direkt vom darlehensgewährenden Kreditinstitut, das den Kredit abzuwickeln hat, sodass in der Regel der Kapitalanleger einen Forderungskauf-[163] und Abtretungsvertrag (unter der aufschiebenden Bedingung der Auszahlung der Darlehenssumme) mit dem Kreditinstitut abzuschließen hat. Durch die Einrichtung dieser Vertragsgestaltungsstruktur ist dann zu vermeiden, das Tatbestandsmerkmal eines möglichen Betreibens des Kreditgeschäfts i.S.d. § 1 Abs. 1 Satz 2 Nr. 2 KWG vom Kapitalanleger zu erfüllen.[164]

4. *Kreditinstitut*

Wie oben erwähnt, soll eine kooperierende Bank als lizensiertes Kreditinstitut zur Kreditabwicklung im Rahmen dieses Modells eingeschaltet werden, damit die weitreichenden Anforderungen und Erlaubnispflichten nach KWG berücksichtigt werden können.[165] Somit trägt das Kreditinstitut die Kreditentscheidung und Gewährung des über den Plattform-Betreiber ersuchten Kredits. Mit dem Kreditnehmer schließt das Kreditinstitut dann einen Darlehensvertrag i.S.d. § 488 BGB, bevor es abgetrennt wird.[166]

---

162 Zu eingehender Überprüfung s. Dritter Teil. Im Fall des Kreditsuchenden/Kreditnehmers und je nach adoptiertem Geschäftsmodell und Vertragsgestaltung sind auch andere Verträge mit dem Kreditinstitut zu schließen, z.B. bezüglich des Bankgeheimnisses und des Datenschutzes, u.a.

163 Gem. § 488 Abs. 1 S. 2 BGB.

164 *Veith*, BKR 2016, 184 (188).

165 *Renner*, ZBB 2014, 261 (263).

166 Etwa bei Auxmoney, § 8 und Anlage B der AGB für Kreditsuchende, abrufbar unter: https://www.auxmoney.com/agb.

4. Kapitel: Innovative Finanzierungsformen im Lichte der Schutzgüter der Finanzmarktaufsicht

Als innovative Finanzierungsformen haben sich binnen weniger Jahren sowohl die Mikrofinanzierung als auch das sog. „unechte" Crowdlending in Deutschland etabliert. Besonders relevant ist diese Entwicklung in Hinblick auf Existenzgründer sowie KKMU zu analysieren, da es dabei um eine mögliche Kreditfunktionsstörung bei dem Existenzgründungsbereich und KKMU-Wirtschaftssektor geht, die im Rahmen der finanzaufsichtsrechtlichen Schutzzwecke verstanden werden kann. Die Identifizierung dieser Schutzgüter ist daher im Licht der dargelegten Geschäftsmodelle zu betrachten.

A. Allgemeine Ziele der Finanzmarktaufsicht[167]

In Deutschland bedürfen Finanzmärkte nach dem gesetzgeberischen Willen der möglichst lückenlosen Überwachung durch eine leistungsfähige hoheitliche Aufsicht,[168] wodurch allgemein das Entstehen von Schäden im Kreditwesen und von Verlusten der Institutsgläubiger zu verhindern ist und diese vorwiegend gefahrenabwehrend zu wirken hat.[169]

Grundsätzlich ist die Bankenaufsicht in Deutschland als eine Sonderform der Gewerbeaufsicht zu sehen,[170] mit dem besonderen Attribut bei ihrer rechtssystematischen Betrachtung, dass die Aufgreifschwelle in Gestalt des Missstands besteht, die sich im konkreten Fall der Bankenaufsicht in § 6 Abs. 2 KWG in der Gestaltungsform einer Generalklausel findet.[171] Von Bedeutung ist der Begriff

---

167 Zu allgemeine Ziele der Finanzaufsicht s. auch *Armour/Awrey*, Principles of Financial Regulation, 2016, Kap. 3, S. 13 ff.; als Gründe für eine staatliche Finanzaufsicht gesehen in *Thiele*, Finanzaufsicht 2014, S. 91 ff.

168 Vgl. *Ohler*, Bankenaufsichtsrecht, in: Ehlers/Fehling/Pünder, Besonderes Verwaltungsrecht, § 32 Rn. 9.

169 So die Regierungsbegründung zum Entwurf des KWG von 1961, BT-Drs. III/114.

170 Damit ist das Eingriffshandeln der BaFin insbesondere an polizeirechtlichen Grundsätzen zu messen, vgl. Ohler, Bankenaufsichtsrecht, in: Ehlers/Fehling/Pünder, Besonderes Verwaltungsrecht, § 32 Rn. 10.

171 Über die Generalklauseln im Bereich der Finanzaufsicht s. *Thiele*, Finanzaufsicht 2014, S. 464 ff.

des „Missstandes" für die hier darzulegende Argumentation vor allem in Bezug auf seine teleologische Auslegung, da es in enger Wechselwirkung mit den jeweiligen Gegenständen der Aufsichtsziele steht. So sind unter einem Missstand auch erhebliche oder anhaltende Verhaltensweisen der beaufsichtigten Unternehmen oder Personen zu sehen, die sich nachteilig auf die Schutzgüter des KWG auswirken.[172]

Damit lassen sich ergänzende Steuerungsformen im Rahmen der jeweiligen wahrgenommenen Hauptschutzfunktionen in der Finanzmarktaufsicht erkennen.

B. Schutzfunktionen im Rahmen der finanzmarktaufsichtsrechtlichen Ziele

Aus systematischer Perspektive sieht man zwei aufeinander bezogene Schutzfunktionen (doppelte Zielrichtung der Finanzmarktaufsichtsgesetze),[173] die zusammen mit dem dazu zu berücksichtigenden Vertrauensschutz die Einheit der Aufsichtsziele bilden und im speziellen Fall vom Funktions- und Anlegerschutz in Deutschland auf die Legaldefinition des Begriffs „Missstand" (§ 6 Abs. 2 KWG) zurückzuführen sind. Daher spricht man von einem vernetzten Marktsystem wechselseitiger Abhängigkeiten, das in besonderen Maß vom Vertrauen der Marktteilnehmer in hinreichende Kontrollmechanismen abhängig ist.[174] Diese Zusammensetzung ist jeweils zu präzisieren.

I. Funktionsschutz

Der Funktionsschutz umfasst das Ziel der Gewährleistung der Funktionsfähigkeit der Bankwirtschaft zusammen mit dem Ziel der Finanzsystemstabilität.[175]

---

172 Vgl. *Ohler*, Bankenaufsichtsrecht, in: Ehlers/Fehling/Pünder, Besonderes Verwaltungsrecht, § 32 Rn. 10, 11.

173 *Gurlit*, in Grüneberg/Habersack/Mülbert/Wittig, Bankrechtstag 2015, S. 6. Diese Ziele spiegeln sich wider auf europäischer Ebene bei den Aufgabezuweisungen für die sektoralen Aufsichtsbehörden in Art. 2 I 2 EBA-VO (Verordnung 1093/2010 zur Errichtung der Europäischen Bankenaufsichtsbehörde, ABl. EU L 331/23) sowie den Einheitlichen Aufsichtsmechanismus in Art. 1 I SSM-VO (Verordnung 1024/2013 zur Übertragung besonderer Aufgaben im Zusammenhang mit der Aufsicht über Kreditinstitute auf die Europäische Zentralbank, ABl. EU L 331/1).

174 So *Kaufhold*, in: Systemaufsicht, 2016, S. 36 ff. S. auch *Mülbert/Sajnovits* ZfPW 2016, 1 ff.

175 Insbesondere wird seit der Einfügung der Spezialvorschritten der § 48a ff. in das KWG vom Gesetzgeber deutlich klargestellt, dass die Bankenaufsicht in Deutschland dem

1. Gewährleistung der Funktionsfähigkeit der Bankwirtschaft

Als Gegenstand ist im ersten Fall die Gewährleistung zu identifizieren, sowohl der technischen Sicherheit der Banken als auch der Integrität und Zuverlässigkeit der Anbieter,[176] deren Verwirklichung auch als „spezieller Schutzzweck" der Aufsicht von der Rechtsprechung[177] angesehen wird.

2. Finanzsystemstabilität

Beim Ziel der Finanzsystemstabilität sind diejenigen Aufgaben zu berücksichtigen, die sowohl für die präventive Erkennung und Vermeidung von systemischen Risiken als auch die für die Erfüllung der volkswirtschaftlichen Funktionen von Bedeutung sind. Es sind somit zwei Gegenstände des Funktionsschutzes hinsichtlich der Finanzsystemstabilität zu unterscheiden. In diesem Sinne definiert die Deutsche Bundesbank Finanzstabilität als „Zustand, in dem die volkswirtschaftlichen Funktionen, also sowohl die Allokation der finanziellen Mittel und Risiken als auch die Abwicklung des Zahlungsverkehrs, effizient erfüllt werden – und zwar gerade auch im Falle unvorhersehbarer Ereignisse, in Stresssituationen sowie in strukturellen Umbruchphasen."[178]

a. Erkennung und Vermeidung systemischer Risiken

Die Erkennung und Vermeidung von systemischen Risiken ist ihrerseits als Gegenstand der Finanzsystemstabilität in seiner präventiven Dimension wahrzunehmen, deren Verwirklichung nach Möglichkeit zu unterbinden oder die Auswirkungen eines sich realisierenden systemischen Risikos so gering wie möglich zu halten ist. Es geht um Gefahren für die Geschäftstätigkeit der Banken, die sich nicht auf ein einzelnes Institut beschränken, sondern die Gesamtheit der Branche in ihrer Existenz bedrohen und damit erhebliche, nachteilige Auswirkungen auf die Gesamtwirtschaft haben. Diese sog. „Domino-Effekte" sollen vermieden werden. Im allgemeinen Sinne ist diese Aufgabe deshalb mit

---

Ziel der Finanzstabilität dient, und zu den Zielen gehört, die von der BaFin zu überwachen ist, vgl. *Ohler*, Bankenaufsichtsrecht, in: Ehlers/Fehling/Pünder, Besonderes Verwaltungsrecht, § 32 Rn. 16. Ausführlich in Zusammenhang mit dem Individualschutz s. *Mülbert*, ZHR 177 2013, 171 ff.

176 Vgl. *Ohler*, Bankenaufsichtsrecht, in: Ehlers/Fehling/Pünder, Besonderes Verwaltungsrecht, § 32 Rn. 19.

177 BVerfG, Beschluss vom 16. 9. 2009 – 2 BvR 852/07 – NVwZ 2010, 35 (37).

178 Bundesbank (Hrsg.), Finanzstabilitätsbericht 2016, S. 22. Ausführlich zu Finanzsystemstabilität *Kaufhold*, Systemaufsicht, 2016.

der generalklauseligen Formulierung des § 6 Abs. 2 u. 4 KWG anzuknüpfen, wonach „erhebliche Nachteile für die Gesamtwirtschaft“ zu vermeiden sind.[179]

b. Volkswirtschaftliche Funktionen der Finanzintermediation

In seiner volkswirtschaftlichen Bedeutung ist Finanzsystemstabilität insbesondere in Zusammenhang mit einer funktionsfähigen, geldbasierten Volkswirtschaft zu verstehen, in der die Institute verantwortlich für die Erbringung und Inanspruchnahme wirtschaftlicher Leistungen durch Unternehmen, Haushalte sowie Staaten sind. Hierbei geht es um diejenigen Funktionen, die die Finanzintermediäre im Finanzsystem zu erfüllen haben, d.h., die Zahlungs- und Kreditfunktion sowie die Absicherung finanzieller Risiken.[180]

II. Anleger- und Einlegerschutz

Das KWG dient dem Ziel des Anlegerschutzes, in dem Gefahren für die Sicherheit der den Instituten anvertrauten Vermögenswerte zu verhindern sind, einschließlich dem Schutz der Personen, die einem Kreditinstitut rechtsgeschäftlich Kapital zur Verfügung stellen oder Vermögenswerte zur Verwahrung und Verwaltung überlassen. Somit handelt es sich hierbei um Kunden, die in ihrer Rolle als Sparer und Einleger als Schutzadressaten der Bankenaufsicht anzusehen sind.[181] Geschützt wird auch die Vorstellung eines allgemeinen Verbrauchers, der in spezifischerer Weise als das Interesse der Kapitalgläubiger eines Instituts am Bestand ihres Vermögens und losgelöst von seiner zivilrechtlichen Verbrauchereigenschaft geschützt wird. Diese Schutzfunktionen der Aufsicht (Anleger-,

---

179 Vgl. *Ohler*, Bankenaufsichtsrecht, in: Ehlers/Fehling/Pünder, Besonderes Verwaltungsrecht, § 32 Rn. 11, 17. Eingehend auf das Verhältnis zwischen Systemischen Risiken und Vertrauen bzw. Vertrauensverlust s. *Kaufhold*, in: Systemaufsicht, 2016, S. 137 ff; *Thiele*, Finanzaufsicht 2014, S. 79 ff. Legal definiert werden Systemrisiken als „Risiken einer Beeinträchtigung des Finanzsystems, die das Potenzial schwerwiegender negativer Folgen für den Binnenmarkt und die Realwirtschaft beinhalten“, Art. 2 lit. c ESRB-VO (Verordnung 1092/2010 über die Finanzaufsicht der Europäischen Union auf Makroebene und zur Errichtung eines Europäischen Ausschusses für Systemrisiken, ABl. EU L 331/1).

180 Vgl. *Ohler*, Bankenaufsichtsrecht, in: Ehlers/Fehling/Pünder, Besonderes Verwaltungsrecht, § 32 Rn. 16.

181 Zusammen mit der Gruppe der sog. Privatkunden mit § 67 WpHG wird das Leitbild des Anlegers in Umsetzung der MiFID II ausgeformt (Art. 4 Nr. 10 u. 11; Art. 30 Abs. 2 MiFID II); vgl. *Gurlit*, in: Grüneberg/Habersack/Mülbert/Wittig, Bankrechtstag 2015, S. 6.

Einleger- sowie Verbraucherschutz) finden gem. § 4 Abs. 4 FinDAG ausschließlich im öffentlichen Interesse statt, sodass kein Anspruch des Einzelnen auf aufsichtliches Einschreiten der Aufsichtsbehörden besteht und eine Klagebefugnis Dritter bei Maßnahmen der BaFin, die sich gegen ein Institut richten, ausgeschlossen ist.[182]

Aus diesen zusammenwirkenden Zielsetzungen im Finanzmarktaufsichtsrecht zwischen Funktions- und Anlegerschutz ergibt sich der Vertrauensschutz, dessen Bedeutung für den Finanzmarkt durch Eigenheiten der Güter und der Marktstrukturen sowie der Marktakteure bedingt ist.[183] Von der Rechtsprechung auch im Sinne der von den Marktteilnehmern zu erwartenden hinreichenden Kontrollmechanismen ausgestaltet,[184] liegt ihre Relevanz von allem darin, dass die Vertrauensabhängigkeit in ihrer finanzmarktrechtlichen Dimension eine wesentliche Aufgabe erfüllt, damit sich Funktions- und Anlegerschutz verwirklichen können. Durch den Vertrauensschutz werden die Solidität der Marktakteure im finanziellen Sinne, ihre Professionalität, aber auch die Erhaltung der Marktstrukturen gesichert. Gegenstand dieses Vertrauens bezüglich des Anlegers ist beispielsweise die Erwartung eines fairen Marktverhaltens von allen Marktteilnehmern.[185] Es handelt sich um die Grundlage, auf der Marktteilnehmer handeln und Marktstrukturen operieren können.[186] Zusammen mit der Beachtung des Grundsatzes der Wettbewerbsneutralität berührt der Vertrauensschutz deshalb in seiner Entfaltung den Funktions- und Anlegerschutz zugleich.[187]

---

182 Vgl. *Ohler*, Bankenaufsichtsrecht, in: Ehlers/Fehling/Pünder, Besonderes Verwaltungsrecht, § 32 Rn. 13, 14. Eingehend zu Anlegerschutz und Finanzmarktregulierung s. *Mülbert*, ZHR 177 2013, 160 ff.; als institutioneller und individueller Anlegerschutz *Thiele*, Finanzaufsicht 2014, S. 97 ff.

183 So *Mülbert/Sajnovits* ZfPW 2016, 1 (23 ff.).

184 BVerfGE 124, 235 – NVwZ 2010, 35 (37).

185 Vgl. *Mülbert/Sajnovits* ZfPW 2016, 1 (26).

186 Vgl. *Ohler*, Bankenaufsichtsrecht, in: Ehlers/Fehling/Pünder, Besonderes Verwaltungsrecht, § 32 Rn. 19; das Kreditgewerbe setzt ein uneingeschränktes Vertrauen der Öffentlichkeit in die Sicherheit und das solide Geschäftsgebaren des gesamten Gewerbes voraus, vgl. Entwurf eines Gesetzes über das Kreditwesen vom 25. Mai 1959, BT-Drucks 3/1114, S. 19.

187 Über die Bedeutung des gegenseitigen Vertrauens der Finanzmarktstrukturen und Akteure für die Funktionsfähigkeit des Systems am Beispiel der grenzüberschreitenden Finanzdienstleistungen s. *Ohler*, Die Verwaltung 2016, 309 (317); zum Vertrauensverlust in Zusammenhang mit Informations- sowie Offenlegungspflichten und die Rolle der Finanzmarktaufsicht s. BVerfGE 147, 50 – NVwZ 2018, 51 (65 ff.).

C. Finanzierungsschwierigkeiten im KKMU-Sektor und Existenzgründungsbereich als Kreditfunktionsstörung

Betrachtet man dennoch die für die Gesamtwirtschaft wichtige Kreditversorgung beim KKMU- sowie Existenzgründungssektor in Zusammenhang mit der Entfaltung des Funktionsschutzes in Deutschland, ist von einer möglichen Funktionsstörung auszugehen. Es handelt sich um eine fehlende Optimierung der Kapitalallokation, die als bankaufsichtlicher Zweck betrachtet wird[188] und ihrerseits belegt werden soll.

Wie im Fall von Großbritannien zu sehen ist, haben sich nach der Einführung von Basel II bei Banken aufgrund der höheren Eigenkapitalanforderungen die Kreditkosten für KMU signifikant erhöht. Zudem sollten die Zinsen von Banken für Kredite an KMU durch die erzwungene Verwendung von modifizierten Ratingstandards für kreditbeantragende Unternehmen gestiegen sein. Die negative Auswirkung dieser Maßnahme sollte bei der Umsetzung von Basel III in der Kapitaladäquanzrichtlinie und der dazugehörigen Verordnung durch die Einführung eines sog. „KMU-Korrekturfaktors" korrigiert werden, damit die höheren Eigenkapitalanforderungen an Banken für KKMU- und Existenzgründungskredite ausgeglichen werden können.[189]

Um eine Funktionsstörung bei den Kreditmärkten belegen zu können, wäre eine Untersuchung durchzuführen, in der die Auswirkungen der Regulierung auf die Finanzmärkte isoliert in Betracht kommen könnten. Das würde die Notwendigkeit einer empirischen Wirtschaftsanalyse mit einer Beurteilung des Übermaßes an Regulierung mit sich bringen, die hier nicht zu realisieren ist. Dennoch ist unter Berücksichtigung der hierüber zu Verfügung stehenden Studien davon auszugehen, dass dabei eine Verringerung der Kreditvergabe für KKMU- und Existenzgründungssektor durch die Banken stattgefunden hat, die zum Teil auch durch die neue Bankenregulierung versursacht worden ist. Die Plausibilität einer Beeinträchtigung der Kreditversorgung beim KKMU-Sektor in Deutschland wird hiermit hervorgehoben.[190]

---

188 So betrachtet in: *Fischer*, in: Boos/Fischer/Schulte-Mattler, KWG Einleitung, Rn. 169.

189 S. Art. 501 CRR-neu; Vgl. *Dorfleitner/Hornuf*, FinTech – Markt in Deutschland, 2016, S. 71.

190 Die hier vertretene These einer Beeinträchtigung der Kreditversorgung beim KKMU-Sektor (Kreditfunktionsstörung) stützt sich auf mehrere Studien, die von verschiedenen Organisationen durchgeführt worden sind und deren Ergebnisse den Ansatz mangelnder Kreditversorgung im KKMU-Sektor unterstützen: Dazu u.a. Europäische Kommission, Consultation Document Crowdfunding in the EU – Exploring the added value of potential EU action, Brüssel 03.10.2013, S. 6: „Seit der Finanzkrise

Dies hat dann zu Finanzierungsschwierigkeiten sowohl für KMU-Unternehmen als auch für Existenzgründer geführt, die als „Funktionsstörung" zu sehen ist, weil diese auch als Teil des oben beschriebenen Funktionsschutzes verstanden wird. Die Kreditversorgung für einen wichtigen Wirtschaftssektor wird gestört und ist als Funktionsstörung zu vermeiden bzw. zu beheben:

„Zahlungsstockungen, mangelhafte Kreditversorgung und unerwarteter Entzug von Krediten, die unvermeidlich Folgen solcher Funktionsstörungen sind, verursachen zwangsläufig schwere Schäden (…) auch in weiteren Teilen der Wirtschaft. (…) Gegenüber diesen Gefahren, die der Allgemeinheit von Störungen im Kreditwesen drohen, kann der Staat nicht untätig bleiben. (…) Diese ständige Beobachtung des gesamten Kreditgewerbes schafft die Möglichkeit, (…) auch volkswirtschaftlich bedenkliche allgemeine Tendenzen im Kreditwesen frühzeitig zu erkennen, so dass wirksame Maßnahmen zur Abwendung der daraus drohenden Gefahren getroffen werden können. (…)".[191]

---

sind Banken in der Vergabe von Krediten sehr viel restriktiver geworden"; auch auf europäischer Ebene und in Zusammenhang mit einer künftigen Kapitalmarktunion s. Goldman Sachs, Unlocking Europe´s economic potential through financial markets (Issue No. 15/07), Februar 2015, S. 3 f.; zugleich wird über Schwierigkeiten im Bereich Gründungsfinanzierung in Deutschland berichtet, dazu Infoletter des Bundeswirtschaftsministeriums für Wirtschaft und Energie – BMWi für Gründerinnen, Gründer und junge Unternehmen „GründerZeiten" 06, 07.2015, S. 10; in diesem Sinne auch *De Roure/Pelizzon/Tasca*, Deutsche Bundesbank Discussion Paper 30/2016, Nichttechnische Zusammenfassung: „Unsere Ergebnisse zeigen, dass für Kreditnehmer mit hohem Risiko die Bankkredite zu Gunsten der P2P-Kreditvergabe ersetzt werden, da die Banken dieses Marktsegment nicht bedienen wollen oder können"; sowie auch *Dorfleitner/Hornuf*, FinTech – Markt in Deutschland, 2016. Auf europäischer Ebene wurde diese Annahme von der EU-Kommission vor einigen Monaten erneut bekräftigt: „Darüber hinaus haben die Bankkreditvolumina sowohl für Start-up-Unternehmen als auch für KMU stark unter der Finanzkrise des Jahres 2008 gelitten und das Vorkrisenniveau noch nicht wieder erreicht, weshalb fehlende Mittel eine erhebliche Rolle beim Scheitern von Start-ups spielen", s. dazu Vorschlag für eine Verordnung des Europäischen Parlaments und des Rates über Europäische Crowdfunding-Dienstleister für Unternehmen vom 8.3.2018, KOM (2018) 113 endgültig, Begründung, S. 1.

191 Entwurf eines Gesetzes über das Kreditwesen vom 25. Mai 1959, BT-Drucks 3/1114, S. 19 f.

D. Die Kreditfunktion bezüglich des Crowdlending als innovative Finanzierungsform

Während eine fehlende Optimierung der Kapitalallokation aufgrund der Finanzierungsschwierigkeiten im KKMU- und Existenzgründungsbereich festgestellt wird, rechnet man in den kommenden Jahren zugleich im normalen Basisszenario mit einem Wachstumsimpuls von den Unternehmenskrediten über Crowdlending-Plattformen. Ausgerechnet KKMU-Unternehmen sowie Existenzgründer greifen immer mehr in Deutschland, um Alternativen zu klassischen Bankkrediten zu nutzen, auf Crowdlending zurück und das finanzierte Volumen wird weiter ansteigen.[192]

Angesichts dieser Entwicklung ist deswegen konsequent die Frage nach der Rolle der Finanzmarktaufsicht und der Eingrenzung der Funktionen der Finanzintermediation in Zusammenhang mit der hier favorisierten These einer Funktionsstörung zu stellen.

I. Crowdlending in Bezug auf die Funktionen der Finanzintermediation

Auf Märkten, auf denen vollkommener Wettbewerb herrscht und keine Marktunvollkommenheiten zu finden sind, sollen keine Transaktionskosten und Steuern anfallen und die Teilnehmer über vollständige Information verfügen; zugleich könnten Ersparnisse und Investitionsbedarf in der Volkswirtschaft so effizient in Einklang kommen, dass sich die dabei stattgefundenen Transaktionen in der ersuchten Menge und Fristigkeit (Losgrößen- und Fristentransformation) mit der höchsten Rendite materialisieren würden. Die Risikotransformation könnte schließlich durch Diversifizierung und Aufteilung in viele kleine, von jedem Kreditgeber gemischt ins Portfolio genommene Kontrakte bewirkt werden. Die Verteilung des Kreditrisikos könnte somit bezüglich der persönlichen Neigungen eingerichtet werden. In diesem (bisher) unrealistisch beschriebenen Marktszenario könnte das Engagement von Banken im Bereich Bankkredit verdrängt werden.[193]

Doch im realistischen Szenario von Marktunvollkommenheiten leisten Kreditinstitute im Gegensatz dazu Fristen-, Losgrößen- und Risikotransformation, wenn sie zwischen Darlehensgeber und Darlehensnehmer treten, indem sie einerseits im Rahmen ihres Passivgeschäfts – oft kurzfristige – Einlagen

---

192 Vgl. *Dorfleitner/Hornuf*, FinTech – Markt in Deutschland, 2016, S. 71

193 Vgl. *Grundmann*, in: Staub HGB, 10. Band – Bankvertragsrecht 1, 1. Teil, Rn. 10.

hereinnehmen und andererseits im Rahmen ihres Aktivgeschäfts - oft langfristige - Kredite vergeben. Sie sorgen für ein kongruentes Verhältnis zwischen Ersparnissen und Investitionsbedarf sowie für eine fachliche Vermittlung zwischen den unterschiedlichen Zeithorizonten von Kapitalnehmern und Kapitalgebern (Losgrößen- und Fristentransformation). Dabei trägt der Darlehensgeber nicht mehr das Risiko des Ausfalls des Kreditnehmers, der die Valuta nutzen soll, sondern die des Kreditinstituts und dieses statt seiner das Ausfallsrisiko des Kreditnehmers. Diese Risikotransformation bedeutet für den Einleger in der Praxis, dass er einen Schuldner erhält, dessen Ausfallsrisiko auf das Kreditinstitut ausgelagert wurde, und sogar vollständig zu vernachlässigen ist, da die Einlage i.d.R. durch das Einlagesicherungssystem abgedeckt ist.[194]

Die Transformationsaufgaben sind aber auch als Intermediationsfunktionen zu betrachten, weil die Kreditinstitute dem Kunden gegenüber vor allem als Intermediär im Kreditwesen fungieren. Diese Intermediation zeichnet sich daraus, dass die Kreditinstitute über eine überlegene Professionalität, aber vor allem in Bezug auf ihre Kunden über viel bessere Informationen verfügen (sog. Informationsasymmetrien). Besonders relevant ist diese Tatsache aus Sicht des Kreditgebers, sodass ein Unterschied zu machen ist, wenn der Kreditgeber Kredite selbst anbietet und auch Kreditprüfung und Risikodiversifikation selbst vornimmt oder diese Aufgaben an ein Kreditinstitut delegiert (sog. Delegationsmodell). Da jedoch der Kreditgeber i.d.R. nicht in der Lage ist, über die notwendige Information kostengünstig zu verfügen (Informationsasymmetrie), kann er das Risiko auch nicht einschätzen. Damit reduziert sich auch seine Risikobereitschaft, sodass er diese Aufgaben an Kreditinstitute, die die Verlustrisiken diversifizieren und die Ausfallwahrscheinlichkeiten gut messen können, delegiert. Die finanziellen Risiken werden aufgrund einer Marktunvollkommenheit im Sinne von fehlenden Informationen und niedriger Risikotragfähigkeit des einzelnen Kreditgebers an Kreditinstitute ausgelagert.[195]

Aus welchem Grund die Intervention von Kreditinstituten marktwirtschaftlich nötig ist und auf dem Kapitalmarkt (oder einem Teil davon) eine Bankintervention sich rechtfertigen lässt, hängt deswegen davon ab, inwiefern die genannten Transformationsleistungen erfüllt sind und dafür wegen Marktunvollkommenheiten an Finanzintermediäre delegiert werden sollen, damit die Rechtsgüter dabei geschützt werden können. Dies ist vor allem nach den

---

194 Vgl. *Renner*, ZBB 2014, 261 (270 f.); *Grundmann*, in: Staub HGB, 10. Band - Bankvertragsrecht 1, 1. Teil, Rn. 9.

195 Vgl. *Grundmann*, in: Staub HGB, 10. Band - Bankvertragsrecht 1, 1. Teil, Rn. 6, 10.

Digitalisierungsprozessen und der Entwicklung innovativer Finanzprodukte im Finanzsystem zu berücksichtigen, weil dabei neue Marktlösungen (z.B. Crowdlending) von neuen Marktakteuren (z.B. Kreditvermittlungsplattformen) angeboten werden.

Da Crowdlending eine tatsächliche Annäherung an eine ideale Marktsituation insbesondere durchsinkende Transaktionskosten ermöglicht, tritt es als wichtige Innovation bei der Kreditvergabe und Finanzintermediation auf. So beruhen die Crowdlending-Geschäftsmodelle auf der Standardisierung von Transaktionen und vor allem auf der Zentralisierung von Informationen (nicht der Kapitalverwaltung, die für die Transformationsleistungen vorausgesetzt wird), sodass sie unter bestimmten kommunikationstechnischen Bedingungen einen neuen informierten Markt geschaffen haben,[196] was, mit dem Markt der Bankenintermediation verglichen, nicht nur effizienter, sondern auch transaktionsgünstiger ist.[197]

Dieser geschaffene Informationsausgleich beim Crowdlending bedeutet nichts anderes als das Ende der Notwendigkeit, an einen Finanzintermediär die Transformationsaufgaben zu delegieren. Das Zusammenspiel zwischen Fristen- und Risikotransformation findet nicht mehr statt, weil die Anleger im Prinzip nun in der Lage sind, das Ausfallsrisiko einzuschätzen. Damit sind sie bereit, die mit der Kreditvergabe verbundenen Risiken auch selber zu tragen. Die Zahlungsunfähigkeit eines möglichen Intermediärs kommt daher nicht mehr in Frage, da dieser dabei nicht interveniert.[198]

Die wichtigsten Rechtfertigungen einer Regulierung von Finanzintermediären als Leistungserbringer sind mit dem Aufkommen der Crowdlending-Geschäftsmodelle deshalb zu überdenken. Inzwischen hat ihr Etablierungsprozess

---

196 Ausführlich über Milderungen der Informationsasymmetrien sowie über die Schlüsselrolle der positiven Netzwerkeffekte beim Crowdlending, *Hartmann*, BKR 2017, 321 (322 ff.).

197 So *Renner*, ZBB 2014, 261 (271). Im Gegensatz dazu kommt *Broer* zur Schlussfolgerung, die Sollzinsen beim Crowdlending seien sogar manchmal höher als bei normalen Bankkrediten, obwohl die Kreditkonditionen vergleichsweise besser bei Crowdlending bleiben. Diese unterschiedliche Kostenstruktur zwischen dem Crowdlending und den Banken sei auf Kundenakquisitionskosten und auf Datenschutzgründe in Europa zurückzuführen, wonach sich am Ende nur ein geringer Kostenvorsprung der Kreditvermittlungsplattformen in Vergleich zu einer Bank zeige, vgl. *Broer*, ZVglRWiss 2017, 189 (196 ff.). Eine empirische Studie der Deutschen Bundesbank unterstützt diesen Ansatz, dazu *De Roure/Pelizzon/Tasca*, Deutsche Bundesbank Discussion Paper 30/2016.

198 Vgl. *Renner*, ZBB 2014, 261 (271).

im Fremdkapitalfinanzierungsbereich in der Praxis eine Stärkung des Wettbewerbs auf dem Kapitalmarkt mit sich gebracht, die zugleich künftig eine relative Schwächung der bisherigen Dominantposition der Kreditinstitute bei der Finanzintermediation als traditionelles Mittel „staatlicher Wirtschaftspolitik“[199] bedeuten kann.

II. Crowdlending und die Optimierung der Kapitalallokation

Dass Crowdlending auch als Innovationsmotor zur Stärkung des Unternehmertums bezeichnet werden kann, lässt sich insbesondere dadurch erklären, dass Crowdlending eine wichtige Rolle bei der Frühphasenfinanzierung eines KKMU-Unternehmens spielt.[200] Diese positive Wahrnehmung ist auch bei der EU-Kommission zu beobachten, die der Auffassung ist, dass Crowdfunding (darunter Crowdlending) generell das Potenzial habe, auf lange Sicht zu einer der wichtigsten Finanzierungsformen für KMU zu werden,[201] und sich seit März 2014 für eine Freisetzung des Potenzials von Crowdfunding in der Europäischen Union positionierte.[202]

Währenddessen hat sich in den letzten Jahren die Förderung von KKMU als ein eigenständiges ordnungspolitisches Ziel auf europäischer Ebene etabliert,[203] zugleich hat dieses internetgestützte Geschäftsmodell als eine ideale Finanzierungsform für die Existenzgründung sowie KKMU stark davon profitiert, insbesondere nachdem die Crowdfinanzierung im Rahmen des „Aktionsplans zur Schaffung einer Kapitalmarktunion“ von der EU-Kommission als eine geeignete Ergänzung der Finanzierungsquellen und als neues Finanzvehikel für die Erleichterung der Finanzierung von Unternehmen definiert wird, um den Anlegern mehr Wahlmöglichkeiten zu verschaffen und die Wirtschaft insgesamt widerstandsfähiger zu machen.[204]

---

199 So *von Goldbeck*, in: Luz/Neus/Schaber/Schneider/Wagner/Weber, KWG § 32 Rn. 1.

200 *Uffmann*, JZ 2016, 928 (929).

201 Pressemitteilung der Europäischen Union, Brüssel, 3. Mai 2016.

202 Stellungnahme der EU-Kommission vom 27.03.2014, KOM (2014) 172. Mit dem am 8.3.2018 in Brüssel vorgelegten Vorschlag für die künftige Regulierung von Crowdfunding-Plattformen will die EU-Kommission diese positive Entwicklung auf europäischer Ebene weiter fortsetzen und vertiefen, s. Vorschlag für eine Verordnung des Europäischen Parlaments und des Rates über Europäische Crowdfunding-Dienstleister für Unternehmen vom 8.3.2018, KOM (2018) 113 endgültig.

203 So *Haag*, ZVglRWiss 2017, 258 (259); *Kumpan*, ZGR 2016, 2 (35).

204 Europäische Kommission, Aktionsplan zur Schaffung einer Kapitalmarktunion vom 30.09.2015 – (COM (2015) 468 final), S. 3 u. 8. Siehe auch dazu: „Crowdfunding in the EU Capital Markets Union“ – EU Commission Staff Working Document vom

Vor allem aufgrund seines beachtenswerten Wachstums[205] hat der Crowdfunding-Sektor auch in Deutschland den regulierten Kapitalmarkt beeinflusst und neue Regulierungsfragen ausgelöst, worauf der deutsche Gesetzgeber erst, nachdem ein Windparkbetreiberunternehmen Insolvenz anmeldete, im Jahr 2015 zunächst mit der Verabschiedung des Kleinanlegerschutzgesetzes (KASG) reagierte.[206]

Die Geeignetheit des Crowdlending für die Finanzierung von KKMU-Unternehmen und Existenzgründung ist im Wesentlichen auf ökonomische Gründe zurückzuführen. Weil die Risikoaversion, jedenfalls über die Unsicherheiten der Anleger, wächst, je größer und komplexer ein Vorhaben ausfällt, ist Crowdlending gerade für Verbraucher- und andere Kleinkredite geeignet. Wegen des Risikos eines Totalverlusts für „die Crowd“ gehen daher diese Geschäftsmodelle von Kreditmarktplätzen i.d.R. nicht über einen niedrigen Geldbetrag (der von der Crowd eingesammelt werden soll) hinaus.[207]

Dieser Zusammenhang zwischen Crowdlending und Kleinkrediten ist bei der Existenzgründung noch deutlicher, da dabei vor allem Unternehmen in der „Early Stage“ (Frühphase) diejenigen sind, die oftmals Schwierigkeiten bei der Beschaffung benötigter finanzieller Mittel zur Realisierung des geplanten Vorhabens haben.[208] Wenngleich Bankkredite für viele Gründer nach wie vor eine Finanzierungsmöglichkeit sind, können diese aufgrund der fehlenden Unternehmenshistorie und der entsprechenden Unternehmenskennzahlen des Gründers nur schwer zugänglich sein. Diese schwer abschätzbaren Risiken solcher neuer Geschäftsmodelle sind von den Banken zu vermeiden und werden zusammen mit dem häufigen Vorliegen ungenügender Sicherheiten als Hauptgründe genannt, um ein Kreditgesuch abzulehnen. Im Gegensatz dazu zeichnet sich Crowdlending dadurch aus, dass sich die Mitglieder der Crowd bereits mit

03.05.2016; Vorschlag für eine Verordnung des Europäischen Parlaments und des Rates über Europäische Crowdfunding-Dienstleister für Unternehmen vom 8.3.2018, KOM (2018) 113 endgültig, sowie ihre Begleitunterlage „Zusammenfassung der Folgenabschätzung“, SWD (2018) 57 endgültig und „Regulatory Scrutiny Board Opinion“, SEC (2018) 131 endgültig.

205 Dazu, *Dorfleitner/Hornuf*, FinTech – Markt in Deutschland, 2016; *Alscher/Kolbecher*, ZBB 2018, 43.

206 Kleinanlegerschutzgesetz vom 3.7.2015 (BGBl. I S. 1114), zuletzt geändert durch Art. 4 Nr. 2 des Ersten Finanzmarktnovellierungsgesetzes v. 30.6.2016, BGBl. I 1514 (1534).

207 Vgl. *Hartmann*, BKR 2017, 321 (325); *Waschbusch*, StB 2016, 206 (211).

208 Eingehend auf das Crowdfunding als Finanzierungsmöglichkeit in der Early Stage-Phase s.: *Fox/Müllerleile/Joenssen*, Corporate Finance 2015, (1 ff.).

kleinen Geldbeträgen an der Finanzierung eines Vorhabens beteiligen können. Die Hemmschwelle ist, um in ein Gründungsvorhaben zu investieren, für die Crowd deutlich niedriger als für Banken, die meist erheblich mehr Kapital als die einzelnen Crowdmitglieder zur Verfügung stellen und damit auch ein höheres Ausfallsrisiko tragen. Aus diesem Grund wird von einer Finanzierungsform gesprochen, die sich dann auch als Instrument für die Schließung der Finanzierungslücken in der Early Stage eines Unternehmens kennzeichnen lässt.[209]

Deshalb wird in der Praxis von einer diskriminierenden Regulierung gesprochen, wenn diese neue Form von Finanzierung von der Seite der Regulierung erschwert ist, da die beaufsichtigten Kreditinstitute aufgrund einer zwischenzeitlichen Überregulierung Kredite im KKMU- und Existenzgründungsbereich nicht mehr wirtschaftlich sinnvoll anbieten können.[210]

E. Die Gesetzeszwecke des § 32 Abs. 1 S. 1 KWG und die innovativen Finanzierungsformen

Die notwendige Optimierung der Kapitalallokation sollte dennoch nicht durch eine sicherheitseingeschränkte Auslegung der Zwecke gem. § 32 KWG beeinträchtigt werden.

Erforderlich ist hierzu vielmehr eine Auslegung der gesetzlichen Zwecke, wonach die gegebenen Einschränkungen der Berufs- und Gewerbefreiheit hinsichtlich der Ermöglichung des jeweiligen Geschäftsmodells durch objektive oder subjektive Zulassungsvoraussetzungen aus Gründen des Gemeinwohls gerechtfertigt werden können.[211] Das bedeutet in diesem Fall, dass die damit direkte zusammenhängende Steuerung bzw. Behebung einer Funktionsstörung

---

209 So *Waschbusch*, StB 2016, 206 (208 f.). Auch die EU-Kommission unterstützt ausdrücklich diese Annahme, s. Vorschlag für eine Verordnung des Europäischen Parlaments und des Rates über Europäische Crowdfunding-Dienstleister für Unternehmen vom 8.3.2018, KOM (2018) 113 endgültig, Erwägungsgrund 1, S. 13.

210 So *Schaffelhuber*, BAI Newsletter II/2017, S. 10, zit. in: *Klebeck/Dobrauz-Saldapenna*, RdF 2017, 180 (184); auch in diesem Sinne, *De Roure/Pelizzon/Tasca*, Deutsche Bundesbank Discussion Paper 30/2016, Nichttechnische Zusammenfassung: „Unsere Ergebnisse zeigen, dass für Kreditnehmer mit hohem Risiko die Bankkredite zu Gunsten der P2P-Kreditvergabe ersetzt werden, da die Banken dieses Marktsegment nicht bedienen wollen oder können".

211 BVerfG, NJW 1958, 1035 ff; BVerfGE 86, 28 (40); BVerfGE, 115, 276; ZfWG 2011, 33; im Zusammenhang mit der Intensität des jeweiligen Eingriffs und mit dem Grundsatz der Verhältnismäßigkeit s. BVerfGE 95, 193 (214), 325; BVerfGE 102, 197 (212 f.) = NVwZ 2001, 790.

angesichts mangelnder Kreditversorgung im KKMU- und Existenzgründungssektor dabei auch zu berücksichtigen ist,[212] weil diese Funktionsstörung eine Beeinträchtigung des Funktionsschutzes darstellt. Dennoch könnte die extensive Auslegung der Erlaubnispflicht eher zur Verschärfung statt zu einer Behebung der Funktionsstörung führen, die selbst durch die Regulierung verursacht wurde.[213]

Konkret stellt sich an dieser Stelle die Frage, inwiefern sich ein Aufsichtseingriff in die Gewerbefreiheit der Marktakteure sowohl bei Mikrofinanzierung mit Beteiligung von MFI´s als auch beim Crowdlending (z.B. bei den Kapitalanlegern beim betriebenen Kreditgeschäft) gem. § 32 KWG rechtfertigen lässt.[214]

Zweckdienlich ausgelegt, geht es beim Erlaubnisvorbehalt nach § 32 Abs. 1 S. 1 KWG in erster Linie um den Schutz potenzieller Vertragspartner vor unseriösen Betreibern, die nicht die Sicherheiten wie zugelassene Kreditinstitute gewährleisten bzw. gewährleisten können, sodass nur derjenige, der personell, organisatorisch und finanziell in der Lage ist, eine ordnungsmäßige Geschäftsführung zu bieten, Bankgeschäfte betreiben darf.[215] Es handelt sich um das klassische, hoheitliche Instrument der Eröffnungskontrolle beim Markteintritt, mit dem u.a. eine effektive Überwachung des aufgenommenen Geschäftsbetriebs erreicht wird,[216] damit fachlich und persönlich ungeeignete Führungskräfte an einer Marktpartizipation zu hindern sind.[217] Zugleich kommt hierbei die Sonderstellung der Kreditinstitute in ihrer Rolle bei der Vermittlungsfunktion von Anlagekapital in der Volkswirtschaft als „Schlüsselfunktion" auch in Betracht, damit aus wirtschaftspolitischer Sicht z.B. eine sog. Kreditklemme mit negativen

---

212 Eine wohl geordnete Verteilung der Kredite kann nach dem Bericht des Untersuchungsausschusses für das Bankwesen von Oktober 1934 bereits als wesentliches Motiv für die Einführung der Erlaubnispflicht im Bankgewerbe identifiziert werden, vgl. *Fischer/Müller*, in: Boos/Fischer/Schulte-Mattler, KWG § 32 Rn. 4.

213 Zum ähnlichen Ergebnis kommt auch Renner im Fall von Crowdfunding-Geschäftsmodellen, wonach die BaFin das regelungsbedürftige Risiko selbst schafft, das die Erlaubnispflicht erst rechtfertigen würde, *Renner*, ZBB 2014, 261 (272).

214 BVerfGE 7, 377; NJW 1958, 1035 ff. Auch in Bezug auf den Schutzzweck des § 32 KWG s. NJW-RR 2008, 1011; BVerwGE, 133, 358.

215 Vgl. *Fischer/Müller*, in: Boos/Fischer/Schulte-Mattler, KWG § 32 Rn. 4; hierzu auch BT-Drs. 3/1114.

216 Vgl. *Kaufhold*, Die Verwaltung 2016, 339 (345).

217 So in der Regierungsbegründung zum KWG von 1961, BT-Drucks. 3/1114, S. 26; vgl. *Thiele*, Finanzaufsicht 2014, S. 209.

Folgen für eine auf Fremdkapitalfinanzierung beruhende Volkwirtschaft wie der deutschen vermieden werden kann.[218]

In diesem Sinne wird die Kreditvergabe in Deutschland durch den Erlaubnisvorbehalt nicht nur bezüglich gewerberechtlicher Bestimmungen vom Gesetzgeber eingeschränkt, sondern auch im Verhältnis zu der rechtlichen Unbedenklichkeit, Integrität, Zuverlässigkeit, der technischen Sicherheit und Qualität der Anbieter einzelner Bankdienstleistungen, was gleichzeitig im Ganzen zu garantieren ist.[219]

Somit schafft § 32 KWG einen abstrakten Schutz, der eine doppelte Schutzrichtung bezweckt: Einerseits liegt die Erhaltung einer funktionierenden Kreditwirtschaft im öffentlichen Interesse, andererseits sollen auch die individuellen Einleger und Kreditnehmer vor riskanten Geschäften der Kreditinstitute geschützt werden.[220] Ferner hängt die Funktionsfähigkeit des Systems vom Vertrauen der Kunden in die Finanzunternehmen ab.[221] Für die Kunden von Finanzdienstleistungen ist dies deswegen zentral, weil die Einhaltung der Erlaubnispflicht als Schutzgesetz i.S.v. § 823 Abs. 2 BGB auch einzustufen ist. Dies lässt sich durch die Überwachung des Aufbaues hinreichender organisatorischer Voraussetzungen materialisieren und ist dann zugleich als im Kundeninteresse anzusehen.[222]

So wird verdeutlicht, dass die oben dargelegten Schutzfunktionen bei den beschriebenen allgemeinen Zielen der Finanzmarktaufsicht sich in Form eines abstrakten Schutzes in § 32 KWG übertragen lassen. Finden keine Eröffnungskontrollen beim Markteintritt statt, ist dann weder die Funktionsfähigkeit der Kreditwirtschaft noch der Schutz der Einleger zu sichern.[223]

Für das Crowdlending ist im Rahmen des Funktionsschutzes die Erfüllung der volkswirtschaftlichen Funktionen der Finanzintermediation hervorzuheben, weil dabei im Prinzip keine Risiko-, Losgrößen- sowie keine Fristentransformation mehr stattfinden. Insbesondere durch einen neuen Risikomaßstab

---

218 So *Renner*, ZBB 2014, 261 (270).

219 Vgl. *Ohler*, Bankenaufsichtsrecht, in: Ehlers/Fehling/Pünder, in: Besonderes Verwaltungsrecht, 2012, § 32 Rn. 19.

220 So *Renner*, ZBB 2014, 261 (270).

221 *Ohler*, Die Verwaltung 2016, 309 (317).

222 So *Grundmann*, in: Staub HGB, 10. Band – Bankvertragsrecht 1, 1. Teil, Rn. 94; dazu auch *Fischer*, in: Boos/Fischer/Schulte-Mattler, Einf KWG Rn. 177.

223 Die fehlende Einholung einer Zulassung könnte auch als haftungsbegründender Tatbestand genügen. Dazu *Grundmann*, in: Staub HGB, 10. Band – Bankvertragsrecht 1, 1. Teil, Rn. 94.

(sog. „granularere Risikoverteilung")[224] werden die hiermit verbundenen Risiken beim Crowdlending vermieden. Die zur Natur eines Kreditinstituts gehörende Notwendigkeit, sich durch Einlagen zu refinanzieren,[225] kommt aufgrund u.a. der typisierten geringen Umfänge des Crowdlending-Geschäftmodells dabei nicht mehr in Betracht. Systemische Risiken sind auch nicht zu berücksichtigen.[226]

Diese fehlende Erforderlichkeit der Transformationsfunktionen ist im Hinblick auf den vorgesehenen Schutz der individuellen Einleger und Kreditnehmer vor riskanten Geschäften der Kreditinstitute (Anlegerschutz) nach § 32 KWG zu verstehen. Weil die Kreditrisiken beim Crowdlending jedoch nicht beim Intermediär bleiben, sondern vollständig auf Investoren (Anleger) übertragen werden,[227] gibt es im Wesentlichen keine Finanzintermediationsaufgaben[228] vom Kreditinstitut zu erfüllen, obwohl das beaufsichtigte Kreditinstitut für eine „juristische Sekunde" zwischengeschaltet wird. Immerhin fungiert dieses als Erbringer der Dienstleistung, ohne das unternehmerische Risiko in der Praxis übernommen haben zu müssen.[229] Unter Berücksichtigung des Anlegerschutzes ist die Zwischenschaltung eines Kreditinstituts nicht mehr gerechtfertigt.[230] Somit ist der Risikomaßstab als materieller Inhalt der Schutznorm im Fall vom Crowdlending-Geschäftsmodell nicht mehr in dem bisher anerkannten bankmäßigen Sinn wahrzunehmen. Dennoch besteht weiterhin die Leistungserbringung hinsichtlich der Risikoübernahme eines Intermediärs als Gegenstand der Regulierung i.S.v. § 32 KWG. Es ist davon auszugehen, dass der dabei vorgesehene Schutzzweck im Fall von Crowdlending-Geschäftsmodellen sich i.d.R. nicht verwirklichen lässt.[231]

---

224 *Broer*, ZVglRWiss 2017, 189 (199).

225 Vgl. *Renner*, ZBB 2014, 261 (271).

226 So im Ergebnis auch *Renner*, ZBB 2014, 261 (272); *Hartmann*, BKR 2017, 321 (327).

227 *Broer*, ZVglRWiss 2017, 189 (197).

228 Bei manchen Crowdlending-Geschäftsmodellen gibt es immer noch Intermediationsaufgaben zu erfüllen, z.B. im Hinblick auf die Bonitätsprüfungspflichten im unechten Crowdlending in Deutschland.

229 Vgl. *Schaffelhuber*, BAI Newsletter II/2017, S. 11, zit. in: *Klebeck/Dobrauz-Saldapenna*, RdF 2017, 180 (184); *Hartmann*, BKR 2017, 321 (323 f.); *Rehm*, ZVglRWiss 2017, 117 (128).

230 So auch *Renner*, ZBB 2014, 261 (272).

231 Vgl. *Schaffelhuber*, BAI Newsletter II/2017, S. 10, 12, zit. in: *Klebeck/Dobrauz-Saldapenna*, RdF 2017, 180 (184).

Jedoch ist diese Annahme, wonach den Maßstäben der Erlaubnispflicht nach § 32 KWG bei der Beaufsichtigung des Crowdlending nicht mehr entsprochen werden kann, auch in der Besonderheit des ganzen Geschäftsmodells in Deutschland zu belegen. Dies ist angesichts der möglichen Adaptierung verschiedener Geschäftsmodelle von Bedeutung, weil in manchen Crowdlending-Geschäftsmodellen die Kreditvermittlungsplattformen Losgröße- und Fristentransformationsaufgaben teilweise immer noch zu erfüllen haben. D.h., dass in solchen Fällen die Ausgleichsfunktion bei bestimmten Informationsasymmetrien im Kreditprozess ex-ante (Kreditscoring) und ex-post (Mahnwesen und Management der Rückzahlung) beim Intermediär bzw. bei den Kreditvermittlungsplattformen oder bei den von diesen gegründeten Zweckgesellschaften geblieben ist.[232]

Dass die Leistungserbringung hinsichtlich der Risikoübernahme eines Intermediärs als Gegenstand der Regulierung i.S.v. § 32 KWG weiterhin besteht, dient andererseits als ausschließlicher Maßstab der Norm im Fall der Mikrofinanzierung mit Beteiligung von MFI´s. Insofern ist der Schutzzweck im Gegensatz zu den Crowdlending-Geschäftsmodellen nicht im gleichen Sinne zu problematisieren. Vielmehr geht es dabei um die Feststellung einer möglichen bankerlaubnispflichtigen Risikoübernahme seitens eines nur als Kreditintermediär angesehenen Marktakteurs, die auch im Rahmen der besonderen Bedingungen des Geschäftsmodells belegt werden soll.

Inwiefern sich eine Verwirklichung der Schutzzwecke gem. § 32 KWG jeweils feststellen lässt, kann deshalb nur durch eine detaillierte Überprüfung der Genehmigungsbedürftigkeit beim entsprechenden adoptierten Geschäftsmodell in Deutschland (Mikrofinanzierung über MFI´s und unechtes Crowdlending) analysiert werden. Eine rechtliche Auswertung aus der Sicht der einzelnen Marktakteure ist in Bezug auf die dabei geleisteten Tätigkeiten durchzuführen.

232 Vgl. *Broer*, ZVglRWiss 2017, 189 (197); *Rehm*, ZVglRWiss 2017, 117 (128 f.).

Zweiter Teil

Aufsichtsrechtliche Analyse des geförderten Modells zur Mikrofinanzierung durch Mikrofinanzinstitute – MFI´s in Deutschland

Im Zentrum der Untersuchung steht im Folgenden, ob die Strukturierung des Geschäftsmodells zur Mikrofinanzierung durch MFI`s mit der Gesetzeslage bzw. mit den aufsichtsrechtlichen Anforderungen in Deutschland übereinstimmt, da bei seiner Entstehung auch Akteure außerhalb des Bankensektors beteiligt sind, deren Geschäftstätigkeiten das Betreiben von Bankgeschäften darstellen können und die damit unter die Vorschriften des KWG fallen könnten.

Konkret erscheint diese Erklärungsbedürftigkeit vor dem Hintergrund, dass die von den sog. „Mikrofinanzinstituten" – MFI´s in der Praxis eingeführten Tätigkeiten, ihre Aufgaben und Verantwortung als bloße Kreditvermittler überschritten werden könnten, wenn sie am wesentlichen Teil des Kreditvergabeprozesses teilnehmen, die Kreditanträge im eigenen Namen durchführen oder sich verpflichten, Bürgschaften, Garantien oder sonstige Gewährleistungen für andere zu übernehmen.

Fraglich ist dann, ob die MFI´s einzelne Bankgeschäfte i.S.v. § 1 Abs. 1 Satz 2 KWG betreiben und damit eine Erlaubnis der BaFin nach § 32 KWG benötigen. Es ist daher notwendig im Einzelfall zu prüfen, ob Bankgeschäfte in einem Umfang betrieben werden, dass ein Schutzzweck des KWG berührt wird.

1. Kapitel: Die bankrechtliche Genehmigungsbedürftigkeit der Tätigkeit der „MFI´s“

A. Erfordernis des Betreibens bei einzelnen Bankgeschäften

Wenn die Erlaubnisbedürftigkeit einer Tätigkeit im Geltungsbereich des KWG zu prüfen ist, geht es nicht nur um die Erfüllung der tatbestandlichen Voraussetzungen des im Einzelfall zu betrachtenden Bankgeschäfts. Dazu muss es auch in einem entsprechenden erlaubnispflichtigen Umfang betrieben werden und damit den Vorschriften des Kreditwesensgesetzes unterliegen.

Insofern bedarf der schriftlichen Erlaubnis der BaFin nach § 32 Abs. 1 Satz 1 KWG, wer im Inland gewerbsmäßig oder in einem Umfang, der einen in kaufmännischer Weise eingerichteten Geschäftsbetrieb erfordert, Bankgeschäfte betreiben will.

Zunächst lässt sich ein präventives Verbot mit Erlaubnisvorbehalt erkennen, dessen Vorschrift bereits bei der Beabsichtigung eines Betreibens greift.[233] Fraglich ist dann in diesem Fall, ob die MFI´s gewerbsmäßig oder in einem Umfang, der einen in kaufmännischer Weise eingerichteten Geschäftsbetrieb erfordert, Bankgeschäfte betreiben.

Dabei ist u.a. auch zu beachten, dass der Betreibende kein Unternehmen sein muss,[234] da sowohl die innere Organisation einer erlaubnispflichtigen kreditgeschäftsbetreibenden Partei als auch ihre Unternehmenseigenschaft (natürliche oder juristische Person) unerheblich bleiben.[235]

So sind die Erfüllung jedes Tatbestandsmerkmales dieser Vorschrift im Verhältnis zu den von den MFI´s durchgeführten Tätigkeiten bezüglich des

233 *Schwennicke*, in: Schwennicke/Auerbach, KWG § 32 Rn. 2.

234 BaFin Merkblatt „Hinweise zum Tatbestand des Kreditgeschäfts“, Nr. 2. Erlaubnispflicht des Kreditgeschäfts, Stand: Mai 2016, zugänglich unter www.bafin.de. Hierbei ist anzumerken, dass die in Deutschland für die Mikrokreditvergabe akkreditierten MFI´s in der Regel die Form von Gründungszentren, Genossenschaften oder Unternehmensberatungen adoptiert haben. Eine Übersicht aller zurzeit akkreditierten Mikrofinanzinstitute findet man auf: https://www.bmas.de/DE/Themen/Arbeitsmarkt/Arbeitsfoerderung/Mikrokredit/Mikrofinanzinstitute/mikrofinanzinstitute.html; zuletzt geprüft am 07.04.2020.

235 Vgl. *Schwennicke*, WM 2010, 542 (546).

möglichen Betreibens von Bankgeschäften im Einzelnen in den folgenden Abschnitten festzustellen.

I. Das Kreditgeschäft i.S.v. § 1 Abs. 1 Satz 2 Nr. 2 KWG

1. Definition und Tatbestandsvoraussetzungen

Obwohl der Gesetzgeber für die Zwecke des Bankaufsichtsrechts verschiedene Kreditbegriffe verwendet,[236] ist in Bezug auf die oben genannte Fragestellung lediglich der im § 1 Abs. 1 Satz 2 Nr. 2 KWG statuierte Begriff des Kreditgeschäfts zu berücksichtigen, da es sich dabei um ein erlaubnispflichtiges Bankgeschäft handelt.

So wird das Kreditgeschäft zunächst als die Gewährung von Gelddarlehen und Akzeptkrediten verstanden.[237] Damit werden zwei alternative Tatbestände umschlossen: Gelddarlehen oder Akzeptkredite, die gewährt werden.[238]

Da die MFI´s keine Gewährung von Akzeptkrediten durchführen, bleibt diese zweite Alternative außer Betracht. Vielmehr geht es hier um die Gewährung von Gelddarlehen, die in Bezug auf den aufsichtsrechtlichen Tatbestand grundsätzlich unter der Beachtung der Definition eines privatrechtlichen Darlehensvertrages gemäß § 488 Bürgerliches Gesetzbuch (BGB) zu verstehen ist. In diesem Sinne ist ein Darlehensvertrag zu sehen, wenn der Darlehensgeber und der Darlehensnehmer sich zur Hingabe und zur Rückzahlung von Geld jeweils verpflichten. Dennoch ist anders als nach § 488 BGB der Geschäftstatbestand nach dem Wortlaut von § 1 Abs. 1 S. 1 Nr. 2 KWG auf Geld beschränkt, sodass die Gelder rückzahlbar sein müssen.[239]

Diese Darlehensgewährung umfasst sowohl den Vorgang des Abschlusses des Darlehensvertrages, verbunden mit der Auszahlung des Geldes, als auch als die Stellung eines Darlehensgebers als Partei eines Darlehensvertrages. Aufsichtsrechtlich ist das relevant, weil beim Begriff der Darlehensgewährung auch der Erwerb von Darlehensforderungen zu verstehen ist. In diesem Zusammenhang wird durch Gewähren von Gelddarlehen das Kreditgeschäft nach § 1 Abs. 1 S. 1 Nr. 2 Alt. 1 KWG auch dann betrieben, wenn der Darlehensgeber durch

---

236 §§ 1, 19, 21 KWG. Eingehend auf den Kreditbegriff im deutschen Recht: *Meincke/Hingst*, WM 2011, 633 ff.

237 Vgl. *Schäfer*, in: Boos/Fischer/Schulte-Mattler, KWG § 1 Rn. 55.

238 BaFin Merkblatt „Hinweise zum Tatbestand des Kreditgeschäfts“, Stand: Mai 2016, S. 1 f., zugänglich unter www.bafin.de.

239 Vgl. *Weber/Seifert*, in: Luz/Neus/Schaber/Schneider/Wagner/Weber, KWG § 1 Rn. 27, 28.

den Abschluss eines Darlehensvertrages oder den Beitritt zu einem bestehenden Darlehensvertrag und der jeweiligen Auszahlung der Darlehensvaluta oder durch eine Schuldumwandlung eines bestehenden Schuldverhältnisses in einen neuen Darlehensvertrag eine Darlehensforderung erwirbt.[240]

Obwohl Rundschreiben der BaFin die gesetzlichen Tatbestände nicht erweitern können, können die von der BaFin dargelegten Merkmale des Kreditgeschäfts als atypische norminterpretierende Verwaltungsvorschriften[241] jedoch berücksichtigt werden und im Rahmen dieser Untersuchung dazu dienen, die Phasen des Kreditvergabeprozesses im aufsichtsrechtlichen Sinne zu erläutern.

So ist es laut der BaFin unerheblich, ob Zinsen bedungen sind, ob der Darlehensgeber den Geldbetrag auf Weisung des Darlehensnehmers an einen Dritten auszuzahlen hat oder ob die Geldvergabe mit Fremdmitteln refinanziert wird oder mit eigenen Mitteln unterlegt ist. Irrelevant sind auch die Art und der Umfang der Besicherung.[242]

Darüber hinaus ist das Gewähren von Gelddarlehen auch als Bankgeschäft anzusehen, obwohl gleichzeitig das Betreiben eines Einlagegeschäfts nicht stattfindet. Konkret hat sich in diesem Sinne auch das Bundesverwaltungsgericht geäußert, wonach ein erlaubnispflichtiges Kreditgeschäft auch ohne gleichzeitiges Betreiben des Einlagengeschäfts gemäß § 1 Abs. 1 Satz 2 Nr. 1 KWG ein Bankgeschäft i.S.v. § 1 Abs. 1 Satz 2 KWG darstellt.[243] Dies könnte auch im Sinne der Zuständigkeitsabgrenzung zwischen BaFin und EZB relevant sein, weil das gleichzeitige Betreiben des Kredit- und Einlagengeschäfts nach Art. 4 Abs. 1 Nr. 1 der Verordnung (EU) Nr. 575/2013 des Europäischen Parlaments und des Rates vom 26. Juni 2013 über Aufsichtsanforderungen an Kreditinstitute und Wertpapierfirmen – CRR-Verordnung – zur Einstufung als „CRR-Kreditinstitut“ führen kann. Die EZB wäre somit die zuständige Behörde für die Erteilung der Zulassung nach dem Vorschlag der BaFin (Art. 14 der Verordnung (EU) Nr. 1024/2013 des Rates vom 15. Oktober 2013 zur Übertragung besonderer Aufgaben im Zusammenhang mit der Aufsicht über Kreditinstitute auf die Europäische Zentralbank, SSM-Verordnung).

240 Vgl. *Heemann*, in: Grieser/Heemann, Bankaufsichtsrecht, S. 626, 628.

241 Vgl. *Gurlit*, ZHR 2013, 862 (897).

242 Nr. 2, BaFin-Merkblatt zum Kreditgeschäft vom 08.01.2009, idF v. 02.05.2016, zugänglich unter www.bafin.de.

243 BverwGE 133, 358 Rn. 16 ff.

2. *Einzelfall: Erbringen erlaubnispflichtiger Tätigkeiten über den Umfang einer erteilten Erlaubnis nach § 34c GewO hinaus*

Die MFI´s könnten das Kreditgeschäft nach § 1 Abs. 1 Satz 1 Nr. 2 Alt. 1 und § 32 Abs. 1 Satz 1 KWG betreiben, wenn sie als zugelassene Kreditvermittler über weitreichende Prüfungskompetenzen verfügen, die vermittelten Kredite z.B. auch intensiv betreuen, bei Störungen intervenieren und zudem die jeweiligen Garantien hereinnehmen, verwerten und überprüfen.

Wie oben erwähnt, sind die MFI´s in der Regel nur als Darlehensvermittler nach § 34c Abs. 1 Satz 1 Nr. 2 GewO zugelassen. Sowohl in der Rechtsprechung als auch in der Literatur zu § 34c GewO ist anerkannt, dass unter Vermittlung des Abschlusses von Verträgen jede auf den Abschluss eines Vertrags abzielende Tätigkeit zu verstehen ist. Diese im § 34c entwickelte Definition geht teilweise über den entsprechenden Begriff in § 652 BGB hinaus. Es wird sowohl eine Tätigkeit, die den Abschluss des Vertrages nur vorbereitet, als auch eine solche, die ihn selbst herbeiführt, umfasst. Eine Vermittlung ist auch unabhängig davon gegeben, ob die Tätigkeit erfolglos bleibt oder nur der Vorbereitung des Vertragsschlusses dient.[244] Die Vermittlung eines Gelddarlehens ist seinerseits gewerberechtlich im Sinne des Begriffs in § 488 BGB anzusehen, in der nach der Definition des Abs. 1 der Darlehensgeber dem Darlehensnehmer einen Geldbetrag zur Verfügung zu stellen hat, den der Darlehensnehmer zu verzinsen und bei Fälligkeit zurückzuerstatten hat.[245]

Dabei kann es sich um den Umfang differenzierter, erlaubnispflichtiger Tätigkeiten handeln, die zu identifizieren und nicht zu vermischen sind, damit die Bestimmungen der entsprechend bestehenden Erlaubnispflicht (nach der GewO oder dem KWG) jeweils einschlägig sein können.[246]

Welche Tätigkeiten genau zur Kreditvermittlung und welche zum Betreiben eines Kreditgeschäfts gehören, ist jedoch vom Gesetzgeber nicht festgestellt worden. Fraglich ist daher nicht nur, wie die Kreditvermittlertätigkeiten einzustufen und damit vom Betreiben des Kreditgeschäfts abzugrenzen sind, sondern auch, worin das Betreiben eines Kreditgeschäfts besteht.

Eine mögliche Feststellung der Darlehensvermittlertätigkeiten hängt in der Regel von den Befugnissen bei der jeweiligen Vertragsgestaltung bzw. vom Geschäftsmodell ab. Insofern sind solche Abgrenzungsschwierigkeiten im Einzelfall zu prüfen.[247] Dies erfordert eine ausführliche Beschreibung der von den

---

244 VGH Kassel, NJW 2003, 3578; *Marcks*, in: Landmann/Rohmer, GewO § 34c Rn. 8.

245 *Marcks*, in: Landmann/Rohmer, GewO § 34c Rn. 24.

246 *Seebach*, WM 2010, 733 (735).

247 So *von Goldbeck*, in: Luz/Neus/Schaber/Schneider/Wagner/Weber, KWG § 32 Rn. 10.

MFI's durchgeführten Aufgaben, denn sie lassen sich jeweils nicht nur in den verschiedenen Etappen beim laufenden Geschäftsmodell einordnen,[248] sondern auch unter Berücksichtigung des Rundschreibens der BaFin 09/2017 (BA) – Mindestanforderungen an das Risikomanagement – MaRisk, als zum Kreditgeschäft gehörigen Prozess einstufen. Dennoch ist darauf hinzuweisen, dass es sich bei den Rundschreiben der BaFin um atypische norminterpretierende Verwaltungsvorschriften handelt, die nicht die Kraft haben, materielle Aufsichtsstandards zu ergänzen oder zu erweitern. Sie sind nicht Maßstab, sondern Gegenstand gerichtlicher Kontrolle.[249]

Zum Anfangsstadium der von den MFI's geführten Tätigkeiten gehören die Akquisition (durch Einholung oder Kontaktaufnahme der Finanzierungsanfrage vom Kleinstunternehmen und Existenzgründer), die Datenerfassung (durch die Einholung von Kreditinformationen) sowie die Kreditüberprüfung (durch die Überprüfung und Auswertung der Angaben zum gewünschten Kredit). Es handelt sich hierbei um Arbeitsabläufe, die bis zur Bereitstellung eines Kredites erforderlich sind und auch eine Frühbeurteilung des Risikos[250] beinhalten müssen.[251]

Daraus folgt im Erfolgsfall eine Kreditempfehlung der MFI's (durch die Abgabe von Kreditempfehlungen gegenüber der Bank über ein EDV-Tool) und die Einholung des vom Kreditinstitut zuzuschickenden Kreditvertrages zur Unterschrift durch den Kreditnehmenden, deren Ausführung i.d.R. keine aufsichtsrechtliche Konsequenz in Deutschland mit sich bringt.

Im mittleren Stadium findet die Hereinnahme, Verwaltung und Verwertung von Kreditsicherheiten statt (die MFI's vereinbaren mit dem Kreditnehmer die Kreditsicherheiten und verwalten diese nach ihren Maßgaben). Dabei geht es um einen wesentlichen Teil des Kreditgewährungsprozesses,[252] der vor der

---

248 Dazu http://www.mikrofinanz.net/das-kooperative-modell/funktionen-der-mfi.html; zuletzt geprüft am 07.04.2020.

249 *Gurlit*, ZHR 2013, 862 (897). Eingehend zu den Bindungswirkungen von Rundschreiben der BaFin auch, *Fekonja*, BaFin-Verlautbarungen, 2014, S. 67 f.

250 BaFin, Rundschreiben 09/2017 (BA) – Mindestanforderungen an das Risikomanagement – MaRisk, BTO 1.2, Tz. 1.

251 Ein „Verfahren zur Früherkennung von Risiken" ist auch als Teil des Prozesses im Kreditgeschäft in Deutschland zu sehen. Eingehend dazu BaFin, Rundschreiben 09/2017 (BA) – Mindestanforderungen an das Risikomanagement – MaRisk, BTO 1.3.

252 BaFin, Rundschreiben 09/2017 (BA) – Mindestanforderungen an das Risikomanagement – MaRisk, BTO 1.2.1, Tz. 3 u. 4.

Kreditvergabe zu überprüfen ist[253] und damit auch zum üblichen Betreiben des Kreditgeschäfts gehört. Ggf. sind diese ausgeführten Tätigkeiten auch in einem weiteren Stadium bzw. im Laufe des Kredits zu beobachten und aufsichtsrechtlich als Teil der Kreditweiterbearbeitung[254] oder als Maßnahmen im Rahmen der Behandlung von Problemkrediten[255] zu betrachten.

Nach der Kreditvergabe sind auch die im Rahmen des hier behandelten Geschäftsmodells von den MFI´s ausgeführten Tätigkeiten die Rückzahlungskontrolle und die Krisenintervention (durch Krisenberatung und Schadensverfolgung bei Leistungsstörungen) zu berücksichtigen, die insbesondere mit der Einhaltung der vertraglichen Vereinbarungen von der Seite des Kreditnehmers zu tun haben, sodass sie nicht nur als Anforderungen bei der Kreditweiterbearbeitung,[256] sondern auch als Intensivbetreuung[257] oder bei der Behandlung von Problemkrediten[258] betrachtet werden können. Aus Risikoperspektive findet bei diesen Ausführungen ein wesentlicher Teil des Kreditgewährungsprozesses statt, da diese zu den Prozessen im Kreditgeschäft gehören. Obwohl es dabei um aufsichtsrechtlich relevante Anforderungen für Kreditinstitute bei der Durchführung der Risikoanalyse geht, spricht die Einstufung solcher Tätigkeiten als Teil des Kreditgewährungsprozesses für eine typische Funktion eines Kreditinstituts, die eher mit dem Betreiben des Kreditgeschäfts und nicht mit der reinen Darlehensvermittlung verbunden ist.

So folgen in einem fortgeschrittenen Stadium im Lauf des Kredits die möglichen Empfehlungen für Kreditvertragsänderungen und Kreditausbuchungen (über das EDV-Tool teilen die MFI´s dies dem Kreditinstitut mit); diese sollen unproblematisch sein, weil diese in der Tat nur direkt durch das entsprechende Kreditinstitut durchgeführt werden können.

---

253 BaFin, Rundschreiben 09/2017 (BA) – Mindestanforderungen an das Risikomanagement – MaRisk, , BTO 1.2.1, Tz. 3.

254 BaFin, Rundschreiben 09/2017 (BA) – Mindestanforderungen an das Risikomanagement – MaRisk, BTO 1.2.2, Tz. 3 u. 4.

255 BaFin, Rundschreiben 09/2017 (BA) – Mindestanforderungen an das Risikomanagement – MaRisk, BTO 1.2.5, Tz. 6.

256 BaFin, Rundschreiben 09/2017 (BA) – Mindestanforderungen an das Risikomanagement – MaRisk, BTO 1.2.2, Tz. 1.

257 BaFin, Rundschreiben 09/2017 (BA) – Mindestanforderungen an das Risikomanagement – MaRisk, BTO 1.2.4.

258 BaFin, Rundschreiben 09/2017 (BA) – Mindestanforderungen an das Risikomanagement – MaRisk, BTO 1.2.5.

Somit ist festzustellen, dass ausschließlich die MFI´s die Betreuung des Mikrokreditnehmers im Rahmen dieses Geschäftsmodells übernehmen; dieser hat zudem während der Kreditlaufzeit keinen direkten Kontakt mit dem Kreditinstitut.

Ob es sich dabei um eine reine Kreditvermittlung ohne das Betreiben eines Kreditgeschäfts handelt, ist zu diskutieren. Hierzu ist eine Auslegung vom BVerwG des Betreibensbegriffs von Bankgeschäften zu erwähnen, die sich sowohl auf die Funktionsfähigkeit und die Integrität des deutschen Kreditapparats als auch auf den Schutz des Kunden stützt.[259]

So gehören zum Betreiben eines Bankgeschäfts bzw. Kreditgeschäfts nach § 32 Abs. 1 Satz 1 KWG nicht allein der Abschluss, sondern bereits die wesentlichen zum Vertragsschluss und alle für die Vorbereitung und das Zustandekommen des konkreten Bankgeschäfts hinführenden Schritte. Dabei würden beispielsweise schon die Verbreitung konkreter Aufforderungen, wie die Vergabe eines Vertragsangebots oder eine Vorprüfung der daraufhin gestellten Anträge, genügen, um unter den Regelungszweck des § 32 Abs. 1 Satz 1 KWG zu fallen.[260]

Es handelt sich um die sog. „vertriebsbezogene Auslegung“ von § 32 Abs. 1 KWG, der seit dem Urteil des BVerwG vom 22.04.2009 die Rechtsprechung folgt,[261] in der eine bestimmte Fallkonstellation analysiert wurde, nämlich die Tätigkeit von Unternehmen mit Sitz im Ausland, die aber mit der Absicht handeln, sich an den inländischen Markt zu wenden, um Bankgeschäfte anzubieten, und die Frage, ob diese mit Vorbereitungsmaßnahmen bzw. mit einem zum Vertragsschluss führenden Schritt, der als „wesentlich“ zu verstehen sei, bereits Bankgeschäfte im Inland betreiben und die daher erlaubnispflichtig sind.

Dennoch ist die Identifizierung „wesentlicher Schritte“ beim Vertragsschluss als entscheidendes Kriterium für die Frage der Erlaubnispflicht noch nicht abschließend geklärt. Außerdem ist dieses Argument auf andere Konstellationen bei „grenzüberschreitenden Sachverhalten“ mit anderen Bankgeschäften nur schwer zu übertragen.[262]

Eine mögliche Auslegung nach dem Wortlaut und Zweck der Norm würde z.B. erlauben, das Handeln der in Deutschland tätigen Kreditvermittler zu berücksichtigen, die für das ausländische Institut zwar nicht rechtsgeschäftlich tätig sind, aber erste Antragsprüfungen vornehmen.[263] Obwohl dieser Gedanke

---

259 BverwGE 133, 358.

260 BverwGE 133, 358.

261 *Schwennicke*, in: Schwennicke/Auerbach, KWG § 32 Rn. 13.

262 Vgl. *Seebach*, WM 2010, 733 (737).

263 *Deiseroth/Eggert*, GewArch 2017, 49 (53 f.).

des BVerwG angesichts der Fragestellung dieser Arbeit einzubeziehen wäre, ist er jedoch außerhalb eines Cross-Border-Sachverhalts nicht zu verwenden. Diese Auslegung orientiert sich eher an der Reichweite des Marktortsprinzips als Inlandsmerkmal des § 32 Abs. 1 S. 1 KWG und einem möglichen Geltungsbereich jenseits einer institutsbezogenen Finanzaufsicht[264] und ist daher in diesem Fall auszuschließen.

Rechtlich ist jedoch festzustellen, dass sich einige der von den MFI´s geführten Tätigkeiten, insbesondere die Kreditüberprüfung, die Hereinnahme, Verwaltung und Verwertung von Kreditsicherheiten, die Rückzahlungskontrolle und die Krisenintervention sowie die dauerhafte Betreuung des Mikrokreditnehmers vom Kreditgeschäft nicht abgrenzen lassen.

Von indizieller Bedeutung ist demzufolge, dass diese von den MFI`s als Darlehensvermittler ausgeübten Tätigkeiten eher als Teil des Kreditgewährungsprozesses eingeordnet werden können, sodass von einer möglichen Überschreitung ihrer Befugnisse als zugelassene Kreditvermittler nach § 34c Abs. 1 Satz 1 Nr. 2 GewO ausgegangen werden kann. Insbesondere ihre weitreichenden Risikoprüfungskompetenzen gehen über die Vermittlungsbefugnisse hinaus. Insofern kann die Reichweite einer Erlaubnis für die Vermittlung zum Abschluss von Darlehensverträgen nach § 34c GewO überschritten werden.

Klärungsbedürftig bleibt nun unter Berücksichtigung solcher ausgeübten Tätigkeiten die Frage in Bezug auf die Notwendigkeit einer Gewährleistung der bankaufsichtsrechtlichen Kontrolle. Diese verfolgt bestimmte geschützte Zwecke, die von denjenigen, die mit der erteilten Erlaubnis nach § 34c Abs. 1 Satz 1 Nr. 2 GewO geschützt werden, zu unterscheiden sind.

Die im § 34c GewO vorgesehene Erlaubnis ist bei den unteren Verwaltungsbehörden, die von den Landesregierungen bzw. den von ihnen weiter ermächtigten Wirtschaftsressorts der Länder durch VO gem. § 155 Abs. 2 GewO bestimmt sind, zu beantragen. Es handelt sich um die Überprüfung der Zulassungsvoraussetzungen, die vom Antragsberechtigten (die jeweilige natürliche oder juristische Person bzw. die geschäftsführenden Gesellschafter der Handelsgesellschaften) zu erfüllen sind. Die Unterlagen und Auskünfte sollen den Behörden die Entscheidung ermöglichen, ob der Antragsteller zuverlässig ist und in geordneten Vermögensverhältnissen lebt. In diesem Sinne erteilen sie die entsprechende Genehmigung, die nicht für alle von § 34c GewO erfassten Gewerbe automatisch gilt, sondern gemäß Antrag für Einzelne oder für alle in ihrem Umfang beschränkt werden kann.[265]

---

264 Dazu *Seebach*, WM 2010, 733 ff.

265 *Marcks*, in: Landmann/Rohmer, GewO § 34c Rn. 69, 72.

Es ist insoweit eine im Rahmen reiner gewerberechtlicher Kontrollen durchgeführte Überprüfung, damit die Zuverlässigkeit des Antragstellers für die künftige Darlehensvermittlungstätigkeit bzw. für die Vorbereitung und den Abschluss eines Darlehensvertrages gewährleistet wird. Zugleich lässt sich der Umfang der Erlaubnis dadurch definieren und beschränken. Der Zweck einer gewerblichen Erlaubnispflicht für Vermittlung und Nachweis der Gelegenheit zum Abschluss von Darlehensverträgen nach § 34c GewO liegt somit nicht darin, auch bankmäßige Geschäfte zu erfassen, vor allem, weil diese aufgrund ihrer Natur einer besonderen Aufsichtsintensität unterliegen sollen. Geschäfte, die nach der Verkehrsauffassung im Rahmen einer bankmäßigen Betätigung abgeschlossen werden und die damit die nach der Intention des KWG vorausgesetzte Gefahrenprävention auslösen können, sind vom § 32 KWG zu umfassen, da sie unter Umständen für die mit dem Gesetz verfolgten Zwecke bedeutsam sind.[266] Das kann der Fall der MFI´s-Unternehmen sein, wenn die Darlehensgewährung einen in kaufmännischer Weise eingerichteten Geschäftsbetrieb erfordert,[267] weil sie sich aufgrund ihrer Befugnisse bei der Vertragsgestaltung ernsthaft bankmäßig betätigen.

Dies lässt sich nicht nur bei der laufenden Betreuung des Kreditengagements (Kreditweiterbearbeitung) beobachten, sondern auch bei konkreten Tätigkeiten wie der Prüfung von Jahresabschlüssen, der Hereinnahme und Verwertung von Sicherheiten[268] sowie der Aufnahme des Kreditantrages.[269] Diese typischen ausgeübten Ausführungen werden eher von den Kreditinstituten selbst oder ggf. von einem ausgelagerten Unternehmen (und nicht vom Kreditvermittler) behandelt.[270] Als Teil des Kreditvergabeprozesses sind diese vom Bankgeschäft bzw. vom Kreditgeschäft aufgrund ihres bankbetrieblichen Charakters und damit vom Anwendungsbereich des KWG und nicht vom gewerberechtlichen

266 Vgl. *Fischer/Müller*, in: Boos/Fischer/Schulte-Mattler, KWG § 32 Rn. 17.

267 Dies wird zusammen mit dem möglichen Vorliegen der Gewerbsmäßigkeit im Detail unten erläutert.

268 *Heemann*, in: Grieser/Heemann, Bankaufsichtsrecht, S. 625.

269 *Bergmann*, Funktionsauslagerung, 2010, S. 287.

270 Vgl. *Bergmann*, Funktionsauslagerung, 2010, S. 287. So ist es z.B. auf europäischer Ebene und unter verbraucherrechtlichen Gesichtspunkten vorgesehen, dass die Pflicht zur Prüfung der Kreditwürdigkeit des Verbrauchers nicht die Kreditvermittler, sondern die Kreditgeber trifft. (So *Rott*, BKR 2015, 8 (12)).

Begriff der Vermittlung zu erfassen. Dafür spricht auch das objektive Erscheinungsbild der Geschäftstätigkeit der MFI´s.[271]

Das Erlaubnisprinzip ist zu berücksichtigen, welches dem Zweck dient, unsolide und nicht lebensfähige Institute von bankgeschäftlichen Verrichtungen auszuschließen.[272] Zusammen mit einem wirksamen Anlegerschutz und der Sicherung der Integrität des Finanzmarktes steht dieses Ziel im Einklang mit dem Sinn und Zweck des § 32 KWG und erlaubt die hier betonende Abgrenzung zwischen der Darlehensvermittlung und dem Betreiben eines Bankgeschäfts. Kreditvermittler können als ungeeignete Bank- und Finanzdienstleistungsanbieter behandelt werden, wenn sie über den beschränkten Umfang einer Darlehensvermittlungserlaubnis in der Weise hinausgehen, dass diese dem Sinn und Zweck der Erlaubnispflicht i.S.d. § 32 Abs. 1 S. 1 KWG besser als derjenige i.S.d. § 34c GewO gerecht werden kann.

So können die Vorschriften des KWG nach der Intention des Gesetzgebers in diesem Fall einschlägig sein, abgesehen davon, dass die MFI´s schon über eine Erlaubnis im Hinblick auf Vermittlungstätigkeiten verfügen. In diesem Sinne ist das Vorliegen einer Erlaubnis für die Qualifizierung einer gewerblichen Tätigkeit als Bankgeschäft nicht konstitutiv, sodass ein Bankgeschäft dann in unzulässiger Weise betrieben werden kann, wenn hierfür keine Erlaubnis vorliegt.[273]

Nach § 32 KWG kann die Erlaubnispflicht somit unabhängig von der wirtschaftlichen Auswirkung solcher Geschäftsmodelle wie diesem in Deutschland greifen. Folglich ist zu fragen, ob dabei eine maßgebliche Schwelle der Gewerbsmäßigkeit erreicht wird und darüber hinaus, unter welchen Voraussetzungen eine Freistellung von der Erlaubnispflicht im Rahmen dieses Geschäftsmodells geeignet wäre. Diese Gedanken sind im Laufe dieses Kapitels ausführlich zu erläutern.

Im Sinne des § 1 Abs. 1 Satz 1 Nr. 2 Alt. 1 und § 32 Abs. 1 Satz 1 KWG können die MFI´s selbst das Kreditgeschäft mit der Folge einer Erlaubnispflicht betreiben, wenn die anderen tatbestandlichen Merkmale zugleich vorliegen.

---

271 Das objektive Erscheinungsbild dürfte als Abgrenzungskriterium des Vermittlungsbegriffes auch im Hinblick auf die Tätigkeiten der MFI´s in diesem Fall übertragbar sein, vgl. *Herz*, EuZW 2018, 5 (6 f.).

272 So *Nastold*, in: Handbuch des Vertriebsrechts, 2016, § 49 Rn. 98.

273 Vgl. *von Goldbeck*, in: Luz/Neus/Schaber/Schneider/Wagner/Weber, KWG § 32 Rn. 10.

II. Das Garantiegeschäft i.S.v. § 1 Abs. 1 Satz 2 Nr. 8 KWG

1. Definition und Tatbestandsvoraussetzungen

Dieser Geschäftstyp gehört zu den traditionellen Bankgeschäften, dessen Aufnahme in den KWG-Katalog durch die Verpflichtung zur Einhaltung von Liquiditäts- und Eigenkapitalstandards die mögliche Einlösung von Haftungszusagen gegenüber Privaten und Unternehmen sicherstellen soll.[274] So liegt in diesem Fall der Zweck der Aufsicht konkret darin, dass der Übernehmer von Bürgschaften, Garantien und sonstigen Gewährleistungen Vorsorge treffen muss, damit er etwaige Ansprüche erfüllen kann.[275]

Es handelt sich dann i.d.R. um eine Eventualverbindlichkeit, die im Verhältnis zum Auftraggeber durch den Avalkreditvertrag geregelt wird,[276] bzw. durch den Abschluss einer rechtsverbindlichen Vereinbarung, auf deren Grundlage ein Gewährleistender (Avalkreditgeber) einem anderen (Begünstigter) für die Verbindlichkeit eines Dritten (Avalkreditnehmer) einsteht. I.S.d. § 1 Abs. 1 Satz 2 Nr. 8 KWG gilt als Garantiegeschäft die Übernahme von Bürgschaften, Garantien und sonstigen Gewährleistungen für andere,[277] d.h., es werden dem Kreditnehmer keine Geldmittel zur Verfügung gestellt, sondern es wird eine verpflichtende Haftungserklärung gegenüber dem Gläubiger des anderen abgegeben.[278]

Als die Grundform der Personalsicherheiten ist die in den §§ 765–777 BGB geregelte Bürgschaft zu verstehen, dass der Begünstigte keine Realsicherheit, sondern eine Sicherheit durch die Zahlungsfähigkeit einer weiteren Person erhält,[279] die bei den Kaufleuten und Kreditinstituten formfrei zu vereinbaren ist.[280]

Der Zweck der Bürgschaft wird erst erfüllt, wenn der Sicherungsfall, die Krise des Hauptschuldners, eintritt. Der Sicherungszweck liegt somit darin, dass der Bürge mit seiner Bürgschaftsverbindlichkeit für die gesicherte Forderung, also

---

274 *Schäfer*, in: Boos/Fischer/Schulte-Mattler, KWG § 1 Rn. 93.

275 Nr. 1, b), BaFin-Merkblatt zum Garantiegeschäft vom 08.01.2009, zugänglich unter www.bafin.de.

276 *Schäfer*, in: Boos/Fischer/Schulte-Mattler, KWG § 1 Rn. 93.

277 Nr. 1, BaFin-Merkblatt zum Garantiegeschäft vom 08.01.2009, zugänglich unter www.bafin.de.

278 So *Weber/Seifert*, in: Luz/Neus/Schaber/Schneider/Wagner/Weber, KWG § 1 Rn. 38.

279 Vgl. *Schäfer*, in: Boos/Fischer/Schulte-Mattler, KWG § 1 Rn. 95.

280 § 350 HGB. Im Gegensatz dazu ist die Bürgschaft nach § 766 BGB grundsätzlich schriftlich zu vereinbaren. Zivilrechtlich betrachtet haftet der Bürge im Verhältnis zum Hauptschuldner nur subsidiär (§ 771 BGB).

die Hauptverbindlichkeit, einsteht. Die im Gesetz nicht geregelte Garantie definiert man als das selbstständige Versprechen, einem anderen gegenüber dafür einzustehen, dass ein bestimmter tatsächlicher oder rechtlicher Erfolg eintritt oder die Gefahr eines bestimmten zukünftigen Schadens sich nicht verwirklicht. Es ist eine Verpflichtung zur Schadloshaltung, falls der garantierte Erfolg nicht eintritt.[281]

Die Garantie ist von der zu sichernden Schuld unabhängig zu betrachten und wird häufig als Zahlung auf erstes Anfordern vereinbart.[282] Seinerseits ist der Garantievertrag i.S.v. § 1 Abs. 1 Satz 2 Nr. 8 KWG diejenige Vereinbarung, durch die sich der Garantiegeber gegenüber dem Garantienehmer verpflichtet, ganz oder teilweise für eine Gefahr einzustehen, die dem anderen Kontrahenten aus einem Rechtsverhältnis mit einem Dritten entstehen kann. Von der BaFin werden als Beispiele für die sonstigen Gewährleistungen die Eröffnung eines Dokumentenakkreditivs durch die Importeurbank an den Importeur im grenzüberschreitenden Warenverkehr, die Bestätigung des Dokumentenakkreditivs durch die Exporteurbank, der Kreditauftrag (§ 778 BGB) sowie der Schuldbeitritt und die wechsel- und scheckmäßigen Indossamentsverpflichtungen genannt. Auch ein BGB-Gesellschaftsvertrag kann als eine „sonstige Gewährleistung" verstanden werden, wenn es Zweck des Gesellschaftsvertrags ist, dem bestehenden Schuldner mit eventuell zweifelhafter Bonität einen Schuldner mit gutem Kredit-Standing zur Seite zu stellen.[283]

Bemerkenswert bezüglich der Fragestellung dieser Arbeit ist aber vor allem die Haftungsübernahme des Delkredere für vermittelte Kredite durch Kreditvermittler, die als eine „echte Gewährleistung für andere" benannt wird und damit auch unter diese Regelung fällt.[284]

Nun kommt die Übernahme für andere in Betracht. Der Begriff „Übernahme" impliziert immer ein Einstehen-Müssen für eine andere Person.[285] Die Gewährleistung muss dann für einen anderen übernommen werden, ohne dass es dabei auf die rechtliche Wirksamkeit der Haftungsübernahme ankommt, sodass ein Dreiparteienverhältnis vorausgesetzt wird: der Gewährleistende (Kreditinstitut), der Schuldner (Kreditnehmer) und der Begünstigte (Gläubiger).

---

281 Vgl. *Bülow*, Recht der Kreditsicherheiten, Rn. 832, 1543.

282 Vgl. *Schäfer*, in: Boos/Fischer/Schulte-Mattler, KWG § 1 Rn. 97.

283 Nr. 1, a), BaFin-Merkblatt zum Garantiegeschäft vom 08.01.2009, zugänglich unter www.bafin.de.

284 So *Schäfer*, in: Boos/Fischer/Schulte-Mattler, KWG § 1 Rn. 104.

285 Nr. 1, b), BaFin-Merkblatt zum Garantiegeschäft vom 08.01.2009, zugänglich unter www.bafin.de.

Der Gewährleistende hat für einen bestimmten Erfolg, in der Regel die Zahlung eines Geldbetrages, einzustehen, deren geschuldete Leistung nur zu erbringen ist, nachdem der Schuldner selbst diese nicht erbracht hat. Dazu ist zu erwähnen, dass es sich bei der Übernahme der Gewährleistung nicht um einen Kredit i.S.v. Nr. 2 (Kreditgeschäft) handelt, sondern um eine Haftungsübernahme.[286]

Produktgarantien, Gewährleistungen für konzernangehörige Unternehmen sowie Absatzfinanzierungen fallen aus dem Erlaubnisvorbehalt, und auch diejenigen Bürgschaften, Garantien und sonstigen Gewährleistungen, die materiell im eigenen Interesse des Gewährleistenden eingegangen werden, erfüllen nicht den Tatbestand des Garantiegeschäfts i.S.v. § 1 Abs. 1 Satz 2 Nr. 8 KWG. In diesem Sinne liegt ein Garantiegeschäft nicht vor, wenn keine Vorsorge getroffen werden muss. Demnach fehlt es an der Notwendigkeit, Vorsorge zu treffen, wenn der Gewährleistende das seinerseits Erforderliche bereits getan hat, um etwaigen Inanspruchnahmen aus der Garantie oder sonstigen Gewährleistungen gerecht zu werden.[287]

2. Einzelfall: Die hinterlegten Sicherheiten und die „First-Loss-Haftung“

Geht man davon aus, dass die Tätigkeiten der MFI´s nicht erlaubnispflichtig i.S.v. § 1 Abs. 1 Satz 2 Nr. 2 KWG sind, könnten die MFI´s alternativ das Garantiegeschäft i.S.d. § 1 Abs. 1 Satz 2 Nr. 8 betreiben, wenn sie im Rahmen des in Deutschland eingerichteten Geschäftsmodells für Mikrofinanzierung bei der Durchführung ihrer Tätigkeiten als registrierte Kreditvermittler nach § 34c Abs. 1 Satz 1 Nr. 2 GewO auch die Haftung der vermittelten Kredite im Kreditausfall gegenüber dem Kreditinstitut übernehmen.

Das Garantiegeschäft ist nach § 1 Abs. 1 Satz 2 Nr. 8 KWG als die Übernahme von Bürgschaften, Garantien und sonstigen Gewährleistungen für andere zu definieren.[288]

Als besonderes Merkmal des Geschäftsmodells ist zunächst zu identifizieren, dass die MFI´s als Kreditvermittler die Kreditanträge (auch) im eigenen Namen durchführen können. Dies ist u.a. festzustellen, wenn z.B. eine vertragliche Haftung des Vermittlers auch ein eigenes wirtschaftliches Interesse erfordert oder für sich persönlich besonderes Vertrauen in Anspruch nimmt und damit die

286 Vgl. *Schäfer*, in: Boos/Fischer/Schulte-Mattler, KWG § 1 Rn. 94.

287 Nr. 1, b), BaFin-Merkblatt zum Garantiegeschäft vom 08.01.2009, zugänglich unter www.bafin.de.

288 Nr. 1, BaFin-Merkblatt zum Garantiegeschäft vom 08.01.2009, zugänglich unter www.bafin.de.

Vertragsverhandlungen beeinflusst. Die konkreten Umstände, die zum Vertragsschluss geführt haben, sind somit zu berücksichtigen.[289]

In diesem Sinne ist die Strukturierung der Vertragsgestaltung hoch problematisch, weil im Rahmen des Geschäftsmodells die MFI´s in der Regel nur als Darlehensvermittler nach § 34c Abs. 1 Satz 1 Nr. 2 GewO zugelassen sind. Die MFI´s sollen dann im Namen des Vertretenen handeln, damit die Erlaubnispflicht des § 32 Abs. 1 Satz 1 KWG nicht ausgelöst wird. Jedoch bleibt diese Annahme bei der Analyse der täglichen Tätigkeiten der MFI´s fraglich, weil dabei von einem Handeln im eigenen Namen ausgegangen werden kann.

Dafür sprechen wesentliche Merkmale des Geschäftsmodells. Zusammen mit der Risikoübernahme beim Kreditausfall sollen die MFI´s auch über das erforderliche Eigenkapital verfügen können. Dabei ist beispielsweise vorgesehen, dass die MFI´s sich auch wirtschaftlich mit 20 Prozent an dem Risiko der von ihnen empfohlenen Kredite beteiligen und das operative Kreditrisiko somit tragen sollen. Dazu wird es auch erforderlich, dass die MFI´s zur Absicherung Sicherheiten oder Bürgschaften auf einem Konto der NBank zur Verfügung stellen, sodass mindestens zehn Prozent des Gesamtsaldos der empfohlenen Kredite besichert werden.[290] Es ist im Sinne der Festlegung eines Handelns im eigenen Namen unerheblich, ob die gesamte Haftungsübernahme auf 20 Prozent der gesamten vermittelten Kredite (sog. „First Loss" Regelung) begrenzt wird,[291] da dabei die

---

289 Vgl. NJW-RR 2006, 109. Es handelt sich dabei um eine Entscheidung, in der u.a. bewertet werden musste, wann der Auftritt eines Anlageberaters bei Abschluss eines Anlageberatungsvertrags im eigenen oder im fremden Namen festzustellen ist. Nicht nur die objektive Empfängersicht, sondern auch die Berücksichtigung der sonstigen Umstände, die zum Vertragsschluss geführt haben, sind dafür entscheidend. Auch im Urteil v. 19.12.2014 hat der V. Zivilsenat des BGH bei vergleichbarer Interessenlage im Fall der Feststellung eines Handels in fremdem Namen bei fehlendem Auftreten des Vertretenen betont, dass es dabei entscheidend darauf ankommt, ob der Vermittler bei verständiger Würdigung der Umstände die Vertragsverhandlung bis hin zum Abschluss geführt hat und der Käufer den Umständen entnehmen darf, dass der Vermittler für den Verkäufer und ggf. nicht nur im eigenen Namen handeln will (WM 2015, 528).

290 Dazu oben, Erster Teil, Zweites Kapitel, E.

291 Diese Begrenzung stellt in der Praxis keine Minderung der Haftung dar. Genau das Gegenteil könnte der Fall sein, wenn man im Verhältnis zu dem früheren vorgelegten Kapital, hohe Liquidität bzw. Finanzfähigkeit von der Seite der MFI´s zu erwarten hat, wenn sie weitere Mikokredite „empfehlen" wollen und somit weitere Kredite wieder besichert werden sollten. Dies lässt sich durch die Vertragsgestaltung klären, wonach das Kreditinstitut berechtigt ist, einzelne MFI´s von der Kreditvergabe

Notwendigkeit von der Seite der MFI´s festgestellt wird, über das erforderliche Eigenkapital zu verfügen, bevor sie überhaupt im Rahmen dieses Geschäftsmodells bewusst in der Lage sein können, als mithaftende Makler Mikrokredite zu vermitteln. Ein eigenes Interesse an einer hohen Qualität des Portfolios ist damit in erster Linie zu bewahren.

So ist im Rahmen des Geschäftsmodells insbesondere die Mithaftung der MFI`s bei jedem vermittelten Kredit von Bedeutung. Es handelt sich um eine Eigenhaftung, die ein eigenes wirtschaftliches Interesse an dem Geschäft erfordert.

Diesbezüglich ist insbesondere anzumerken, dass i.S.d. KWG ein Handeln im eigenen Namen maßgeblich für das Betreiben des jeweiligen Bankgeschäfts ist. Diese Schlussfolgerung stützt sich u.a. auf die Entscheidung vom 22.04.2009 des BVerwG, wonach das Betreiben i.S.d. § 32 Abs. 1 Satz 1 KWG ein Handeln im eigenen Namen verlange,[292] sodass er selbst, wenn der Vermittler den Antrag im eigenen Namen annimmt, das Bankgeschäft betreibt und nicht das Kreditinstitut.[293]

Berücksichtigt man die Merkmale des Geschäftsmodells, stellt sich heraus, dass die MFI´s als „Risikopartner" der Kreditnehmer benannt sind, die sich mit mindestens 10 Prozent an dem Risiko der von ihnen empfohlenen Kredite beteiligen, um somit das operative Kreditrisiko zu tragen.[294]

So geben die MFI´s bei der Ausführung ihrer Tätigkeiten in der Tat Bürgschaften oder Garantien für jeden Kreditnehmer und übernehmen somit die Haftung für die vermittelten Kredite im Kreditausfall gegenüber dem Kreditinstitut, sodass das Einstandsversprechen als Garantiegeschäft i.S.d. § 1 Abs. 1 Satz 2 Nr. 8 KWG einzustufen ist.[295] Unerheblich bleibt in diesem Sinne, ob die Haftungsübernahme auf 20 Prozent der von den MFI´s gesamten vermittelten Kredite (sog. „First Loss" Regelung) begrenzt wird.[296]

Darüber hinaus wird eine Haftungsübernahme der MFI´s als Kreditvermittler vorausgesetzt, um den Kreditvergabeprozess im Rahmen des Geschäftsmodells zu ermöglichen. Damit ist die Notwendigkeit festzustellen, auch das

---

auszuschließen, wenn eine hohe Ausfallsquote beim jeweiligen Kreditportfolio in Frage kommt oder die Kredite nicht genügend gedeckt sind.

292 BVerwGE 133, 358 Rn. 38.

293 Vgl. *Weber/Seifert*, in: Luz/Neus/Schaber/Schneider/Wagner/Weber, KWG § 1 Rn. 27.

294 Dazu, BMWi Monatsbericht, 08.2015, S. 29.

295 Nr. 1, b) u. Nr. 2, BaFin-Merkblatt zum Garantiegeschäft vom 08.01.2009, zugänglich unter www.bafin.de.

296 Diese Begrenzung stellt in der Praxis keine Milderung der Haftung dar.

erforderliche Eigenkapital durch die jeweils vereinbarten Bürgschaften zur Verfügung stellen zu können, um weitere Kredite empfehlen zu dürfen.[297]

Diese Übernahme des Kreditausfallsrisikos für den Kreditnehmer reflektiert zugleich das Eigeninteresse der beteiligten MFI´s, nicht nur an einer hohen Qualität des Portfolios, sondern auch an ihrer eigenen Rendite (sog. „Gratifikationen“),[298] die von der Entwicklung des entsprechenden Kreditportfolios abhängig sind. Es handelt sich konkret um eine Garantie für den Kreditnehmer, die die MFI´s in erster Linie bezüglich der Deckung des Kreditausfallsrisikos, aber auch zugunsten ihrer eigenen Liquidität und Rentabilität übernehmen.

Zu beachten ist aber auch, dass bei der Vertragsgestaltung dieses Geschäftsmodells das Eingehen eines Risikos von der Seite des zugelassenen Kreditinstituts als Kreditgeber nicht zu finden ist, da im Fall des gesamten Ausfalls des Kreditportfolios eines MFI der Mikrokreditfonds die Ausfälle und somit das strukturelle Kreditrisiko im gesamten Mikrofinanzsystem trägt.[299] Zusammen mit dem Fonds tragen tatsächlich die MFI´s das Risiko der vermittelten Mikrokredite, sodass ihr eigenes Interesse gesichert werden muss. Es ist in diesem Zusammenhang irrelevant, ob dabei zugleich ein fremdes Interesse (auf fremde Rechnung) auch zu sichern ist. Die wirtschaftlichen Konsequenzen der vermittelten Geschäfte sind auch auf eigene Kosten des Vermittlers zu tragen.

Dazu ist die Entscheidung des BVerwG vom 07.12.1970 zu berücksichtigen, wonach ein Kreditvermittler, der gegenüber Kreditinstitutionen die Mithaftung für vermittelte Kredite übernahm, von den einschlägigen Vorschriften nach § 2 Abs. 4 KWG befreit wurde.[300] Das resultierende Erfordernis dieser Befreiung führt zu der Schlussfolgerung, dass auch diese Art von Haftungsübernahme vom KWG als ein Garantiegeschäft zu erfassen ist.

Werden solche Tätigkeiten nicht als Kreditgeschäft i.S.v. § 1 Abs. 1 S. 2 Nr. 2 eingestuft, lässt sich daraus alternativ schließen, dass die Übernahme des Delkredere durch die von den MFI´s vermittelten Geschäfte im Rahmen dieses Geschäftsmodells als eine echte Gewährleistung für andere i.S.d. § 1 Abs. 1 S. 2 Nr. 8 KWG zu sehen ist.

Die MFI´s haften als Kreditvermittler gegenüber dem Kreditinstitut für die Rückzahlung der von ihnen vermittelten Kredite und können somit nach § 1

297 Hierzu, BMWi Monatsbericht, 08.2015, S. 29.

298 Unter Gratifikationen sind diejenigen Beiträge zu verstehen, mit denen die MFI`s im Rahmen des Geschäftsmodells vergütet werden.

299 Zu betonen ist hierbei, dass der Mikrokreditfonds mit öffentlichen Mitteln ausgestattet ist.

300 WM 1971, 1255.

Abs. 1 S. 2 Nr. 8 KWG das erlaubnispflichtige Garantiegeschäft (alternativ) betreiben, wenn die anderen tatbestandlichen Voraussetzungen auch erfüllt sind.

B. Erfordernis der Gewerbsmäßigkeit

Für die Beurteilung, ob die Gewerbsmäßigkeit oder ein in kaufmännischer Weise eingerichteter Geschäftsbetrieb vorliegt, gelten die gleichen Kriterien, unabhängig davon, ob es sich um das Kreditgeschäft oder das Garantiegeschäft handelt.[301]

Das Betreiben eines Bankgeschäfts beinhaltet zugleich die Erfüllung zusätzlicher Voraussetzungen bzw. Kriterien, die alternativ gelten, um unter die Regelung des § 32 KWG Abs. 1 Satz 1 zu fallen. So ist die Gewerbsmäßigkeit oder eines in kaufmännischer Weise eingerichteten Geschäftsbetriebs dabei zu nennen, obwohl in der Praxis im letzten Fall das Merkmal wegen der geringeren Voraussetzungen im Rahmen der Prüfung der Gewerbsmäßigkeit kaum noch eine Rolle spielt. Wichtig ist dann allein, ob die Geschäfte (oder die Gesamtheit aller Geschäfte, falls es um verschiedene Bankgeschäfte oder Finanzdienstleistungen geht,) in einem Umfang erbracht werden, dass objektiv eine kaufmännische Organisation erforderlich ist. Eine kraft Rechtsform organisierte Kapitalgesellschaft sollte z.B. die Voraussetzung eines in kaufmännischer Weise eingerichteten Gewerbebetriebes bereits erfüllen.[302]

Konkret wird in diesem Sinne die Notwendigkeit einer Erlaubnis davon abhängig sein, ob die Geschäfte gewerbsmäßig oder in dem einen kaufmännischen Geschäftsbetrieb erfordernden Umfang betrieben werden. Ein einheitlicher Gewerbebegriff existiert jedoch im deutschen Recht nicht, sodass nur durch die in den verschiedenen Gesetzen und Rechtsnormen festgelegten Zwecke herauszufinden ist, was dort jeweils als Gewerbe anzusehen ist.[303]

Entscheidend für diese Untersuchung ist daher, ob nach der bankwirtschaftlichen Verkehrsauffassung und der Definition der Gesetzbegründung zur Sechsten

301 Dies bezieht sich auf die Entscheidung des OVG Berlin, Urt. v. 19.10.1966, NJW 1967, 1052.

302 Vgl. *von Goldbeck*, in: Luz/Neus/Schaber/Schneider/Wagner/Weber, KWG § 32 Rn. 11. Angesichts des Einsatzes elektronischer Datenverarbeitung bei der Geschäftsabwicklung und veränderter Geldwertverhältnisse kommt dem Erfordernis eines in kaufmännischer Weise eingerichteten Geschäftsbetriebs nur noch eine untergeordnete Bedeutung zu und dürfte nicht mehr sachgerecht sein. So *Fischer/Müller*, in: Boos/Fischer/Schulte-Mattler, KWG § 32 Rn. 8. Dies zeigt sich auch bei den Investoren im Fall vom unechten Crowdlending, dazu unten, Dritter Teil.

303 Vgl. *Fischer/Müller*, in: Boos/Fischer/Schulte-Mattler, KWG § 32 Rn. 7.

KWG-Novelle ein solches Betreiben objektiv erforderlich ist.[304] Die Einfügung des Begriffs „gewerbsmäßig" erfolgte mit dem Zweck, auch solche Fälle zu erfassen, in denen der Umfang der Geschäftstätigkeit keine Anforderungen an die Einrichtung eines in kaufmännischer Weise organisierten Geschäftsbetriebs stellt. Somit sollten die Auswüchse des sog. grauen Kapitalmarkts bekämpft werden können.[305]

So ist das Lizenzerfordernis gem. § 32 Abs. 1 Satz 1 KWG seit der 6. KWG-Novelle durch die Einführung der Gewerbsmäßigkeit als Tatbestandsmerkmal nicht mehr allein an den objektiven Umfang der betriebenen Geschäfte zu knüpfen.[306] Es muss sich um einen auf gewisse Dauer angelegten Betrieb handeln, der mit Gewinnerzielungsabsicht betrieben wird.[307]

Nun ist in diesem Fall zu prüfen, ob die MFI´s bei der Ausführung ihrer Tätigkeiten auf eine gewisse Dauer angelegt sind und mit Gewinnerzielungsabsicht handeln.

I. Auf Dauer angelegt

Ein Betrieb ist nur erlaubnispflichtig, wenn er auf Dauer angelegt ist. Ein Betreiben würde dann nach der h. M. in der Literatur sowie der BGH-Rechtsprechung nicht mehr vorliegen, wenn nur ein einzelnes oder mehrere einzelne Bankgeschäfte vorgenommen werden.[308]

Nur eine nachhaltige, planmäßige Tätigkeit ist damit hierunter zu verstehen, die auf eine gewisse Dauer ausgerichtet ist. In diesem Sinne ist eine wertende

---

304 Nr. 2, BaFin-Merkblatt zum Kreditgeschäft vom 08.01.2009, idF v. 02.05.2016, zugänglich unter www.bafin.de.

305 Vgl. *Schwennicke*, in: Schwennicke/Auerbach, KWG § 1 Rn. 6. Dazu findet man jedoch in der Kommentarliteratur auch die Meinung, dass somit die Schwellen insgesamt für das erlaubnispflichtige Betreiben von Bankgeschäften so niedrig sind, dass grundsätzlich jede nicht nur gelegentliche Tätigkeit natürlicher oder juristischer Personen in diesem Bereich als erlaubnispflichtig zu betrachten ist. So *von Goldbeck*, in: Luz/Neus/Schaber/Schneider/Wagner/Weber, KWG § 32 Rn. 11; vgl. auch *Schwennicke*, WM 2010, 542 ff.

306 Vgl. *Schwennicke*, WM 2010, 542 (546).

307 *Fischer/Müller*, in: Boos/Fischer/Schulte-Mattler, KWG § 32 Rn. 7; BGH, DB 2006, 2061 (2062); VGH Kassel, WM 2009, 1889 (1892).

308 *Schwennicke*, WM 2010, 542 (546). Dagegen reicht nach dem VGH Kassel schon als wesentliches Indiz für die Dauerhaftigkeit seiner Tätigkeit die geäußerte Wiederholungsabsicht des Maklers bzw. die Intention des Handelnden, sich bereits beim Abschluss eines einzigen Geschäfts und für einen gewissen Zeitraum eine dauerhafte Einnahmequelle zu schaffen. (VGH Kassel, NJW-RR 2008, 1011 (1014)).

Abwägung notwendig, in der die zu beurteilende Tätigkeit in ihrer Gesamtheit abzustellen ist, sodass neben objektiven Kriterien wie den zeitlichen Rahmen oder dem äußeren Erscheinungsbild auch die erkennbare Absicht der Wiederholung maßgebend sein kann. Damit ist für die Frage, ob Bankgeschäfte i.S.v. § 1 Abs. 1 Satz 1 bzw. § 32 Abs. 1 Satz 1 KWG gewerbsmäßig betrieben werden, weder der Umfang der Tätigkeit noch der für das Geschäft erforderliche organisatorische Aufwand von entscheidender Bedeutung. Vielmehr sollten diese zwei Kriterien als Indizien berücksichtigt werden.[309]

Somit ist in diesem Fall festzustellen, dass sich eine geäußerte Absicht der Wiederholung bei den von den MFI`s geführten Tätigkeiten erkennen lässt, da eine aktive und regelmäßige Teilnahme am Kreditvergabeprozess im Rahmen des eingerichteten Geschäftsmodells vorausgesetzt wird.

Aber auch die Einrichtung als MFI und die Teilnahme am Akkreditierungsprozess, um überhaupt als MFI fungieren zu dürfen, sprechen für eine nachhaltige und planmäßige Einstellung der Ausführungen und unterliegen somit im Zusammenhang mit den o.g. Indizien dem Merkmal eines auf Dauer angelegten Betriebs.

II. Gewinnerzielungsabsicht

Obwohl die Gewinnerzielung für einen auf eine gewisse Dauer angelegten Geschäftsbetrieb des Handelnden auch ein Indiz ist, ist die Dauerhaftigkeit als Wesenselement des geschäftsmäßigen Handelns mit der Gewinnerzielungsabsicht nicht zu verwechseln. Eine Gewinnerzielungsabsicht i.S. des Gewerbebegriffs setzt voraus, dass ein Unternehmer planmäßig danach strebt, mehr zu erwirtschaften als das, was zur Deckung der Betriebskosten erforderlich ist, und dass das Gesamtbild der zu beurteilenden Tätigkeit den allgemeinen Vorstellungen von Gewerbe entspricht.[310] Demzufolge liegt dann die Absicht der Gewinnerzielung schon bei der Erzeugung eines wirtschaftlichen Vorteils vor.

Damit wird die Möglichkeit einer Gewinnerzielung durch die Vergabe verzinslicher Mikrokredite aus der Sicht des Handelnden bzw. aus der Sicht der MFI´s erfüllt. Nur dann, wenn diese ihre Tätigkeiten im Rahmen des Geschäftsmodells unentgeltlich durchführen, gibt es keine indizierte Gewinnerzielungsabsicht dabei zu berücksichtigen. Das ist in dieser Konstellation nicht der Fall.

Die Gewerbsmäßigkeit ist auch als Merkmal bei von den akkreditierten Mikrofinanzinstituten ausgeübten Ausführungen und Geschäften zu sehen.

---

309 Vgl. *Prehn*, DÖV 2011, 174 (181 f.).

310 Vgl. *Schwennicke*, WM 2010, 542 (547).

C. Erfordernis eines in kaufmännischer Weise eingerichteten Geschäftsbetriebs

Zusammen mit dem Erfordernis der Gewerbsmäßigkeit gilt alternativ das Kriterium des Erfordernisses eines in kaufmännischer Weise eingerichteten Geschäftsbetriebs,[311] um den Tatbestand des Betreibens eines Bankgeschäfts i.S.v. § 32 Abs. 1 Satz 1 KWG zu erfüllen.

In diesem Kontext sind Ausführungen wie die nach kaufmännischen Grundsätzen eingerichtete Buch- und Kassenführung, die Beschäftigung genügenden Personals und dessen geordnete Beaufsichtigung sowie die Aufstellung einer Bilanz als Indizien zu berücksichtigen.

Unerheblich bleibt jedoch, ob tatsächlich ein in kaufmännischer Weise eingerichteter Geschäftsbetrieb geführt wird. Vielmehr ist es im Einzelfall zu bestimmen, wann die Einrichtung eines solchen Betriebs objektiv erforderlich ist und ob sich beim gleichzeitigen Betreiben mehrere Bankgeschäfte auch bei einem vergleichsweise geringen Umfang ergeben.[312] Hierzu hat die BaFin bestimmte Grenzen aufgestellt (sog. „Bagatellkriterien"), nach denen ein in kaufmännischer Weise eingerichteter Geschäftsbetrieb regelmäßig erforderlich ist und wonach das Kreditgeschäft in der Regel mehr als 100 Einzeldarlehen oder mindestens 500.000 Euro Gesamtkreditvolumen bei mehr als 20 Einzeldarlehen voraussetzt. Wird das Kreditgeschäft in Kombination mit dem Garantiegeschäft betrieben, gelten die Regelgrenzen entsprechend bzw. beträgt die Grenze mindestens 500.000 Euro Haftvolumen (bei mehr als 20 Garantieübernahmen) oder mehr als 100 Einzelgarantien.[313]

Betrachtet man diese anhand der Verwaltungspraxis der BaFin aufgestellten Kriterien im Verhältnis zu der Entwicklung des Mikrofinanzierungsgeschäftsmodells in Deutschland, sprechen mehreren Indizien dafür, dass die genannten Grenzen bei den von den MFI´s durchgeführten Geschäften überschritten worden sind.

So sind zunächst die darüber zu Verfügung gestellten Informationen zu behandeln, wonach die MFI´s bis 2015 insgesamt über 112,8 Millionen Euro und mehr als 18.800 Kredite ausgezahlt haben.[314] Die Durchführung einer hohen

---

311 Nr. 2, BaFin-Merkblatt zum Kreditgeschäft vom 08.01.2009, idF v. 02.05.2016, zugänglich unter www.bafin.de.

312 Nr. 2, BaFin-Merkblatt zum Kreditgeschäft vom 08.01.2009, idF v. 02.05.2016, zugänglich unter www.bafin.de.

313 Nr. 2, BaFin-Merkblatt zum Kreditgeschäft vom 08.01.2009, idF v. 02.05.2016, zugänglich unter www.bafin.de.

314 Vgl. BMWi Monatsbericht, 08.2015, S. 28.

Zahl von Geschäften wird somit belegt, die zugleich für eine deutliche Überschreitung der Bagatellgrenzen bei jedem MFI sprechen.

Wie oben im Detail beschrieben wurde, haben die MFI´s die Aufgabe, u.a. die Kreditnehmer und Kreditnehmerinnen zu betreuen, gegenüber dem Kreditinstitut Empfehlungen zur Vergabe und zur Änderung von Krediten abzugeben. Darüber hinaus durchlaufen die Bewerber vor der Zulassung als MFI´s ein detailliertes Akkreditierungsverfahren, bei dem die Zuverlässigkeit, die finanzielle Stabilität und die jeweilige Sachkunde geprüft werden müssen. D.h., jedes Mikrofinanzinstitut ist vom Mikrokreditfonds Deutschland akkreditiert.[315] Es ist daher auch von der Notwendigkeit erforderlicher Einrichtungen in kaufmännischer Weise auszugehen, da die „Empfehlung" von mehreren Krediten sowie deren „Betreuung" pro Jahr vorausgesetzt werden.

Damit ist festzustellen, dass ohne die objektive Forderung einer Durchführung von mehreren „Kreditvermittlungen" bzw. „Kreditempfehlungen" bei jedem MFI die Erhaltung eines funktionierenden Geschäftsmodells nicht mehr zu gewährleisten ist.

Abgesehen davon, dass die belegte Zahl durchgeführter Geschäfte eine indizielle Bedeutung hat, führt die Feststellung der genannten organisatorischen Merkmale bei der Gesamtbetrachtung des Geschäftsmodells im Ergebnis zur Erfüllung der Eigenschaft eines in kaufmännischer Weise eingerichteten Geschäftsbetriebs bei den akkreditierten MFI´s.

D. Der Erwerb der Institutseigenschaft i.S.d. § 1 Abs. 1b KWG

Die MFI´s Unternehmen sind als Institute bzw. Kreditinstitute nach § 1 Abs. 1b KWG einzustufen, die nicht unter die Definition der „CRR-Institute" bzw. „CRR-Kreditinstitute" fallen, weil durch die mit Wirkung zum 01.01.2014 CRD IV-UG im § 1 Abs. 3d Satz 1 KWG eingefügte Definition von „CRR-Kreditinstitute" das gleichzeitige Betreiben von Kredit- und Einlagengeschäft vorausgesetzt wird.[316]

---

315 Dazu s. http://mikrofinanzinstitut.com/mikrofinanzinstitute. Zuletzt geprüft am 04.04.2020.

316 Es ist auf die genaue Definition in Art. 4 Abs. 1 Nr. 1 CRR zu verweisen, wonach Kreditinstitut jedes Unternehmen ist, „dessen Tätigkeit darin besteht, Einlagen oder andere rückzahlbare Gelder des Publikums entgegenzunehmen und Kredite für eigene Rechnung zu gewähren". (Art. 4 Abs. 1 Nr. 1 der Verordnung (EU) Nr. 575/2013 des Europäischen Parlaments und des Rates vom 26. Juni 2013 über Aufsichtsanforderungen an Kreditinstitute und Wertpapierfirmen – CRR-Verordnung).

Die MFI´s sind daher nicht als „CRR-Kreditinstitute" anzusehen, obwohl sie die Institutseigenschaft nach dem KWG schon erworben haben. Diese Institutseigenschaft eines Unternehmens ist auch unabhängig vom Vorhandensein einer Erlaubnis gegeben, wenn § 1 Abs. 1 oder § 1 Abs. 1a KWG unterfallende Geschäfte betrieben oder Tätigkeiten erbracht werden.[317] Da die MFI´s Bankgeschäfte nach § 1 Abs. 1 KWG betreiben, erwerben sie zugleich die Eigenschaft eines Instituts und sind daher aus aufsichtsrechtlicher Perspektive als Kreditinstitute gem. § 1 Abs. 1b KWG einzustufen.

Dies lässt sich vor allem durch die 6. KWG-Novelle 1998 erklären, wonach das gewerbsmäßige Betreiben zum Grundtatbestand der aufsichtspflichtigen Kategorien von Bankgeschäften und Finanzdienstleistungen wurde. Erlaubnispflichtig sollte dann auch das bloße minderkaufmännische Betreiben sein, sodass die Instituts- bzw. Kreditinstitutseigenschaft nicht länger nur an den objektiven Umfang des Bankgeschäfts, sondern bereits an das gewerbsmäßige Betreiben, wie oben erwähnt, anknüpft.[318] Ein auf eine gewisse Dauer angelegter Betrieb und die Absicht der Gewinnerzielung wurden als normativer Maßstab hinzugefügt.

In der Praxis muss dann jede nicht nur gelegentliche Tätigkeit natürlicher oder juristischer Personen in diesem Bereich als erlaubnispflichtig betrachtet werden.[319] Nur in seltenen Fällen ist ein Betreiben von Bankgeschäften außerhalb des erlaubnispflichtigen Umfangs denkbar, wie z.B. beim Geschäftsführer einer vermögensverwaltenden GbR, der ehrenamtlich und unentgeltlich tätig wird. Die Erlaubnispflicht entsteht jedoch, sobald die Tätigkeit neu begonnen wird oder bei vorheriger geringfügiger Ausübung einen entsprechenden Umfang annimmt bzw. gewerbsmäßig ausgeübt wird.[320]

Mit diesem zusätzlichen Maßstab sind die Schwellen für das erlaubnispflichtige Betreiben so niedrig,[321] dass im Ergebnis ein Erwerb der Institutseigenschaft beim Betreiben solcher Geschäfte zur Entstehung einer Erlaubnisbedürftigkeit führen sollte.

---

317 *Schwennicke*, in: Schwennicke/Auerbach, KWG § 33 Rn. 6.

318 Vgl. BGH, WM 2006, 1898 ff.

319 *von Goldbeck*, in: Luz/Neus/Schaber/Schneider/Wagner/Weber, KWG § 32 Rn. 11.

320 So *Fischer/Müller*, in: Boos/Fischer/Schulte-Mattler, KWG § 32 Rn. 6, 8.

321 *von Goldbeck*, in: Luz/Neus/Schaber/Schneider/Wagner/Weber, KWG § 32 Rn. 11.

E. Die Freistellung von den aufsichtsrechtlichen Anforderungen nach § 2 Abs. 4 KWG

Da die MFI´s zugleich als Institut nach § 1 Abs. 1b KWG einzustufen sind,[322] soll in Zusammenhang mit einer BaFin-Intervention auch die vom Gesetzgeber im § 2 Abs. 4 KWG vorgesehene Ausnahmebestimmung der BaFin berücksichtigt werden, um Institute bzw. Kredit- und Finanzdienstleistungsinstitute im Einzelfall von der Anwendung von bestimmten aufsichtsrechtlichen Vorschriften freizustellen.

Hierzu ist das BaFin-Merkblatt zum Verfahren der Freistellung nach § 2 Abs. 4 KWG für im Inland ansässige Unternehmen vom 26.02.2014 (geändert am 26.11.2015) in erster Linie zu beachten. Die Befreiung liegt im Ermessen der BaFin. So wird sie gewährt, wenn die Bankgeschäfte nur als Hilfs- oder Nebengeschäfte von untergeordneter Bedeutung betrieben werden oder eine notwendige Verbindung zur übrigen bankfremden Geschäftstätigkeit aufweisen.[323]

In diesem Zusammenhang kann die BaFin im Einzelfall gemäß § 2 Abs. 4 KWG Institute von der Anwendung der folgenden Vorschriften freistellen: Geltung der CRR (§ 1a KWG), Inhaberkontrolle (§ 2c KWG), Eigenmittelausstattung (§§ 10–10c KWG), Liquidität (§ 11 KWG), Begründung von Unternehmensbeziehungen (§ 12a KWG), Kreditgeschäft (§§ 13–18 KWG), Anzeigewesen (§§ 24, 24a KWG), Finanzinformationen und Informationen zur Risikotragfähigkeit (§ 25 KWG), organisatorische Verpflichtungen (§§ 25a bis 25e KWG), §§ 26 bis 38 KWG darunter Vorlage von Rechnungslegungsunterlagen (§ 26 KWG), Offenlegung (§ 26a KWG), Prüfung und Prüferbestellung (§ 28–30 KWG) sowie die Erlaubnis (§ 32 KWG), unzureichende Eigenmittel oder Liquidität (§ 45 KWG), Gefahr und Regelungen zum Insolvenzantrag (§§ 46–46c KWG), Kostenverteilung (§ 51 Abs. 1 KWG).

Die Entscheidung ist nach § 2 Abs. 4 S. 2 KWG im Bundesanzeiger bekannt zu machen, und das betroffene Unternehmen verliert damit nicht die Institutseigenschaft. Zugleich hat diese Vorschrift nur Geltung für solche Kredit- und Finanzdienstleistungsinstitute, die keine CRR-Institute sind, d.h. die nicht als Kreditinstitut der Wertpapierfirma gemäß Art. 4 Abs. 1 Nr. 1 und 2 CRR gelten und damit nicht unmittelbar den Regelungen der CRR unterliegen, wie es bei den MFI´s der Fall ist. § 1a KWG sieht vor, dass Kredit- und Finanzdienstleistungsinstitute, die keine CRR-Institute sind, trotzdem die Regelungen der CRR

322 Vgl. *Weber/Seifert*, in: Luz/Neus/Schaber/Schneider/Wagner/Weber, KWG § 2 Rn. 59.
323 *Schwennicke*, in: Schwennicke/Auerbach, KWG § 2 Rn. 39.

anzuwenden haben, sofern nicht die Ausnahmetatbestände des § 2 KWG greifen. Folglich kann die BaFin über § 2 Abs. 4 KWG auch nur solche Institute von den Solvenz- und Liquiditätsvorschriften der CRR freistellen. Institute, die gleichzeitig als CRR-Institute gelten, können nicht von den Solvenzvorschriften ausgenommen werden. Auf den Umfang der Geschäfte kommt es nicht an, da dieser bereits bei der genannten Qualifizierung als Institut eine Rolle gespielt hat. Vielmehr geht es dabei allein um die Art der Geschäfte, bei denen die BaFin nach pflichtgemäßem Ermessen zu entscheiden hat, ob ein Institut wegen der Art der von ihm betriebenen Geschäfte insgesamt von den oben erwähnten Regelungen ausgenommen werden kann (zulässig ist nur eine Befreiung von allen genannten Vorschriften).[324]

Als ein Beispiel solcher Befreiung ist der Fall eines Kreditvermittlers zu nennen, der gegenüber Kreditinstituten die Mithaftung für vermittelte Kredite übernahm und von den o.g. Regelungen befreit wurde.[325]

Tatsächlich handelt es sich hierbei um ein aufsichtsrechtliches Instrument, das eine angemessene Einschätzung der von der Aufsicht zu berücksichtigenden Risiken erlaubt. Weniger überzeugend bleibt jedoch die Fähigkeit, durch eine solche Befreiungsmaßnahme dem Willen des Gesetzgebers näher entsprechen zu können, weil eine solche Freistellung die Entwicklung der Mikrokreditvergabe im Rahmen des hier zu betrachtenden Geschäftsmodells ermöglichen könnte, ohne das Eindringen ungeeigneter Kreditnehmer und unprofessioneller Anbieter in die Kreditwirtschaft vermeiden zu können.

Demzufolge zeigt sich eine Freistellung i.S.v. § 2 Abs. 4 KWG bezüglich der aufsichtsrechtlichen Risiken in diesem Fall als nicht angemessen, da diese eine Ausbreitung von Kreditgeschäften und damit auch von kleinen Kreditnehmern mit wirtschaftlich unvertretbaren Bedingungen bedeuten könnte.

Dazu wäre aus Sicht des Verfassers die Fähigkeit, durch eine umfassende Finanzmarktaufsicht einen funktionsfähigen Kreditapparat in Deutschland zu gewährleisten, mit einer solchen Befreiung in Frage gestellt. Obwohl das hier von den MFI´s dargelegte Betreiben von Bankgeschäften kein systemisches Risiko bedeutet und somit die Finanzstabilität als Schutzzweck des Aufsichtsrechts nicht betrifft, wäre jedoch die Funktionsfähigkeit des Kreditapparats durch das Eindringen unprofessioneller Anbieter in ihrer Gesamtheit nicht mehr zu gewährleisten.

---

324 Vgl. *Weber/Seifert*, in: Luz/Neus/Schaber/Schneider/Wagner/Weber, KWG § 2 Rn. 58, 59, 61.

325 BVerwG Urt. v. 7.12.1970, WM 1971, 1255.

Kommen darüber hinaus verbraucherschutzrechtliche Vorschriften für die Mikrokreditnehmer als Existenzgründer gem. § 513 BGB zur Anwendung, sind die Auswirkungen einer solchen Befreiung nach § 2 Abs. 4 KWG insbesondere unter Einbeziehung des Schutzes vor Überschuldung nicht zu unterschätzen, da sie u.a. bestimmte vertragsrechtliche Folgen gem. § 505d BGB mit sich bringen könnten.[326] Weil eine ungeeignete Kreditwürdigkeitsprüfung über die MFI´s als bloße Kreditvermittler im Kreditvergabeprozess vorgesehen ist, muss man vor allem nach dem Urteil des EuGH in Le Credit Lyonnais vom April 2014 für die Richtlinie 2008/48/EG berücksichtigen, dass beim Verstoß des Kreditgebers gegen seine Pflicht zur Prüfung der Kreditwürdigkeit des Verbrauchers Rechtsfolgen im Verhältnis zwischen Kreditgeber und Verbraucher eintreten müssen.[327] Die Entscheidung stellte dabei fest, dass sich die Pflicht der Kreditwürdigkeitsprüfung nicht ausschließlich am Wert des Sicherungsobjekts bzw. an Risikogesichtspunkten orientieren soll, denn diese liege auch im Schutz des Verbrauchers vor Überschuldung.[328] Obwohl es bei der Wohnimmobilienkreditrichtlinie von 2014 (Art. 18 Abs. 3) bereits integriert wurde, war eine materielle Verpflichtung der Bank zur Kreditwürdigkeitsprüfung jedenfalls schon im Art. 8 der Verbraucherkreditrichtlinie von 2008 vorgesehen.[329] In Deutschland hat sich der Gesetzgeber währenddessen entschieden, die jeweiligen Rechtsfolgen durch das Zivilrecht (§§ 505a ff. BGB) umzusetzen.

Im Ergebnis könnte der Schutz des öffentlichen Interesses an der Funktionsfähigkeit des Kreditwesens (das auch als Teil des Systems der Schutzzwecke des KWG zu verstehen ist) durch eine Freistellung i.S.d. § 2 Abs. 4 KWG beeinträchtigt werden.[330] Darüber hinaus wäre es unter verbraucherschutzrechtlichen

---

326 Unter welchen Umständen aufsichtsrechtliche Maßnahmen eingreifen sollen, bleibt immer noch offen.

327 So die h. M. Dazu u.a.: *Rott*, EWS 2014, 201, 202 f.; *Barta/Braune*, BKR 2014, 324, 329 f.; Anm. v. *Freitag*, LMK 2014, 358906. *Buck-Heeb* sieht dies kritisch: Eine paternalistische Mischung aus Informationspflichten und Kreditvergabeverbot wäre bei der Umsetzung dieser Wohnimmobilienkreditrichtlinie zu erkennen und könne mit einer Informationsüberflutung zur Relativierung des angestrebten Verbraucherschutzes führen. Dazu *Buck-Heeb*, BKR 2015, 177 (186); auch kritisch: *König*, WM 2017, 269 ff.

328 EuGH, Urt. v. 27. 3. 2014, Rs. C-565/12 Le Crédit Lyonnais SA gegen Fesih Kalhan; Art. 18 Abs. 3 der Wohnimmobilienkreditrichtlinie 2014/17/EU (RiL 2014/17/EU v. 4.2.2014 über Wohnimmobilienkreditverträge für Verbraucher und zur Änderung der RiL 2008/48/EG und 2013/36/EU und der Verordnung (EU) Nr. 1093/2010, ABl. EU Nr. L 60, S. 34ff., v. 28.2.2014); BT-Drs. 18/5922; *Rott*, BKR 2015, 8 (10).

329 Dazu auch *Buck-Heeb*, BKR 2015, 177 (181).

330 Vgl. *Binder*, in: Gsell/Krüger/Lorenz/Mayer, BGB § 488 Rn. 129.

Gesichtspunkten aus den o.g. Gründen mit dem Überschuldungsschutz nicht vereinbar, wenn die Mikrokreditnehmer gem. § 513 BGB auch als Existenzgründer zu behandeln sind.

F. Ergebnis zur Genehmigungsbedürftigkeit der „MFI´s"

Daraus lässt sich schließen, dass die MFI´s gewerbsmäßig oder in einem Umfang, der einen in kaufmännischer Weise eingerichteten Geschäftsbetrieb erfordert, Bankgeschäfte gem. § 1 Abs. 1 S. 2 Nr. 2 KWG und alternativ § 1 Abs. 1 S. 2 Nr. 8 KWG mit der Folge einer Erlaubnispflicht nach 32 Abs. 1 S. 1 KWG betreiben, da die Erfüllung der tatbestandlichen Voraussetzungen des im Einzelfall jeweils zu betrachtenden Bankgeschäfts vorliegt.

Eine Genehmigungsbedürftigkeit bei der Durchführung der Kreditvergabe von Mikrodarlehen mit Beteiligung von Akteuren außerhalb des Bankensektors liegt somit vor.

2. Kapitel: Das Vorliegen einer Auslagerung (Die „MFI´s" als „Auslagerungsunternehmen")

Alternativ kommt bei der Feststellung der Genehmigungsbedürftigkeit bei den MFI´s auch das mögliche Vorliegen einer Auslagerung von Aktivitäten und Prozessen vom Kreditinstitut auf die MFI´s gem. 25b KWG und das MaRisk-Rundschreiben der BaFin in Betracht.

Es ist zu beurteilen, ob es dabei um einen Anwendungsfall von § 25b KWG geht und die damit verbundenen Konsequenzen eintreten. Zu bestimmen sind auch das Vorliegen einer Auslagerung und die Auslagerungsfähigkeit der Tätigkeiten und Prozesse. Werden diese bejaht, kommen dann auch die Definition der Wesentlichkeit und die Anforderungen der Auslagerung in Betracht.[331]

Da die MFI´s als Kreditvermittler zugelassen und u.a. mit eigenen Prüfungskompetenzen ausgestattet sind, stellt sich aber zunächst die Frage, ob die Annahme einer Zweigstelle im aufsichtsrechtlichen Sinne bei der Wahrnehmung der von den MFI´s durchgeführten Aufgaben geeignet wäre.

A. Die Annahme einer Zweigstelle

Der Erwerb der Eigenschaft einer Zweigstelle kann in Betracht kommen, wenn Kreditvermittler im Rahmen ihrer Tätigkeiten auch ermächtigt sind, Auszahlungen vorzunehmen oder Tilgungsleistungen anzunehmen.[332] Es handelt sich dabei um die Notwendigkeit, eine ordnungsgemäße Geschäftsorganisation und die bankenaufsichtsrechtliche Kontrolle zu gewährleisten.[333]

Mit einer ähnlichen Begründung könnte man auch von einer sog. „fiktiven Zweigstelle" sprechen, wenn wesentliche Teilakte eines erlaubnispflichtigen Geschäfts vorgenommen wurden. Unter wesentlichen Teilakten eines Geschäfts sind u.a. die Entgegennahme von für die Anlage bestimmten Geldern, die Befugnis zum Inkasso oder die Entgegennahme vom Kunden unterzeichneter Verträge, die relevant für die hier zu betrachtende Konstellation sein könnte, zu sehen. Jedoch geht es dabei um grenzüberschreitende Tätigkeiten, die nur

331 *Wolfgarten*, in: Boos/Fischer/Schulte-Mattler, KWG § 25b Rn. 18.

332 *Schäfer*, in: Boos/Fischer/Schulte-Mattler, KWG § 1 Rn. 62.

333 Vgl. *Bergmann*, Funktionsauslagerung, 2010, S. 287.

erlaubnispflichtig sind, wenn sie § 53 KWG unterliegen. Das trifft aber ausschließlich die Zweigstellen von Unternehmen mit Sitz im Ausland und ist in diesem Fall nicht zu berücksichtigen.[334]

Vielmehr ist nach einer grundsätzlichen Annäherung an das hier behandelte Geschäftsmodell festzustellen, dass trotz der im Rahmen des Kreditvergabeprozesses umfangreichen Aufgabenübertragung vom Kreditinstitut auf die MFI´s keine Ermächtigung zu sehen ist, um Auszahlungen vorzunehmen oder Tilgungsleistungen anzunehmen. Dies lässt sich durch die fehlende Entscheidungsfreiheit der MFI´s erklären, weil in diesem Fall das Kreditinstitut dabei immer über das dafür eingerichtete EDV-Tool zu entscheiden hat.

Auszahlungen vorzunehmen oder Tilgungsleistungen während der Mikrokreditlaufzeit anzunehmen ist insofern nur für das Kreditinstitut, nicht aber für die MFI´s möglich. Abgesehen von den entsprechenden Informationen, die die MFI´s über das EDV-Tool mitzuteilen haben, verfügen sie nicht über die dafür notwendige Entscheidungsfreiheit. Aufsichtsrechtlich und unter einem Risikogesichtspunkt betrachtet, liegt damit keine Ermächtigung für die MFI´s vor.

Die Annahme einer Zweigstelle bei der Wahrnehmung der von den MFI´s durchgeführten Aufgaben ist aufgrund fehlender Ermächtigung auszuschließen.

B. Auslagerungsbegriff

Fraglich ist zunächst, ob eine Auslagerung vorliegt. Nach § 25b KWG i.V.m. dem MaRisk-Rundschreiben der BaFin liegt eine Auslagerung vor, wenn ein anderes Unternehmen mit der Wahrnehmung solcher Aktivitäten und Prozesse im Zusammenhang mit der Durchführung von Bankgeschäften, Finanzdienstleistungen oder sonstigen institutstypischen Dienstleistungen beauftragt wird, die ansonsten vom Institut selber erbracht würden.[335]

Eine einheitliche Definition des Begriffes des Auslagerungsunternehmens ist nicht im Gesetz vorgesehen. Jedoch ist als Auslegungskriterium auf das zwischenzeitlich aufgehobene BaKred-Rundschreiben 11/2001 unter Berücksichtigung der Zielsetzung des Gesetzesvorschrift für die „Sicherstellung der aufsichtsrechtlichen Kontroll- und Prüfungsrechte" zurückzugreifen, wonach ein anderes Unternehmen jede andere Stelle, Einheit oder Person ist, die in Bezug auf die ausgelagerte Funktion oder Tätigkeit nicht dem auslagernden Institut zuzurechnen und organisatorisch von ihm abgegrenzt ist, ohne dass es

334 Vgl. *Schwennicke*, in: Schwennicke/Auerbach, KWG § 32 Rn. 8-10.

335 BaFin, Rundschreiben 09/2017 (BA) – Mindestanforderungen an das Risikomanagement – MaRisk, AT 9 Tz. 1.

auf die Rechtsform ankommt.[336] Da die MFI´s keine rechtlich unselbstständigen inländischen Zweigstellen darstellen, mit eigenen Prüfungskompetenzen ausgestattet und unabhängig bei der Wahrnehmung ihrer Funktionen und Aufgaben sind, fallen sie hierunter.

Eine Auslagerung setzt gem. § 25b KWG i.V.m. dem MaRisk-Rundschreiben der BaFin auch die Wahrnehmung von Aktivitäten und Prozessen des Instituts im Zusammenhang mit der Durchführung von Bankgeschäften, Finanzdienstleistungsgeschäften oder sonstigen institutstypischen Dienstleistungen voraus.

Über die inhaltliche Beauftragung sind die Erläuterungen zu AT 9 des MaRisk-Rundschreibens der BaFin insbesondere zu berücksichtigen, weil der sonstige Fremdbezug von Leistungen nicht als Auslagerung qualifiziert. Es geht dann um einen nachhaltigen Fremdbezug, der nur gegeben ist, wenn der Fremdbezug über eine gelegentliche Inanspruchnahme der Leistung hinausgeht.[337] Als solche bloß gelegentliche Inanspruchnahme ist die Einrichtung einer öffentlichen Initiative für die Existenzgründung nicht zu betrachten. Vielmehr lässt sich dabei eine nachhaltige Strukturierung des Fremdbezugs beobachten.

Zu betonen ist zum Schluss, dass es sich um Leistungen handelt, die sowohl zum Zeitpunkt des Fremdbezugs als auch in der Zukunft vom Institut selbst erbracht werden können. Im Sinne des genannten Rundschreibens findet kein sonstiger Fremdbezug von Leistungen statt.

Eine Auslagerung im Sinne des § 25b KWG i.V.m. dem MaRisk-Rundschreiben der BaFin liegt somit vor.

C. Auslagerungsfähigkeit

Problematisch bleibt jedoch die Auslagerungsfähigkeit der Aktivitäten oder Prozesse. Nach §25b Abs. 3 KWG dürfen die Prüfungs- und Kontrollrechte der BaFin dabei nicht gehindert werden und es bedarf nach § 25b Abs. 3 S. 3 KWG einer schriftlichen Vereinbarung. Zunächst ist dabei festzustellen, ob die Auslagerung der Aktivitäten oder Prozesse in dieser Konstellation aus aufsichtsrechtlicher Sicht zulässig ist oder nicht.

Die Ordnungsmäßigkeit der Geschäftsorganisation soll gem. § 25a Abs. 1 KWG nicht beeinträchtigt werden.[338] Ob eine Beeinträchtigung in diesem Sinne vorliegt, ist aber klärungsbedürftig und muss auch unter Beachtung des § 25b

---

336 So *Wolfgarten*, in: Boos/Fischer/Schulte-Mattler, KWG § 25b Rn. 21, 22.

337 So *Wolfgarten*, in: Boos/Fischer/Schulte-Mattler, KWG § 25b Rn. 30, 31.

338 Vgl. BaFin, Rundschreiben 09/2017 (BA) – Mindestanforderungen an das Risikomanagement – MaRisk, AT 9 Tz. 3 u. 4.

Abs. 1 S. 3 KWG verstanden werden: Ein angemessenes und wirksames Risikomanagement muss bei der Auslagerung gewährleistet werden.[339]

Eine Beeinträchtigung der Geschäftsorganisation ist vor allem unter Risikogesichtspunkten des MaRisk-Rundschreibens in Einklang mit § 25a Abs. 1 KWG zu betrachten und ist gegeben, wenn bei der Auslagerung weder die im § 25a Abs. 1 KWG vom Institut zu beachtenden gesetzlichen Bestimmungen eingehalten werden noch die betriebswirtschaftlichen Notwendigkeiten gewährleistet bleiben.[340]

Da es bei den betriebswirtschaftlichen Notwendigkeiten um keine Rechtspflichten für die Geschäftsleitung der Institute geht,[341] ist es hier relevant, eher die Einhaltung der gesetzlichen Bestimmungen zu prüfen, die seinerseits nichts anderes als das durch die Auslagerung einzuhaltende angemessene und wirksame Risikomanagement bedeutet,[342] deren Kernelemente im § 25a Abs. 1 S. 3 KWG vorgegeben sind und durch das MaRisk-Rundschreiben im Einzelnen konkretisiert werden.[343]

Weder die Angemessenheit noch die Wirksamkeit haben eine eindeutige Bedeutung.[344] Während das Merkmal der Angemessenheit auf den Grundsatz der doppelten Proportionalität rekurriert,[345] soll das Erfordernis der Wirksamkeit

339 *Bergmann*, Funktionsauslagerung, 2010, S. 211.

340 Vgl. BaFin, Rundschreiben 09/2017 (BA) – Mindestanforderungen an das Risikomanagement – MaRisk, AT 9 Tz. 4.

341 Vgl. *Langen*, in: Schwennicke/Auerbach, KWG § 25a Rn. 48, 49.

342 Das Risikomanagement umfasst zusammen mit den Regelungen des Abs. 1 S. 6 zur Bestimmung der finanziellen Lage (Abs. 1 S. 6 Nr. 1), der vollständigen Dokumentation der Geschäftstätigkeit (Abs. 1 S. 6 Nr. 2) und einem sog. „Whistleblowing-Mechanismus“ (Abs. 1 S. 6 Nr. 3) die vom Gesetzgeber genannte „ordnungsgemäße Geschäftsorganisation“ und bildet zugleich im großen Teil die qualitative Aufsicht der BaFin. So, *Langen*, in: Schwennicke/Auerbach, KWG § 25a Rn. 50.

343 *Langen*, in: Schwennicke/Auerbach, KWG § 25a Rn. 51.

344 So *Langen*, in: Schwennicke/Auerbach, KWG § 25a Rn. 51; Vgl. BT-Drucks. 16/4028, 95.

345 Von großer Bedeutung für die deutsche Bankenaufsicht ist das in der zweiten Säule von Basel II vorgesehene „Prinzip der doppelten Proportionalität“, wonach sowohl das Risikomanagement und die Bemessung des internen Kapitals als auch die Intensität und Häufigkeit der aufsichtlichen Überprüfung sich an der Größe, Komplexität und dem Risikogehalt des einzelnen Instituts und dessen Bedeutung für die Systemstabilität orientieren müssen (Bundesbank, Monatsbericht, Sept. 2004). Dieser Grundsatz wurde als Fundament des MaRisk-Rundschreibens (s. AT 1 Tz. 2) in Deutschland umgesetzt.

vor allem betonen, dass das Risikomanagement von den Instituten umzusetzen und mit Leben zu erfüllen ist.[346]

Die Kernelemente des Risikomanagements sind in Zusammenhang mit der Einhaltung der im § 25a Abs. 1 S. 3 KWG vorgegebenen Kriterien festzulegen, nämlich die Festlegung von Strategien (Nr. 1), das Verfahren zur Ermittlung und Sicherherstellung der Risikotragfähigkeit (Nr. 2), die Einrichtung interner Kontrollverfahren (Nr. 3), die angemessene personelle und technisch-organisatorische Ausstattung (Nr. 4) und ein angemessenes Notfallkonzept (Nr. 5). Somit setzt ein Risikomanagement voraus, dass eine effektive Kontrolle ausgeübt werden kann. Dies umfasst sowohl interne Kontrollprozesse als auch die interne Revision, aber auch die Erstellung einer Risikostrategie und die Risikosteuerung.[347]

In diesem Zusammenhang könnte eine Auslagerung sämtlicher Funktionen beim Geschäftsmodell stattgefunden haben, ohne diese Kriterien beachtet zu haben. Dies lässt sich vor allem bei der Risikobeurteilung aller zu vermittelnden Mikrokredite beobachten. So haben die MFI´s als externer Dienstleister trotz fehlenden bankbetrieblichen Charakters der Vertragsgestaltung des Geschäftsmodells das Recht zur Begründung bankspezifischer Risiken, ohne durch exakt vorher bestimmbare und nachprüfbare objektive Beurteilungs- und Entscheidungskriterien, die vom Institut vorgegeben sein sollen.[348] Ein standardisiertes Scoring oder ähnliche Verfahren, aufgrund deren Ergebnisse Kreditvermittler im Namen für Rechnung eines Instituts[349] Kreditempfehlungen geben oder das Institut im Mikrofinanzbereich Kreditzusagen erteilt, sind im Rahmen der Einrichtung des Geschäftsmodells nicht zu sehen.

Das teilweise auf die MFI´s übertragene Risiko stellt somit eine Auslagerung von internen Kontrollprozessen sowie von der Risikosteuerung dar, sodass das Kreditinstitut keine effektive Kontrolle ausübt. Abgesehen davon, dass das Kreditinstitut für die Einhaltung der Anforderungen nach § 25a Abs. 1 KWG verantwortlich bleibt, ist es dabei unerheblich, ob es um die Auslagerung wesentlicher oder unwesentlicher Aktivitäten und Prozesse im Sinne des MaRisk-Rundschreibens geht. Das bedeutet insofern, dass die maßgeblichen Strategien, die Steuerung und die Kontrolle in der Hand des Instituts verbleiben müssten.[350]

346 BT-Drucks. 16/4028, 95.

347 *Bergmann*, Funktionsauslagerung, 2010, S. 211.

348 Vgl. *Wolfgarten*, in: Boos/Fischer/Schulte-Mattler, KWG § 25b Rn. 38.

349 *Wolfgarten*, in: Boos/Fischer/Schulte-Mattler, KWG § 25b Rn. 38.

350 *Bergmann*, Funktionsauslagerung, 2010, S. 212.

Dies lässt sich jedoch beim Geschäftsmodell nicht beobachten. In diesem Sinne ist ein angemessenes und wirksames Risikomanagement nicht zu gewährleisten.

Aber dieses ist auch so bei der Auswahl des Auslagerungsunternehmens wahrzunehmen. Obwohl die Auslagerungsfähigkeit des Unternehmens nicht mit der Auslagerungsfähigkeit der Tätigkeiten und Prozesse zu verwechseln ist, setzt diese ein auslagerungsfähiges Unternehmen voraus, damit die Ordnungsmäßigkeit der Geschäfte gem. § 25b Abs. 1 S. 2 KWG nicht beeinträchtigt wird.

Demzufolge ist die Auswahl des Auslagerungsunternehmens nur unter Beachtung der Vorkehrungen zu verstehen, die im Rahmen eines angemessenen Risikomanagements verlangt werden und vom Institut im Laufe des Auslagerungsprozesses von der Planung bis zu seiner Beendigung zu treffen sind. In diesem Sinne ist eine vollständige Auslagerung der Compliance-Funktion oder der Internen Revision ferner nur bei kleinen Instituten laut dem BaFin-Rundschreiben möglich, sofern deren Einrichtung vor dem Hintergrund der Institutsgröße sowie der Art, des Umfangs, der Komplexität und des Risikogehalts der betriebenen Geschäftsaktivitäten nicht angemessen erscheint.[351] D.h., das Institut muss das Auslagerungsunternehmen überprüfen, ob es die fachliche Eignung sowie die sachlichen und personellen Kapazitäten für die auszulagernden Prozesse besitzt.[352]

Diese Voraussetzungen sind dennoch nicht gegeben. Auch aufgrund des fehlenden bankbetrieblichen Charakters der Vertragsgestaltung verfügen die MFI´s weder über die fachliche Eignung noch über die sachlichen und personellen Kapazitäten, die bei einer Auslagerung vom Auslagerungsunternehmen zu erwarten sind. Darüber hinaus liegt bei den MFI´s keine Erlaubnis vor, obwohl es sich um das Betreiben von Bankgeschäften handelt, wie es bereits dargelegt wurde. Eine Beeinträchtigung der Ordnungsmäßigkeit der Geschäfte bzw. der Bankgeschäfte gem. § 25b Abs. 1 S. 2 KWG ist somit nicht zu vermeiden.

D. Ergebnis zur Auslagerung

Im Ergebnis geht es dabei um ein nicht praktiziertes und damit auch um kein angemessenes Risikomanagement. Obwohl es vorausgesetzt wird, werden keine angemessenen Vorkehrungen bei der Auswahl des Auslagerungsunternehmens getroffen.[353] Ein angemessenes Risikomanagement durch das Institut kann unter solchen Bedingungen nicht mehr wahrgenommen werden.

---

351 Vgl. BaFin, Rundschreiben 09/2017 (BA) – Mindestanforderungen an das Risikomanagement – MaRisk, AT 9 Tz. 5.

352 So *Langen*, in: Schwennicke/Auerbach, KWG § 25b Rn. 22.

353 Vgl. *Langen*, in: Schwennicke/Auerbach, KWG § 25b Rn. 21, 51.

Da in Bezug auf die Auslagerung von Aktivitäten und Prozessen bei der Einrichtung des Mikrofinanzierungsmodells in Deutschland ein angemessenes und wirksames Risikomanagement nicht zu gewährleisten ist, ist eine Beeinträchtigung der Geschäftsorganisation gem. § 25a Abs. 1 KWG und dem MaRisk-Rundschreiben der BaFin festzustellen. Das Institut trifft die Kreditentscheidung, jedoch haben die MFI´s die bankspezifischen Risiken bei jedem Mikrokreditnehmer zu beurteilen, obwohl sie über keine bankbetriebliche Einrichtung verfügen. Es werden weder ein standardisiertes Scoring oder ähnliche Verfahren noch vom Institut vorgegeben nachprüfbare objektive Beurteilungs- und Entscheidungskriterien von der Seite der MFI´s verwendet,[354] sodass das Institut keine effektive Kontrolle u.a. bei der Risikosteuerung ausübt. Die Ordnungsmäßigkeit dieser Geschäfte ist damit unmittelbar beeinträchtigt und führt auch zur Unzulässigkeit der Auslagerung.

Die im Rahmen des Geschäftsmodells der Mikrofinanzierung in Deutschland auszulagernden Aktivitäten oder Prozesse sind nicht auslagerungsfähig. Somit ist die Auslagerung wegen fehlender Auslagerungsfähigkeit unzulässig.

Da der Tatbestand der Auslagerungsfähigkeit nicht zu bejahen ist, kommt eine Risikoanalyse im Rahmen einer Überprüfung der Wesentlichkeit der genannten Aktivitäten und Prozesse nicht in Betracht.

354 Vgl. *Wolfgarten*, in: Boos/Fischer/Schulte-Mattler, KWG § 25b Rn. 38.

3. Kapitel: Rechtsfolgen

A. Rechtsfolgen beim von den „MFI´s“ unerlaubten Betreiben von Bankgeschäften

I. Aufsichtsrechtliche Folgen (Eingriffsbefugnisse der BaFin)

1. Maßnahmen nach § 37 Abs. 1 S. 1 KWG

Ein MFI könnte auch Adressat solcher Maßnahmen werden, dass die sofortige Einstellung des Geschäftsbetriebs und die unverzügliche Abwicklung der Geschäfte von der BaFin nach § 37 Abs. 1 S. 1 KWG angeordnet werden kann, wenn das Betreiben ohne die nach § 32 KWG erforderliche Erlaubnis von der BaFin festgestellt ist. Den beteiligten MFI´s droht demzufolge die finanzaufsichtsrechtliche Unzuverlässigkeit.[355]

2. Maßnahmen nach §§ 44 ff. KWG

Konkret wäre die BaFin in Bezug auf die MFI´s berechtigt, Auskunfts- und Vorlegungsersuchen sowie eine Durchsuchung der Räume des jeweiligen MFI als Betreiber von unerlaubten Bankgeschäften anzuordnen. Damit zielt § 44c KWG u.a. darauf, Maßnahmen gegen ungesetzliche Geschäfte vorzubereiten sowie Verstöße gegen § 37 KWG aufzudecken.[356] Darüber hinaus kann die BaFin gegenüber Akteuren, die i.S.d. KWG Bankgeschäfte betreiben, auf spezifische Ermittlungsbefugnisse (§ 44 ff. KWG) zurückgreifen. Insbesondere im Zusammenhang mit der hier zu betrachtenden Fragestellung eröffnet § 44c KWG dabei der BaFin (auch der Bundesbank) Ermittlungsbefugnisse gegen Akteure, bei denen Tatsachen die Annahme rechtfertigen, dass sie Bankgeschäfte ohne die nach dem KWG erforderliche Erlaubnis betreiben.[357]

Subsidiär ist hierzu § 6 Abs. 3 KWG anzusehen, wonach die BaFin mit einer allgemeinen Anordnungskompetenz ausgestattet ist, um direkt durch Verwaltungsakt gegen das betroffene Institut bzw. seine Geschäftsleiter vorzugehen.[358]

---

355 Dazu *Wenzel*, NZG 2013, 161 (162); *Fischer/Müller*, in: Boos/Fischer/Schulte-Mattler, KWG § 33 Rn. 39.

356 Vgl. *Deiseroth/Eggert*, GewArch 2017, 49 (54).

357 So *Deiseroth/Eggert*, GewArch 2017, 49 (54).

358 *Habetha/Schwennicke*, in: Schwennicke/Auerbach, KWG § 6 Rn. 26.

II. Die Strafbarkeit nach § 54 KWG

Zum Schutz der Effektivität der staatlichen Aufsicht ist die Strafbarkeit gem. § 54 KWG vorgesehen. So ist bei der Durchsetzung des für Bankgeschäfte und Finanzdienstleistungen bestehenden präventiven Verbots mit Erlaubnisvorbehalt[359] insbesondere § 54 Abs. 1 Nr. 2 zu nennen, wonach derjenige, der ohne Erlaubnis nach § 32 Abs. 1 S. 1 Bankgeschäfte betreibt oder Finanzdienstleistungen erbringt, sich strafbar macht. Auch bei Fahrlässigkeit wird eine Strafe angeordnet, sodass nach § 54 KWG sowohl Vorsatz (Abs. 1) als auch Fahrlässigkeit (Abs. 2) bestraft werden.

Während das „Betreiben" im Laufe dieser Dissertation ausführlich betrachtet wurde, werden die Begriffe „Bankgeschäft" und „Finanzdienstleistungen" in § 1 Abs. 1 S. 2 und Abs. 1a S. 2 KWG definiert. Relevant ist es daher, genauer zu erklären, wann der Täter „ohne Erlaubnis" nach § 32 Abs. 1 S. 1 KWG gehandelt haben muss. „Ohne Erlaubnis" handelt der Täter dann, wenn zum Tatzeitpunkt keine Erlaubnis erteilt ist oder eine bereits erteilte Erlaubnis weggefallen ist.[360]

So macht sich strafbar, wer einen Erlaubnisantrag gerade erst gestellt hat, aber die Geschäfte sofort aufnimmt.[361] Auch wer trotz Erlöschung oder Aufhebung der Erlaubnis die Geschäfte weiter fortführt, macht sich strafbar. In diesem Sinne kann das Fortführen strafbar sein, wenn die Aufhebung sofort vollziehbar ist. Eine Handlung ohne Erlaubnis kann darüber hinaus gegeben sein, wenn beispielsweise bei Teilkonzessionen das Geschäft über die Erlaubnis hinausgeht;[362] d.h. der Tatbestand ist auch erfüllt, wenn Bankgeschäfte betrieben oder Finanzdienstleistungen erbracht werden, diese aber nicht von der Erlaubnis gedeckt sind.[363]

Zu berücksichtigen ist auch, dass dieser Tatbestand im Wesentlichen gegen das betroffene Institut und seine Mitarbeiter gerichtet ist; bzw. bei Betreiben der Geschäfte i.S.v. § 54 KWG durch juristische Personen ist das vertretungsberechtigte Organ oder das Mitglied eines solchen Organs als Täter der Straftat nach § 14 Abs. 1 Nr. 1 StGB zu qualifizieren. Somit kommen als mögliche Täter der Inhaber einer Einzelfirma, die Gesellschafter einer Gesellschaft bürgerlichen

359 So *Schwennicke*, in: Schwennicke/Auerbach, KWG § 54 Rn. 1.

360 *Schwennicke*, in: Schwennicke/Auerbach, KWG § 54 Rn. 7.

361 So *Schwennicke*, in: Schwennicke/Auerbach, KWG § 54 Rn. 7.

362 *Redenius-Hövermann*, in: Luz/Neus/Schaber/Schneider/Wagner/Weber, KWG § 54 Rn. 5.

363 So *Schwennicke*, in: Schwennicke/Auerbach, KWG § 54 Rn. 7.

Rechts oder eines nicht rechtsfähigen Vereins sowie die persönlich haftenden Gesellschafter einer Personengesellschaft in Betracht.[364]

Relevant ist jedenfalls in Zusammenhang mit der Fragestellung dieser Arbeit die Festlegung einer möglichen fahrlässigen Begehung,[365] da aus Sicht des Verfassers die MFI´s als Kreditinstitut anzusehen sind.

Fahrlässig handelt, wer sich sorgfaltswidrig verhält, ohne dieses zu wollen oder zu erkennen.[366] Außerdem ist auch zwischen bewusstem und unbewusstem fahrlässigem Handeln zu unterscheiden. So beinhaltet ein bewusst fahrlässiges Handeln, dass der Täter erkannt hat, dass er den Tatbestand möglicherweise verwirklichen könnte, pflichtwidrig aber darauf vertraut, dass dieser nicht eintreten wird. Im Gegensatz dazu handelt unbewusst derjenige, der nicht voraussieht, dass der Tatbestand eintreten kann, dieses aber aufgrund der Umstände und seiner persönlichen Fähigkeiten hätte erkennen müssen.[367]

Besonders ist die mögliche Feststellung einer bloß fahrlässigen Handlung. Dabei wäre es ein Irrtum, über die Verbotenheit der Handlung (sog. Verbotsirrtum nach § 17 StGB) hinwegzusehen, und würde in diesem Fall konkret in Betracht kommen, wenn es festgelegt wird, dass die MFI´s irrig angenommen haben, nicht gewerbsmäßig oder nicht in einem Umfang, der einen kaufmännischen Geschäftsbetrieb erfordert, gehandelt zu haben. Eine fahrlässige Handlung lässt sich seinerseits im Fall eines sog. Erlaubnistatbestandsirrtums beobachten, und es wäre in diesem Kontext gegeben, wenn der Inhaber bzw. die persönlich haftenden Gesellschafter oder das Mitglied des vertretungsberechtigten Organs eines MFI irrigerweise vom Vorliegen einer Erlaubnis ausgehen.[368]

Abzustellen ist hierbei unabhängig vom konkreten Geschäftsfeld auf die Sorgfalt eines ordentlichen Kaufmanns, wonach man sich vor Beginn der Tätigkeit zu erkundigen hat, welche rechtlichen Besonderheiten zu berücksichtigen und ob und ggf. welche Erlaubnisse erforderlich sind. Liegt eine diesen Erfordernissen genügende Erkundigung nicht vor, ist dem Täter ein Sorgfaltspflichtverstoß vorzuwerfen. Wenn der Täter das Genehmigungserfordernis nicht gekannt hat

364 *Redenius-Hövermann*, in: Luz/Neus/Schaber/Schneider/Wagner/Weber, KWG § 54 Rn. 2.

365 Ausführlich zur Feststellung der Fahrlässigkeit nach § 54 Abs. 2 KWG siehe *Rinjes*, wistra 2015, 7 ff.

366 *Redenius-Hövermann*, in: Luz/Neus/Schaber/Schneider/Wagner/Weber, KWG § 54 Rn. 9.

367 So *Redenius-Hövermann*, in: Luz/Neus/Schaber/Schneider/Wagner/Weber, KWG § 54 Rn. 9.

368 Vgl. *Schwennicke*, in: Schwennicke/Auerbach, KWG § 54 Rn. 20.

oder dies so anzunehmen wäre, wäre dann von großer Bedeutung, besonderes Augenmerk auf die jeweilige Sorgfaltspflicht zu legen, die man auch als Kaufmann in jedem Fall zu erfüllen hat.[369]

Eine Festlegung eines unerlaubten Betreibens von Bankgeschäften im Rahmen der Entwicklung des Geschäftsmodells zu Mikrofinanzierung in Deutschland ist dann insbesondere in Beziehung mit einer möglichen Erfüllung dieser Tatbestandsregelungen der Strafbarkeit nach § 54 Abs. 1 Nr. 2 und Abs. 2 KWG zu beachten.

III. Zivilrechtliche Folgen

1. Die Nichtigkeit nach § 134 BGB wegen Verstoßes gegen § 32 KWG

Der Verstoß gegen § 32 KWG führt nicht zur Nichtigkeit des Rechtsgeschäfts,[370] sodass derartige Geschäfte rechtlich wirksam und durchsetzbar sind.[371] Grund hierfür ist das System der Schutzzwecke des Aufsichtsrechts, d.h. der Schutz des öffentlichen Interesses an der Funktionsfähigkeit des Kreditapparats, nicht der Schutz Einzelner vor dem Abschluss von Darlehensverträgen, nicht der der Aufsicht unterworfenen Anbieter. Bankkunden sind deshalb in erster Linie als Reflex geschützt, ohne sich unmittelbar auf die aufsichtsrechtlichen Schranken berufen zu können. Anders als Einlegern droht ihnen gegenüber nicht aufsichtsunterworfenen Kreditgebern kein Verlustrisiko, sodass ihr Schutz vor unseriösen Geschäftskonditionen ohnehin durch § 138 BGB sichergestellt ist.[372]

In diesem Zusammenhang kommt die Nichtigkeit nach § 134 BGB wegen Verstoßes gegen § 32 KWG nur in Betracht, wenn ein Festhalten am Vertrag gerade die Schädigung oder Gefährdung der anderen Vertragspartei aufrechterhalten würde, die mit dem Verbot des § 32 KWG abgewendet werden soll. Außerdem kann im Falle eines bewussten Zusammenwirkens beider Vertragsparteien von Sittenwidrigkeit des Geschäfts nach § 138 Abs. 1 BGB gesprochen werden.[373]

---

369 Vgl. *Rinjes*, wistra 2015, 8 f.

370 Vgl. LG Bochum, Urt. v. 14.02.2012, I-12 O 146/11, zitiert nach www.nrwe.de; BGH, WM 2011, 1168; BGH, NJW 1997, 1435 (1437 f.).

371 *Redenius-Hövermann*, in: Luz/Neus/Schaber/Schneider/Wagner/Weber, KWG § 54 Rn. 5.

372 Vgl. *Binder*, in: Gsell/Krüger/Lorenz/Mayer, BGB § 488 Rn. 129.

373 So *Schwennicke*, in: Schwennicke/Auerbach, KWG § 32 Rn. 91 f.

2. Verstoß gegen ein Schutzgesetz i.S.v. § 823 Abs. 2 BGB

Wer Bankgeschäfte ohne die nach § 32 Abs. 1 KWG erforderliche Erlaubnis betreibt, verwirklicht damit den Straftatbestand des § 54 KWG. Da darüber hinaus § 32 Abs. 1 KWG in Verbindung mit § 54 KWG ein Schutzgesetz im Sinne des § 823 Abs. 2 BGB ist,[374] kann das Betreiben von Bankgeschäften im Umfang des § 1 Abs. 1 S. 1 KWG schadenersatzpflichtig sein.

In diesem Kontext kann dann die Haftung desjenigen für den von ihm als Vorstand des MFI begangenen Verstoß gegen § 32 Abs. 1 S. 1 KWG persönlich nach § 823 Abs. 2 BGB in Betracht kommen.[375] Dagegen wären eine hypothetische Erkundigung bei der zuständigen Aufsichtsbehörde, wodurch der Irrtum bestätigt worden wäre,[376] oder ein sorgfältig erstelltes anwaltliches Rechtsgutachten mit dem Ergebnis, dass für die Geschäftstätigkeit keine Bankerlaubnis erforderlich ist,[377] wichtige Ausnahmen für eine Haftung wegen eines Verbotsirrtums.

B. Rechtsfolgen wegen unzulässiger Auslagerung

I. BaFin-Intervention beim beteiligten Kreditinstitut

Wie oben erklärt wurde, erfolgt die Mikrofinanzierung in Deutschland über ein zugelassenes Kreditinstitut, das u.a. für die Kreditvergabe zuständig ist. Dieses Kreditinstitut verfügt über eine Banklizenz, mit der Bankgeschäfte betrieben werden, u.a. auch das Einlagen- und Kreditgeschäft. Somit ist dieses Kreditinstitut nach § 1 Abs. 1b einzustufen, das unter die Definition eines „CRR-Kreditinstituts" fällt, weil dabei das gleichzeitige Betreiben von Kredit- und Einlagengeschäft festgestellt wird.[378] Es ist im Rahmen des sog. „Single Supervisory Mechanism, SSM" insofern als „Kreditinstitut" i.S.v. einem „CRR-Kreditinstitut" zu qualifizieren und muss in diesem Kontext als solches betrachtet werden.

---

374 BHG, NZG 2011, 190 (191).

375 Eingehend auf Haftung auf Schadenersatz nach § 823 Abs. 2 BGB i. V. m. §§ 32, 54 KWG, s. BGH, Urteil v. 16.5.2017, JZ 2018, 253 ff.

376 BGH, NJW-RR 2017, 1004 (1005).

377 BGH, NJW 2017, 2463 (2465).

378 Es ist auf die genaue Definition in Art. 4 Abs. 1 Nr. 1 CRR zu verweisen, wonach Kreditinstitut jedes Unternehmen ist, „dessen Tätigkeit darin besteht, Einlagen oder andere rückzahlbare Gelder des Publikums entgegenzunehmen und Kredite für eigene Rechnung zu gewähren". (Art. 4 Abs. 1 Nr. 1 der Verordnung (EU) Nr. 575/2013 des Europäischen Parlaments und des Rates vom 26. Juni 2013 über Aufsichtsanforderungen an Kreditinstitute und Wertpapierfirmen – CRR-Verordnung).

Nun muss festgestellt werden, ob es hier um eine direkte Aufsicht der EZB geht[379] oder ob im Rahmen des Geschäftsmodells für Mikrofinanzierung eine indirekte Aufsicht in Betracht kommt, damit konkret die Aufteilung der Aufsichtskompetenzen in diesem Fall festgelegt werden kann.

Der direkten Aufsicht der EZB unterliegen nur die bedeutenden Kreditinstitute. Nach Art. 6 Abs. 4 UAbs. 2 bis 5 SSM-VO sind diejenigen als Kreditinstitute definiert, bei denen auf konsolidierter Ebene der Gesamtwert der Aktiva 30 Mrd. Euro oder das Verhältnis der gesamten Aktiva zum nationalen Bruttoinlandsprodukt 20% übersteigt. Auch diejenigen Kreditinstitute, die direkte Rekapitalisierungshilfen vom ESM/EFSF in Anspruch nehmen oder solche Hilfen beantragen, sind als bedeutend einzustufen. Wenn diese Kriterien nicht erfüllt sind, ist schließlich ein Kreditinstitut auch als „bedeutend" zu betrachten, wenn dieses eine der drei bedeutendsten Banken eines teilnehmenden Mitgliedstaats ist.[380]

Da im Fall des in dieser Vertragsgestaltung beteiligten Kreditinstituts keines dieser Kriterien zu bejahen ist, geht es hier um ein weniger bedeutendes Institut i.S.d. Art. 6 Abs. 4 SSM-VO. Somit scheidet eine direkte Aufsicht der EZB über dieses Kreditinstitut im Rahmen des einheitlichen Aufsichtsmechanismus aus.

II. Maßnahmen beim Verstoß gegen § 25a KWG und das MaRisk-Rundschreiben

Die BaFin kann beispielsweise gegenüber dem hier beteiligten Kreditinstitut u.a. eine Prüfungsanordnung ohne besonderen Anlass gem. §§ 44 Abs. 1 und 7 Abs. 2 KWG erlassen.

Wird die Sicherstellung der ordnungsgemäßen Geschäftsorganisation i.S.d. § 25a Abs. 1 S. 3 und 6 oder ein Verstoß gegen das MaRisk-Rundschreiben in

---

379 Dieser sachliche Zuständigkeitsbereich der EZB als Leitungsbehörde des SSM wird durch Art. 4 Abs. 1 SSM-VO ausgewiesen. Ein vertikal stark verflochtener Verwaltungsverbund wird dabei dargestellt. So *Varentsov*, DÖV 2017, 53 (54).

380 So *Ohler*, Bankenaufsicht und Geldpolitik, 2015, § 5 Rn. 31. Wichtig ist hierbei zu erwähnen, dass trotz der Übertragung wesentlicher Entscheidungskompetenzen auf die EZB durch die Verordnung (EU) Nr. 1024/2013 Anträge auf Zulassung zur Aufnahme der Tätigkeit eines Kreditinstituts weiterhin bei den nationalen zuständigen Behörden einzureichen sind, in denen das Kreditinstitut seinen Sitz haben soll (Art. 14 Abs. der Verordnung (EU) Nr. 1024/2013). Grund dafür ist, dass das mitgliedstaatliche Recht neben den im Unionsrecht vorgesehenen Bedingungen weitere Anforderungen an die Aufnahme der Tätigkeit eines Kreditinstituts vorsehen kann. Eingehend dazu: *Kruschke*, Europäisches Bankaufsichtsrecht, 2016, S. 207.

Frage gestellt, wie es in diesem Fall sein kann, kann die BaFin gegenüber dem Kreditinstitut die geeigneten und erforderlichen Anordnungen nach § 25a Abs. 2 S. 2 (oder nach § 6 Abs. 3)[381] KWG treffen.

C. Verbraucherschutzrechtliche Folgen

Bei einer zivilrechtlichen Behandlung ist zu identifizieren, ob im Rahmen dieser Initiative für die Förderung der Mikrofinanzierung die Mikrokreditnehmer als einfache Verbraucher bzw. Existenzgründer gem. § 513 BGB anzusehen sind.[382] Laut der Rechtsprechung des BGH sind Kreditvertragsklauseln bezüglich der Bearbeitungsgebühren oder Bonitätsprüfung unwirksam,[383] sodass auch seit 21.03.2016 durch die Anwendung der eingeführten Regelungen der §§ 505a - 505d BGB[384] es zu erheblichen Konsequenzen in der Praxis für das Geschäftsmodell führen kann.[385] Die Pflichten für die Gelddarlehensgeber bei der Kreditwürdigkeitsprüfung werden so streng, dass es ein Kreditvergabeverbot beim negativen Ergebnis i.S.d. § 505a Abs. 1 BGB bedeuten kann.[386]

---

381 Eine Beeinträchtigung der ordnungsmäßen Durchführung von Bankgeschäften i.S.v. § 6 Abs. 2 KWG kann auch bei Verstößen gegen das MaRisk-Rundschreiben angesehen werden. (Vgl.: *Habetha/Schwennicke*, in: Schwennicke/Auerbach, KWG § 6 Rn. 31). Die Allgemeine Anordnungskompetenz ist aber durch § 6 Abs. 3 KWG gegeben.

382 Die Regelungen für Verbraucherdarlehensverträge nach § 491 ff. BGB können auch auf Existenzgründer gem. § 513 BGB zur Anwendung kommen.

383 BGH, Urt. vom 13.05.2014, WM 2014, 1224; BGH, Urt. vom 28.10.2014, WM 2014, 2261.

384 Diese treten an die Stelle des bisherigen § 509 BGB. Dabei wird auch die Vermittlung von Verbraucherdarlehensverträgen (§§ 655a - 655e BGB) beeinflusst. Es geht um die Umsetzung der RiL 2014/17/EU v. 4.2.2014 über Wohnimmobilienkreditverträge für Verbraucher und zur Änderung der RiL 2008/48/EG und 2013/36/EU und die Verordnung (EU) Nr. 1093/2010, ABl. EU Nr. L 60, S. 34ff., v. 28.2.2014 („Wohnimmobilienkredit-Richtlinie" 2014/17/EU) m.W.v. 21.03.2016.

385 Im Sinne des Zwecks des Gesetzgebers sind die Kreditwürdigkeitsprüfungen nicht mehr als eine primär im öffentlichen Interesse liegende Pflicht, sondern zugleich als Schutzpflicht gegenüber dem Verbraucher bzw. Existenzgründer zu verstehen, (BT-Drs. 18/5922, 96).

386 *Möller*, in: Bamberger/Roth, BGB § 505a Rn. 5; *Buck-Heeb*, BKR 2015, 177 (180 f.); *Buck-Heeb*, WM 2017, 1329 (1330).

I. Unangemessene Benachteiligung im Sinne des § 307 BGB

Eine Risikoverlagerung vom Kreditinstitut auf Kosten der MFI´s als Vertragspartner, ohne zugleich ihre Interessen hinreichend zu berücksichtigen, könnte dabei stattgefunden haben. Das erfordert eine umfangreiche Gesamtbetrachtung des Geschäftsmodells aus vertragsrechtlicher Sicht, in der die Haftungsübernahme der MFI´s unmittelbar in Bezug auf die eigentliche Möglichkeit, einen nachhaltigen Gewinn unter solchen Vertragsbedingungen zu bekommen, zu bewerten ist.

Zunächst ist es zu prüfen, ob beim Abschluss des sog. „Kooperationsvertrags" zwischen dem Kreditinstitut und dem jeweiligen MFI eine Einbeziehung Allgemeiner Geschäftsbedingungen in den Vertrag nach § 305 BGB (Eingangsnorm zum AGB-Recht) in Betracht kommt. Dafür hätte das Kreditinstitut als Verwender nach § 305 Abs. 2 BGB durch deutlich sichtbaren Aushang am Orte des Vertragsschlusses auf sie hinweisen sollen. Darüber hinaus hätten die MFI´s dazu von ihrem Inhalt Kenntnis genommen haben und mit ihrer Geltung einverstanden sein sollen, sodass der Anwendungsbereich des § 305 BGB eröffnet werden kann. Da solche Kooperationsverträge immer für alle dabei beteiligten MIF´s die gleiche und vom Kreditinstitut vorformulierten Vertragsbedingungen vorgesehen haben (sonst wäre die Etablierung des Geschäftsmodells nicht möglich gewesen), ist ein nach § 305 Abs. 1 S. 3 BGB im Einzelnen ausgehandelter Vertrag auszuschließen. Es ist somit davon auszugehen, dass in diesem Fall Allgemeine Geschäftsbedingungen gem. § 305 BGB vorliegen.

Nun ist dann zu fragen, ob durch die hier zu betrachtende Vertragsgestaltung eine unangemessene Benachteiligung im Sinne des § 307 BGB vor allem aufgrund der Haftungsübernahme durch die MFI´s vorliegt. So kann die getroffene Haftungsvereinbarung unwirksam sein, wenn es sich um eine unangemessene belastende Regelung im Sinne des § 307 BGB handelt. Das könnte der Fall sein, wenn der Verwender durch einseitige Vertragsgestaltung missbräuchlich eigene Interessen auf Kosten seines Vertragspartners durchzusetzen versucht, ohne von vornherein auch dessen Belange hinreichend zu berücksichtigen und ohne ihm einen angemessenen Ausgleich zuzugestehen.[387]

---

387 Vgl. BGH NJW 2001, 2331; 2000, 1110 (1112); 1997, 3022. S. konkret im Fall der Haftungsübernahme eines Mikrofinanzinstituts, LG Bochum, Urt. v. 14.02.2012, l-12 O 146/11, zitiert nach www.nrwe.de. Dabei hat das Gericht jedoch die Vertragsbedingungen für das MFI als angemessen bewertet. Eine unangemessene Benachteiligung i.S.d. § 307 BGB wurde insofern nicht bejaht. Nichtsdestotrotz wurden aus Sicht des Verfassers die gravierenden finanziellen Folgen für das MFI im Fall einer Nichterfüllung dabei nicht hinreichend in Betracht gezogen (im Kern das Wichtigste bei der

Berücksichtigt man diese Kriterien, kann die vorgesehene Inanspruchnahme der MFI's für die Ausfälle von Krediten unangemessen sein. Obwohl im Geschäftsmodell und bei der Vertragsgestaltung mehrere Wege, für seinen Einsatz ein Entgelt zu bekommen, geschaffen wurden, ist in der Praxis genau das Gegenteil zu sehen, vor allem, weil unabhängig vom Stückentgelt pro-Kredit die sog. Gratifikation erfolgsabhängig ist. In diesem Sinne bedeuten weder das Stückentgelt noch die Gratifikation eine Haftungsreduktion, sondern eine scheinbare finanzielle Motivation, um trotz des Ausfallrisikos mehrere Mikrokredite zu vergeben und das Geschäftsmodell für die teilnehmenden MFI's attraktiver zu machen.

So stellt sich durch diese Abwägung unter Berücksichtigung der Übernahme des Kreditausfallrisikos heraus, dass es sich um eine erhebliche Leistung handeln könnte, die die MFI's zu erbringen haben, weil die genannten Gratifikationen in der Tat keine risikoangemessene Vergütung enthalten.[388] Denkbar ist demzufolge das Vorliegen einer unangemessenen belastenden Regelung im Sinne des § 307 BGB, sodass die Wirksamkeit der Haftungsvereinbarung im Rahmen dieses Geschäftsmodells in Frage gestellt werden kann.

II. Zurückverlangen der Kreditbearbeitungsgebühren nach § 812 BGB

Hierzu hat der Bundesgerichtshof bereits entschieden, dass diese sog. Bearbeitungsgebühren unzulässig sind; konkret war dabei nur von Verbraucherkrediten die Rede.[389] Kommt dann § 513 BGB auch für Mikrokreditnehmer als Existenzgründer zur Anwendung, ist als Rechtsfolge mit einem möglichen Zurückverlangen der Kreditbearbeitungsgebühren nach § 812 BGB zu rechnen, da diese ohne rechtlichen Grund bezahlt werden mussten.[390]

Aber auch unabhängig von verbraucherschutzrechtlichen Vorschriften bleiben diese Kreditbearbeitungsgebühren, die von den teilnehmenden Mikrokreditnehmern verlangt werden, problematisch, weil der im § 307 BGB vorgesehene

---

Einschätzung der Risikoverteilung) und die vereinbarten Klauseln nur abstrakt laut dem Vertrag gewürdigt.

388 Diesbezüglich bzw. wenn eine angemessene Risikoverteilung empfindlich gestört werden kann s., BGHZ 83, 301 = NJW 1982, 1694 (1695).

389 Dazu BGH, Urt. vom 13.05.2014, WM 2014, 1224.

390 Dazu BGH, Urt. vom 28.10.2014, WM 2014, 2261. Ob diese Grundsätze auch auf Existenzgründer anzuwenden sind, ist mit der neuen Judikatur des BGH zu bejahen, dazu u.a. BGH, Urt. vom 17.04.2018, WM 2018, 1356 Rn. 27.

Schutz nicht nur dem Verbraucher, sondern auch dem Unternehmen dient. Dies wurde vom Oberlandesgericht Frankfurt durch die Entscheidung vom 25.02.2016 festgestellt,[391] wonach das Verlangen besonderer Vergütung keine separat vergütungsfähige Sonderleistung darstellt, unabhängig davon, ob es sich um einen gewerblichen Kredit oder einen Verbraucherkredit handelt.

III. Verstöße gegen Kreditwürdigkeitsprüfungspflicht

Sowohl die §§ 505a, 505b u. 505d BGB als auch § 18a KWG finden uneingeschränkt Anwendung und gelten auch für Darlehensgeber, die nicht der Aufsicht nach dem KWG unterliegen. Die BGB Regelungen sind zum Aufsichtsrecht nicht subsidiär.[392]

1. Gemäß §§ 505a, 505b u. 505d BGB

Ebenfalls ist es für das darlehensgebende Kreditinstitut vertragsrechtlich nach §§ 505a, 505b u. 505d BGB i.V.m. § 513 BGB problematisch, einen Kreditvertrag mit Existenzgründern, der 75.000 Euro nicht übersteigt (20.000 in diesem Fall), abzuschließen, ohne eine vorher überprüfte banküblіche Bonität und Sicherheitsvorlegung festgestellt zu haben.

Diese Pflichtverletzung bedeutet, dass der Verbraucherdarlehensnehmer Ansprüche, wie die jederzeit fristlose Kündigung des Vertrages ohne die gleichzeitige Verpflichtung zur Entrichtung einer Vorfälligkeitsentschädigung nach § 505d Abs. 1 S. 3 BGB oder eine Ermäßigung des vereinbarten veränderlichen Sollzinses auf den marktüblichen Zinssatz nach § 505d Abs. 1 S. 1 Nr. 2 BGB, geltend machen könnte.[393] Diese Rechtsfolgen treten nicht ein, wenn eine durchgeführte ordnungsgemäße Kreditwürdigkeitsprüfung im Ergebnis zur Schließung des Vertrages geführt hätte.

2. Gemäß § 18a KWG

Soweit es um Allgemein-Verbraucherdarlehensverträge geht, können Maßnahmen bezüglich der Nichteinhaltung der Pflichten bei Kreditwürdigkeitsprüfung gem. des durch das Gesetz zur Umsetzung der Wohnimmobilienkreditrichtlinie

---

391 OLG Frankfurt am Main, Urteil vom 25.02.2016, NZG 2016, 640. S. auch BGH, Urteil vom 17.04.2018, WM 2018, 1356 Rn. 27.

392 Vgl. *Schürnbrand*, in: Münchner Kommentar zum BGB, § 505a Rn. 5.

393 Eingehend dazu: *Bartlitz*, WM 2016, 344 (347 ff.); *König*, WM 2017, 269 (272 f.).

eingeführten § 18a KWG in Betracht kommen,[394] deren Prüfung allein im öffentlichen Interesse erfolgen soll.[395]

Als Anforderung des öffentlichen-rechtlichen Aufsichtsrechts ist § 18a KWG in diesem Sinne relevant, weil in diesem Fall eine Ausrichtung auf den kollektiven Verbraucherschutz als Ziel der Bankenaufsicht entnommen werden könnte, wenn die Mikrokreditnehmer auch als Verbraucher bzw. nach § 513 BGB zu betrachten sind, da es sich um eine öffentliche Initiative für die Förderung der Existenzgründung durch Mikrokredite bzw. Kredite von bis 25.000 Euro handelt. Deshalb wäre es unter Berücksichtigung des Schutzes des Verbrauchers vor Überschuldung denkbar, Verstöße gegen die Kreditwürdigkeitsprüfungspflicht z.B. durch organisatorische Maßnahmen wie etwa Anordnungen zur Geschäftsorganisation nach § 25a KWG durch das jeweilige Kreditinstitut zu verhindern. Diese Art aufsichtsrechtlicher Lösungen wäre u.a. aufgrund ihres präventiven Charakters[396] zu favorisieren, jedoch mit dem gegenwärtigen Instrumentarium der BaFin nur durchsetzbar, solange diese im Zusammenhang mit dem kollektiven Verbraucherschutz als Ziel der Bankenaufsicht entnommen werden kann.[397]

Ist das nicht möglich, kann eine Anwendung dieser aufsichtsrechtlichen Maßnahmen zum Wohl des Verbrauchers aufgrund der dafür fehlenden Befugnisse der BaFin nach dem Wortlaut der Norm (§ 25a Abs. 2 S. 2 KWG) nicht rechtskonform sein und als „unangemessenes Mittel" angesehen werden. Vor allem, weil der Begriff einer "ordnungsgemäßen Geschäftsorganisation" i.S.d. § 25a Abs. 1 Satz 3, 6 KWG keinen greifbaren Schutz der durch Pflichtverletzungen seitens des als Kreditgeber auftretenden Instituts betroffenen Kreditnehmer umfasst.[398] Jedenfalls würde eine Ausübung genannter organisatorischer Maßnahmen einen

394 Nach den ab 21.02.2016 geltenden § 18a Abs. 1 S. 2 KWG dürfen Kreditinstitute einen Verbraucherdarlehensvertrag nur abschließen, wenn aus der Kreditwürdigkeitsprüfung hervorgeht, dass bei einem Allgemein-Verbraucherdarlehensvertrag kein „erheblicher Zweifel" an der Kreditwürdigkeit des Kreditnehmers besteht. Da durch diese Formulierung ausschließlich die Bonität des Kreditgebers (und nicht die eines weiteren persönlichen Sicherheitsgebers) zu berücksichtigen ist, wird der Gesetzgeber in der Literatur z.T. kritisiert, dazu: *König*, WM 2017, 269 (273); *Buck-Heeb*, WM 2017, 1329 (1334).

395 *Döser*, in: Schwennicke/Auerbach, KWG § 18 Rn. 52; *Rott*, BKR 2015, 8 (11).

396 Als „präventiv" wäre es zu betrachten, weil als Teil des aufsichtsrechtlichen Instrumentariums der BaFin eine solche Maßnahme angeordnet werden könnte, ohne dass zwangsläufig ein Kreditausfall des Verbrauchers stattgefunden hat.

397 Vgl. *Gurlit*, in: Grüneberg/Habersack/Mülbert/Wittig, Bankrechtstag 2015, S. 14–15, 24.

398 So *Bartlitz*, WM 2016, 344 (346).

effektiven Schutz vor Überschuldung des Verbrauchers gewährleisten und damit auch zur Wirksamkeit des Verbraucherschutzes beitragen, ohne unbedingt eine zusätzliche individuelle Rechtsdurchsetzung verbraucherschutzrechtlicher Vorschriften geregelt zu haben.

Die Erweiterung des Zugangs zu Finanzmitteln für diejenigen, die nicht in der Lage sind, entsprechende Bonität bzw. banküblicher Sicherheiten vorzuweisen, ist im Sinne des zivilrechtlichen sowie des aufsichtsrechtlichen Gesetzgebers vor allem aufgrund des Überschuldungsrisikos für die Existenzgründer oder Selbstständige, die auch als Verbraucher betrachtet werden können, nicht erwünscht.

4. Kapitel: Zusammenfassung und Bewertung

Dass die genannte Initiative für die Entwicklung der Mikrofinanzierung in Deutschland die Erweiterung des Zugangs zu Finanzmitteln ohne bankübliche Garantien und keine fachlich geprüfte Rückzahlungsfähigkeit des Kreditnehmers in der Praxis ermöglicht, muss auch im Verhältnis zu der Erhaltung und Gewährleistung der Funktionsfähigkeit der Bankwirtschaft betrachtet werden. Als Schutzzweck steht trotz der charakteristischen niedrigen Beiträge des Geschäftsmodells die Funktionsfähigkeit des Kreditapparats auf dem Spiel, weil der Gesetzgeber durch die Erlaubnisregelung des § 32 I S. 1 KWG u.a. auch in Bezug auf die Integrität, Zuverlässigkeit, technische Sicherheit und Qualität der Anbieter[399] einzelner Bankdienstleistungen die Kreditvergabe in Deutschland einschränkt.

Dafür ist es notwendig, eine Würdigung des jeweiligen Vertragsverhältnisses und der im hier behandelnden Geschäftsmodell Vielzahl unterschiedlicher Interessen zu thematisieren. Hierbei ist zu betonen, dass die Finanzmarktaufsicht sich für die Vertragsinhalte als solche immer interessiert und auf das konkrete Vertragshandeln der Unternehmen in allen Finanzgeschäften mit den jeweiligen diese umgebenden Informationsverhalten zugreifen soll.[400]

Aufgrund der Förderstruktur der Initiative und der kleinen Kreditsummen sind die Anforderungen an die Kapitaldienstfähigkeit an die Zielgruppe angepasst und verhältnismäßig bezüglich der Kreditwirtschaft sehr niedrig. Wie oben festgestellt wurde, sollen sich die MFI´s als bloße Kreditvermittler im Laufe des Kreditvergabeprozesses aktiv beteiligen und u.a. prüfen, ob eine Kreditvergabe zu empfehlen ist und ob eine Rückzahlungsfähigkeit vorliegt. Da sie das operative Kreditrisiko dabei übernehmen, sind die finanziellen Verhältnisse, die Businesspläne sowie die damit verbundenen und im Kreditausfall anzunehmende Garantien immer im Eigeninteresse der MFI´s zu überprüfen, sodass in der Tat das jeweilige MFI in eigener Verantwortung zu entscheiden hat, ob und wenn ja welche Sicherheiten zu akzeptieren sind.

Andererseits wird, um künftige zahlungsunfähige Kreditnehmer außerhalb der Zielgruppe zu vermeiden, von einem anerkennenswerten Interesse des

399 Vgl. hierzu auch BT-Drs. 3/1114.

400 So *Röhl*, Finanzmarktaufsicht, in: Fehling/Ruffert, Regulierungsrecht, § 18 Rn. 32.

beteiligten Kreditinstituts an der Haftungsübernahme der MFI´s ausgegangen, damit das Kreditinstitut selbst kein fundamentales bankbetriebliches Risiko trägt. Da die Beträge, Fristen und räumliche Verteilung der Gelder festgelegt sind und auch die wirtschaftlichen Risiken teilweise zu Lasten der Privaten bzw. MFI´s und teilweise zu Lasten des Fonds ausgelagert sind, finden keine materiellen Transformationsaufgaben[401] beim Kreditinstitut statt.

Wegen der höheren Kundennähe und der guten Kenntnisse der Kunden hat das MFI die tiefere Einsicht in die finanziellen und persönlichen Verhältnisse des Mikrokreditempfängers. So können im Wesentlichen Darlehen bzw. Mikrodarlehen ohne banküblíche Garantien oder auch gänzlich ungesichert vergeben werden, obwohl ein Kreditausfall aufgrund der niedrigen Kapitaldienstfähigkeit des Mikrokreditempfängers nicht ausgeschlossen ist. Beim Akkreditierungsprozess der MFI´s ist von der sog. „Mikrokreditaufgabe-Technik" auszugehen, wonach grundsätzlich keine bankbetriebliche Orientierung vorliegt. Die Tatsache, dass das Risiko in diesem Zusammenhang auf private Teilnehmer bzw. auf die MFI´s zugunsten des Kreditinstituts verlagert wird, lässt dabei nur eine Berücksichtigung der finanziellen Risiken durch die endgültige Haftungsübernahme des Fonds erkennen. Eine ausreichende Einbeziehung des aufsichtsrechtlichen Zwecks im Sinne der Vermeidung ungeeigneter Kreditnehmer und Anbieter fällt jedoch bei der Konzipierung des Geschäftsmodells aus.

Die auch vom Gesetzgeber im § 2 Abs. 4 KWG vorgesehene Ausnahmebestimmung der BaFin wäre seinerseits als eine wenig belastende Alternative zu betrachten, da Institute bzw. Kreditinstitute im Einzelfall von der Anwendung von bestimmten aufsichtsrechtlichen Vorschriften freizustellen sind. In diesem Zusammenhang könnte die Vergabe von Mikrokrediten über die MFI´s unter Berücksichtigung dieser Befreiungsregelung wegen der Art und Höhe der Geschäfte ermöglicht werden. Jedoch wäre in seiner Gesamtheit die Funktionsfähigkeit des Kreditapparats als solche nicht mehr zu gewährleisten, weil eine solche Befreiung eine Ausbreitung von Kreditgeschäften durch unprofessionelle Anbieter und damit auch von kleinen Kreditnehmern mit wirtschaftlich unvertretbaren Bedingungen bedeuten könnte. Es wäre somit mit der möglichen Entstehung eines sog. „grauen Kapitalmarkts" im Mikrofinanzsektor zu rechnen, sodass die Integrität des Kreditapparats als Schutzzweck des KWG beeinträchtigt werden kann. Eine Freistellung i.S.v. § 2 Abs. 4 KWG zeigt sich dann als nicht angemessen.

---

401 Vgl. *Ohler*, Bankenaufsichtsrecht, in: Ehlers/Fehling/Pünder, Besonderes Verwaltungsrecht, § 32 Rn. 21.

Ebenfalls wäre eine Freistellung i.S.d. § 2 Abs. 4 KWG unter verbraucherschutzrechtlichen Gesichtspunkten mit dem Schutz vor Überschuldung nicht vereinbar. Statt gefördert zu werden, wären die Existenzgründer und kleinen Kreditnehmer mittelbar dazu gezwungen, an einer unkontrollierten Kreditvergabe mit überhöhten Zinsen teilzunehmen, sodass ein informeller „Schatten-Sektor" mit der Kreditvergabe von kleineren Beträgen entstehen kann. Zugleich könnte das damit verursachte Überschuldungsrisiko für die Existenzgründer mit erheblichen Konsequenzen verbunden sein.[402]

Dabei stellt sich zugleich die Frage, ob eine, nicht nur im öffentlichen Interesse, Ausübung bankaufsichtsrechtlicher Maßnahmen aufgrund ihrer präventiven Natur der künftigen Vermeidung von Verstößen und damit dem Ziel eines „wirksamen" Schutzes der Verbraucher vor der unverantwortlichen Gewährung von Krediten effektiver über eine zivilrechtliche Ebene hinaus dienen könnte, wenn diese ihre finanziellen Möglichkeiten überschreiten und zu ihrer Zahlungsunfähigkeit führen können, wie es in diesem Fall bei den KMU bzw. Existenzgründern sein kann.[403] Dies würde aber die aufsichtsrechtliche Ausdehnung des sich bisher nach § 4 Abs. 4 FinDAG auf eine Makroperspektive beschränkten Schutzes des einzelnen Verbrauchers in Deutschland erfordern,[404] um im Einklang mit den vorgesehenen Schutzzwecken des Aufsichtsrechts zu stehen. Das bedeutet jedoch, nachdem die BGH-Rechtsprechung erklärt hatte, dass „die Kundeninteressen weder Beweggrund noch objektiver Maßstab der Bonitätsprüfung" seien,[405] ein echtes Neuland für das deutsche Recht. In diesem Zusammenhang wurde schon eine besondere Ausnahme vom Gesetzgeber im Hinblick

402 Ein Überschuldungsrisiko stellt im Fall der Existenzgründer zugleich ein existenzielles Risiko dar.

403 Diese Annahme stützt sich sowohl auf unionsrechtliche als auch auf nationaler Ebene gegebene rechtliche Entwicklungen: Dazu Erwägungsgrund 26 der Richtlinie 2008/48/EG „Verbraucherkreditrichtlinie"; EuGH, Urt. v. 27.3.2014, Rs. C-565/12 Le Crédit Lyonnais SA gegen Fesih Kalhan, Rn. 41; EuGH, Urt. v. 9.11.2016, Rs. C-42/15 Home Credit Slovakia; Art. 18 Abs. 3 der Wohnimmobilienkredit-Richtlinie; Regierungsentwurf des Umsetzungsgesetzes der Wohnimmobilienkreditrichtlinie (BT-Drs. 18/5922, 96). Diese sind auch von der durch die EBA zu Kreditwürdigkeitsprüfung erlassene Leitlinie (EBA/GL/2015/11 vom 1.6.2015) und veröffentlichten Stellungnahme (EBA/Op/2015/09 vom 1.6.2015) zu ergänzen, obwohl es noch nicht klar ist, mit welcher Rechtswirkung ein Kreditinstitut bei der Nichteinhaltung solcher Vorschriften zu rechnen hat.

404 So *Rott*, BKR 2015, 8 (11).

405 BGH, WM 2014, 1325 Rd. 61.

auf die Förderung der „Financial Inclusion“ eingeführt, wonach eine behördliche Durchsetzung des Anspruchs eines Verbrauchers auf das sog. „Basiskonto“ konkretisiert wird.[406] Es geht um die individuelle Rechtsdurchsetzung verbraucherschutzrechtlicher Vorschriften durch die BaFin,[407] die die künftige Entwicklung in Richtung eines finanzmarktaufsichtsrechtlichen Individualschutzes des Verbrauchers in Deutschland signalisieren kann.[408]

Insbesondere die fehlende Effektivität der Sanktionen, die den Verbraucher schützen sollen, spricht für eine solche Entwicklung. U.a. könnten Bußgelder bei solchen Verstoßen verhängt werden. Anstatt die Haftung für eine nachträgliche Nichteinhaltung der Verpflichtungen gemäß dem Kreditvertrag durch den Verbraucher auf den Kreditgeber zu übertragen[409] und angesichts der fehlenden Effizienz der Sanktion durch eine Zinsermäßigung oder einer vorzeitige Kreditvertragskündigung,[410] könnte schon die Androhung von möglichen Bußgeldern für den Verstoß gegen die Kreditwürdigkeitsprüfungspflicht[411] gegenüber einem Kreditinstitut in einem bestimmten Fall ausreichen, um den Verbraucher vor seiner Zahlungsunfähigkeit effektiv zu schützen. Bisher sind in Deutschland solche Geldbußen für ein ordnungswidriges Verhalten des betreffenden Instituts nach § 56 Abs. 6, 7 KWG vorgesehen, wenn es nur um einen Verstoß gegen § 18 KWG, nicht aber um eine Verletzung der Kreditwürdigkeitsprüfungspflicht des Verbraucherdarlehensgebers i.S.d. § 18a KWG geht.[412]

Präventiv wäre es jedenfalls auch, nicht nur wegen des verhältnismäßigen und abschreckenden Charakters solcher Sanktionsvorschriften (Drohungswirkung) gegenüber anderen Kreditinstituten, die bis dahin ihre Pflichten ggf.

---

406 Eingehend dazu *Klöppel*, WM 2017, 1090 ff.

407 §§ 48 u. 49 des Zahlungskontogesetzes (ZKG).

408 Dazu verweist das ZKG jedoch ausdrücklich darauf, dass § 4 Abs. 1a u. 4 FinDAG unberührt bleibt (§ 46 Abs. 6 ZKG).

409 Das sollte laut dem Erwägungsgrund 56 der Wohnimmobilienkreditrichtlinie vermieden werden.

410 Davon ist nach der o.g. Entscheidungen (Urt. v. 27.3.2014 bestätigt mit Urt. v. 9.11.2016) des EuGH auszugehen, und daher ist es zu berücksichtigen. Die Nichteinhaltung solcher zivilrechtlich bzw. vertraglich geregelten Pflichten im Sinne von Zinsansprüchen sind keine wirksame (effiziente) Sanktion i.S.d. Art. 23 der Verbraucherkreditrichtlinie, wonach die Sanktionen bei Verstößen gegen nationale Vorschriften wirksam, verhältnismäßig und abschreckend sein müssen. Damit stellt laut der EuGH-Rechtsprechung jede umgesetzte Sanktion, die nicht effizient bzw. wirksam sein kann, einen Verstoß gegen die Verbraucherkreditrichtlinie dar.

411 Wie es z.B. in Österreich und Frankreich der Fall ist.

412 Das wird von dem Ordnungswidrigkeitentatbestand des § 56 Abs. 2 Nr. 5 KWG erfasst.

nicht eingehalten haben, sondern vor allem, weil als Teil des aufsichtsrechtlichen Instrumentariums der BaFin eine solche Maßnahme angeordnet werden könnte, ohne dass zwangsläufig ein Kreditausfall des Verbrauchers stattgefunden hat. Sollten diese Sanktionsvorschriften bereits gegeben werden, würden sie sich durch die Annahme des Bedürfnisses eines geeigneten Schutzniveaus für die hier als Verbraucher zu behandelnden Existenzgründer begründen lassen.

Angesichts der Zielgruppe dieser Initiative zur Förderung des Zugangs zu Finanzmitteln, in der vor allem Frauen mit Migrationshintergrund und traditionell sozial ausgeschlossene Gruppen der Bevölkerung berücksichtigt werden, ist von einem Rationalitätsdefizit bei diesen Personen auszugehen, das nicht nur durch die Beseitigung der typischen Informationsasymmetrien des Verbrauchers überwunden werden kann. Interventionistische Instrumente sind deswegen auch erforderlich, weil es sich hiermit um eine unternehmerisch orientierte Entscheidung eines Existenzgründers handelt, in der jedoch die Risikowahrnehmung aufgrund der durch diese Initiative flexibilisierten Kreditbedingungen verzerrt werden könnte. Das Gebot einer Intervention kann dann so weit gehen, dass der Verbraucher gegen seinen eigenen Willen durch ein mögliches Kreditvergabeverbot mit rechtlichen Folgen für das Kreditinstitut zu schützen wäre. So wäre eine mögliche Ausübung solcher Maßnahmen durch das in dieser Konstellation entstehende Verbraucherleitbild eines verletzlichen Verbrauchers zu rechtfertigen, indem er konkret als Existenzgründer geschützt werden sollte.[413]

In diesem Kontext würde deshalb eine aufsichtsrechtliche Lösung dazu viel mehr im Einklang mit dem vom europäischen Gesetzgeber verankerten Zweck i.S.v. einer „Wirksamkeit“ des Überschuldungsschutzes des Verbrauchers stehen, unabhängig davon, dass jeder Mitgliedstaat europarechtlich mit der Freiheit rechnen kann, entweder zivilrechtlich oder aufsichtsrechtlich die Richtlinie umsetzen zu können.[414] Europarechtlich betrachtet, ist es dann vor allem erheblich, die Wirksamkeit bzw. Effektivität der national vorgesehenen Sanktionen zu garantieren.[415]

De lege lata ist dann im Ergebnis ein Verbot der Mikrokreditvergabe in Rahmen dieses Geschäftsmodells zu bejahen, das sich vor allem auf

---

413 Vgl. *Micklitz*, Gutachten A zum 69. DJT in München, 2012, A 38 ff.; *Buck-Heeb*, ZHR 176 2012, 66 (73).

414 Konkret geht es dabei um die Umsetzung der RiL 2014/17/EU v. 4.2.2014 über Wohnimmobilienkreditverträge für Verbraucher und zur Änderung der RiL 2008/48/EG und 2013/36/EU und der Verordnung (EU) Nr. 1093/2010, ABl. EU Nr. L 60, S. 34 ff., v. 28.2.2014 („Wohnimmobilienkredit-Richtlinie“ 2014/17/EU) m.W.v. 21.03.2016.

415 Vgl. *König*, WM 2017, 269 (271 f.).

Verbraucherwohlgründe stützt. Zwar wäre es an dieser Stelle, §§ 505a, 505b und 505d BGB sowie §§ 18a und 32 I S. 1 KWG teleologisch zu reduzieren, weil dieses Mikrokreditvergabeverbot zu einer Verbraucherwohlgefährdung bzw. Existenzgründergefährdung führen kann, sodass durch die Reduktion erneut dem Existenzgründer gedient werden könnte. Jedoch gefährdet ein Verbot den Existenzgründer nicht, weil dadurch ein Vorrang der Verbraucherschutzbedürftigkeit im Sinne eines effektiven Überschuldungsschutzes vor wirtschaftspolitischen Zielen gewährleistet werden kann. Außerdem kann dem Existenzgründer durch die Reduktion nicht gedient werden, da die Erleichterung des Zugangs zu Finanzmitteln nur im Zusammenhang mit einem dabei gleichzeitig ausgelösten Überschuldungsrisiko zu erwarten ist. Eine Reduktion des § 32 KWG I S. 1 bleibt seinerseits außer Betracht, weil der dadurch verfolgte Zweck primär bei der Anwendung der Befreiungsregelung i.S.d. § 2 Abs. 4 KWG zu erreichen wäre. Da dennoch dieser Weg erneut zum Überschuldungsrisiko und ebenfalls zur Auslösung weiterer aufsichtsrechtlicher Risiken (wie oben dargelegt) führen könnte, ist es auch auszuschließen.

Infolgedessen spricht eher eine am Zweck der Regelungen orientierte Auslegung dafür, dass die Erleichterung des Zugangs zu Finanzmitteln für reduzierte Zielgruppen der Bevölkerung, die auch als Verbraucher betrachtet werden können, unter den Bedingungen des hier dargelegten Geschäftsmodells nicht zu erreichen und daher nicht zu erlauben ist.

Schließlich wurde nicht berücksichtigt, dass es sich um eine Förderung der Existenzgründung handelt, die mit organisatorischen Risiken verbunden ist und mit öffentlichen Mitteln geführt wird. Die MFI´s können bei der Durchführung ihrer Tätigkeiten nicht nur Bankgeschäfte betreiben, sie haben auch in Zusammenarbeit mit dem Kreditinstitut kollektive Gesamtinteressen wahrzunehmen. Das Zustandekommen eines angemessenen Systems für die Mikrofinanzierung in Deutschland liegt auch im öffentlichen Interesse, sodass bei Entstehung und Entwicklung sowohl ungeeignete Kreditanbieter und Kreditnehmer zu verhindern als auch Existenzgründer vor Überschuldung zu schützen sind. Da aufsichtsrechtliche bzw. verbraucherrechtliche Schutzzwecke gleichzeitig dabei beeinträchtigt werden können, überzeugt die Vertragsgestaltung bzw. Risikoverteilung des Geschäftsmodells nicht. Die hier dargelegten Anzeichen deuten darauf hin, dass seine Konzeption nicht dem Willen des Gesetzgebers entspricht.

Dritter Teil

Aufsichtsrechtliche Analyse des Crowdlending als innovative Finanzierungsform für Existenzgründung und KKMU in Deutschland

1. Kapitel: Vertragliche Ausgestaltung des unechten Crowdlending-Geschäftsmodells

Zu klären ist hierzu, wie die vertragsrechtliche Struktur des unechten Crowdlending, angesichts der Auslegung von der Seite der Aufsichtspraxis, sich als etabliertes Crowdlending-Geschäftsmodell in Deutschland entfaltet hat.

Zunächst ist das Zustandekommen eines Darlehensvermittlungsvertrags zwischen dem Plattform-Betreiber und dem Kreditnehmer vorgesehen. Jedoch ist das Geschäftsmodell in Deutschland so strukturiert, dass aus einer einfachen Darlehensvermittlung über den Auffangtatbestand des § 1 Abs. 2 Nr. 7 VermAnlG als Finanzinstrument gem. § 1 Abs. 11 S. 1 Nr. 2 KWG eine Anlagevermittlung gemacht wird,[416] die somit als Finanzdienstleistung gem. § 1 Abs. 1a S. 1 Nr. 1 KWG qualifiziert.

Der ursprüngliche Anspruch des Kreditinstituts gegen den Darlehensnehmer auf Zahlung des Zinses und Rückzahlung des Darlehens aus § 488 Abs. 1 S. 2 BGB wird gestückelt und an einzelne Kapitalanleger (die sich vorab gerade für den Darlehensnehmer mit dem jeweiligen Darlehen entschieden haben) zerlegt, verkauft und abgetreten, sodass der Plattform-Betreiber den Kapitalanlegern im Umfang der Bereichsausnahme des § 2 Abs. 6 S. 1 Nr. 8 KWG Vermögensanlagen vermittelt, in dessen Fall § 34f Abs. 1 S. 1 Nr. 3 GewO anzuwenden ist. Das Kreditinstitut gewährt dem Kapitalsuchenden das Darlehen, während der Kapitalanleger das damit verbundene Risiko mittels Forderungskauf übernimmt.[417] Der Plattform-Betreiber betreibt dann kein Kreditgeschäft i.S.d. § 1 Abs. 1 S. 2 Nr. 2 KWG. So ist dabei der Abschluss eines Forderungskaufvertrages[418] (der seinerseits unter der aufschiebenden Bedingung eines zustande gekommenen

---

416 Vgl. *Nietsch/Eberle*, ZVglRWiss 2017, 205 (217).

417 Vgl. *Hartmann*, BKR 2017, 321 (323 f.); *Veith*, BKR 2016, 184 (188 f.); *Nietsch/Eberle*, ZVglRWiss 2017, 205 (217).

418 Z. B. bei Auxmoney s. „MUSTER – Vertrag über den Verkauf und die Abtretung einer zukünftigen Verbraucherdarlehensforderung einschließlich Verwertungsvollmacht", https://www.auxmoney.com/contact/dokumente/lender/AnlageC.pdf; zuletzt geprüft am 07.04.2020.

rechtswirksamen Kreditvertrags steht) vorgesehen, der i.d.R. mit der Abtretung durch eine verbundene Zweckgesellschaft erfolgt.[419]

Da er keine Gelder als Einlagen annimmt, betreibt der Plattform-Betreiber auch kein Einlagegeschäft i.S.d. § 1 Abs. 1 S. 2 Nr. 1 KWG. Er ist nicht Veräußerer der Kreditforderung, sondern leitet als Bote die zum Vertragsschluss führenden Willenserklärungen weiter und erbringt damit, wie oben erwähnt, eine Finanzdienstleistung in Form einer Anlagevermittlung gem. § 1 Abs. 1a S. 1 Nr. 1 KWG, weil diese als Finanzinstrument i.S.d. § 1 Abs. 11 S. 1 Nr. 2 KWG und mit der Verabschiedung des Kleinanlegerschutzgesetzes (KASG)[420] auch als sonstige Anlage i.S. einer Vermögensanlage gem. § 1 Abs. 2 Nr. 7 einzustufen ist.[421]

Im Fall des Darlehensnehmers werden nach diesem Modell die Voraussetzungen eines Einlagegeschäfts gem. § 1 Abs. 1 S. 2 Nr. 1 KWG auch nicht erfüllt, da das Geld unmittelbar vom Kreditinstitut (nicht vom Publikum) zu erhalten ist. Das Betreiben eines Kreditgeschäfts vom Kapitalanleger ist auch auszuschließen. Die Kreditgewährung erfolgt durch das Kreditinstitut, obwohl das Darlehen von der kreditgebenden Bank nur für eine „juristische Sekunde" gehalten wird, und abgesehen davon, dass die Risikoauslagerung schon vor der Kreditgewährung durch den darauf abzuschließenden Forderungskauf vereinbart wurde.[422]

---

419 So ist beispielsweise bei Auxmoney mit CreditConnect GmbH (§ 9 der AGB für private Anleger), abrufbar unter https://www.auxmoney.com/contact/dokumente/Nutzungsbedingungen_Anleger.pdf; bei Lendico mit LENDICO CONNECT (Nr. 6.3 der AGB für Privatanleger), abrufbar unter https://www.lendico.de/anleger-agb; beide zuletzt geprüft am 07.04.2020.

420 Kleinanlegerschutzgesetz vom 3.7.2015 (BGBl. I S. 1114), zuletzt geändert durch Art. 4 Nr. 2 des Ersten Finanzmarktnovellierungsgesetzes v. 30.6.2016, BGBl. I 1514 (1534); Vgl. *Riethmüller*, DB 2015, 1451 (1456).

421 Vgl. *Veith*, BKR 2016, 184 (188); *Hartmann*, BKR 2017, 321 (323). Diese Subsumtion des Gesetzgebers sowie die Einstufung des im Geschäftsmodell vorgesehenen Forderungskaufs als Vermögensanlage ist heftig kritisiert worden. Vor allem wurde die zunächst irreführende Einstufung des dabei tätigen Kreditinstituts als Emittent und nicht als Verkäufer der Vermögensanlage (BT-Drs. 18/3994 v. 11.2.2015, S. 39) in Frage gestellt. Dazu eingehend *Riethmüller*, DB 2015, 1451 (1456). Dies wird auch im Laufe der hier dargelegten Überprüfung problematisiert.

422 Etwa bei Auxmoney, s. „MUSTER – Vertrag über den Verkauf und die Abtretung einer zukünftigen Verbraucherdarlehensforderung einschließlich Verwertungsvollmacht", https://www.auxmoney.com/contact/dokumente/lender/AnlageC.pdf; zuletzt geprüft am 07.04.2020.

Es handelt sich im Ergebnis um ein Umgehungsgeschäft, in dem eine stufige Abtretungskette (ggf. auch durch eine Zweckgesellschaft, die in Verbindung mit dem Plattform-Betreiber auftritt) entsteht, um das Wirtschaftsrisiko vollständig an jeden Kapitalanleger bezüglich der Höhe seiner Investition auszulagern, ohne ein Bankgeschäft betrieben zu haben und dabei die Erlaubnispflicht gem. KWG vermeiden zu können.

Die BaFin hat durch ihre Rechtsauffassung das echte Crowdlending der Erlaubnispflicht nach KWG unterworfen und die Entstehung mehrerer Umgehungsgeschäfte im Rahmen des (deswegen) unechten Crowdlending damit ausgelöst. Dies lässt sich dadurch erklären, dass die BaFin der Ansicht ist, die Gesetzeszwecke gem. § 32 KWG Abs. 1 S. 1 seien beim Geschäftsmodell des echten Crowdlending gefährdet.[423]

Vergleicht man diese Konstellation mit dem echten Crowdlending-Geschäftsmodell, wäre die mögliche Erfüllung der tatbestandlichen Merkmale eines Kreditgeschäfts beim Kapitalanleger dagegen hoch problematisch. Dabei könnte der Kapitalgeber dem Darlehensnehmer ein Gelddarlehen i.S.d. § 1 Abs. 1 S. 2 Nr. 2 KWG gewerbsmäßig gewähren, da sein Betrieb auf gewisse Dauer angelegt ist und er notwendigerweise im Rahmen eines Crowdlending-Geschäftsmodells (im echten sowie unechten) mit Gewinnerzielungsabsicht handelt. Damit muss man die Aufsichtspraxis der BaFin berücksichtigen, wonach die bloße Absicht einer Wiederholung schon beim Abschluss eines einzelnen Geschäfts besteht.[424] Das Kollidieren eines grundlegenden Merkmals des Crowdlending-Geschäftsmodells mit der Auslegung der Aufsichtsbehörde in Deutschland zeigt sich somit deutlich.[425]

---

423 Dazu u.a. BaFin, Merkblatt zur Erlaubnispflicht von Kreditvermittlungsplattformen v. 14.05.2007; BaFin, Crowdfunding: Aufsichtsrechtliche Pflichten und Verantwortung des Anlegers v. 02.06.2014; BaFin, Auslegungsschreiben zum Crowdlending v. 09.10.2015.

424 Dazu ausführlich *Schwennicke*, WM 2010, 542 ff; etwas konkreter *Hartmann*, BKR 2017, 321 (327).

425 Vgl. BaFin, Merkblatt zur Erlaubnispflicht von Kreditvermittlungsplattformen vom 14.5.2007, sub. 1, Abs. 4; *Hartmann*, BKR 2017, 321 (324 ff.).

2. Kapitel: Die Genehmigungsbedürftigkeit beim unechten Crowdlending

A. Genehmigungsbedürftigkeit des Plattform-Betreibers bzw. der Zweckgesellschaft

I. Betreiben von Bankgeschäften bzw. Erbringung von Finanzdienstleistungen (KWG)

1. Erfordernis des Betreibens bei einzelnen Bankgeschäften bzw. Erbringung von Finanzdienstleistungen

a. Einlagengeschäft (§ 1 Abs. 1 Satz 2 Nr. 1 KWG)

Unter bestimmten Bedingungen können unbedingte Rückzahlungsansprüche gegen die Plattform-Betreiber bzw. gegen die Zweckgesellschaft und für die Anleger entstehen.[426] Wäre das der Fall, kann i.d.R. ein Betreiben des Einlagengeschäfts nach § 1 Abs. 1 S. 2 Nr. 1 KWG vorliegen.

Um das zu klären, ist die Wertung aller Umstände des Geschäftsmodells hierfür erforderlich, damit festgestellt werden kann, ob diese vorgesehenen Zahlungsverkehrsdienstleistungen innerhalb der eigentlichen Geschäftsbesorgung stehen.

Problematisch ist deswegen, wenn die von den Plattform-Betreibern gegründeten Zweckgesellschaften durch die Ermächtigung des beteiligten Kreditinstituts nach dem Verkauf und der Abtretung für Darlehensforderungseinzug und Verwaltung und für Rechnung der Anleger verantwortlich bleiben, weil sie unmittelbar damit über die Gelder verfügen, die von den Kreditnehmern zurückgezahlt werden. Dies führt dazu, dass die Investoren Rückzahlungsansprüche gegen sie haben können.

Das Einlagengeschäft wird definiert als die Annahme fremder Gelder als Einlagen oder anderer rückzahlbarer Gelder des Publikums, sofern der Rückzahlungsanspruch nicht in Inhaber- oder Orderschuldverschreibungen verbrieft wird, unabhängig davon, ob dabei Zinsen vergütet werden oder nicht.[427] Diese

426 Vgl. *Weber/Seifert*, in: Luz/Neus/Schaber/Schneider/Wagner/Weber, KWG § 1 Rn. 22.

427 Vgl. *Weber/Seifert*, in: Luz/Neus/Schaber/Schneider/Wagner/Weber, KWG § 1 Rn. 20; BaFin Merkblatt: Hinweise zum Tatbestand des Einlagegeschäfts I, Stand: März 2014, abrufbar unter: https://www.bafin.de/SharedDocs/Veroeffentlichungen/DE/

Unbedingtheit rückzahlbarer Gelder des Publikums ist dennoch unter Berücksichtigung der bankwirtschaftlichen Verkehrsauffassung insbesondere der dem Kunden angebotenen Bedingungen der Geldüberlassung, der sich hieraus ergebende tatsächliche Gehalt der Geldüberlassung sowie das werbende Auftreten des Geldannehmenden und die hierdurch beim Geldgeber bezweckte Vorstellung von der getätigten Geldanlage abzuwägen.[428]

Somit ist zu differenzieren, wenn beim Abwicklungsprozess nach der Vertragsgestaltung eine Zweckgesellschaft eingeschaltet wird oder nicht.

Wenn die Kreditabwicklung direkt über die jeweiligen Bankkonten des Kreditinstituts läuft, nimmt der Plattform-Betreiber keine Gelder von den Investoren entgegen. Wird jedoch dazu eine Zweckgesellschaft ermächtigt und eingeschaltet, auf deren Konto beim Kreditinstitut die Gelder zurück zu zahlen sind, entsteht durch diese besondere Vertragsstruktur ein Rückzahlungsanspruch für die Anleger, welches das Betreiben des Einlagengeschäfts der Zweckgesellschaft gegenüber diesen bedeuten kann.[429]

In diesem Fall kommt es dann nicht mehr darauf an, ob die Gelder als Einlage angenommen oder ob diese in der Absicht, durch Ausnutzung der Zinsspanne Gewinne zu erzielen, hereingenommen werden.[430] Es geht vielmehr um die mögliche Entstehung eines unbedingten Rückzahlungsanspruchs der Investoren gegen die Zweckgesellschaft, der in Betracht kommt, weil die Zahlung der Beträge sowie die Rückzahlung der Raten nicht direkt zwischen den entsprechenden Bankkonten der Investoren und Kreditnehmer erfolgt, sondern durch das Bankkonto der vom Plattform-Betreiber führenden Zweckgesellschaft stattfindet.[431]

Merkblatt/mb_140311_tatbestand_einlagengeschaeft.html; zuletzt geprüft am 07.04.2020.

428 BaFin Merkblatt: Hinweise zum Tatbestand des Einlagengeschäfts I Nr. 5, Stand: März 2014, abrufbar unter: https://www.bafin.de/SharedDocs/Veroeffentlichungen/DE/Merkblatt/mb_140311_tatbestand_einlagengeschaeft.html; zuletzt geprüft am 07.04.2020; Vgl. RegBegr. zum Entwurf eines Gesetzes zur Umsetzung der Richtlinie 2002/87/EG des Europäischen Parlaments und des Rates vom 16.12.2002 (Finanzkonglomeraterichtlinie-Umsetzungsgesetz), BT-Drs. 15/3641, S. 36.

429 Vgl. im Fall von Auxmoney, §§ 3, 4 Abs. (1) ff. des „Muster – Servicingvertrag", Anlage D der Nutzungsbedingungen für Anleger, abrufbar unter: https://www.auxmoney.com/contact/dokumente/lender/AnlageD.pdf; zuletzt geprüft am 07.04.2020.

430 Vgl. *Weber/Seifert*, in: Luz/Neus/Schaber/Schneider/Wagner/Weber, KWG § 1 Rn. 24.

431 Vgl. im Fall von Auxmoney, §§ 3, 4 Abs. (1) ff. des „Muster – Servicingvertrag", Anlage D der Nutzungsbedingungen für Anleger, abrufbar unter: https://www.auxmoney.com/contact/dokumente/lender/AnlageD.pdf; zuletzt geprüft am 07.04.2020.

Diese Zwischenschaltung der Zweckgesellschaft am Ende der vorgesehenen Abtretungskette als Darlehensforderungsverwalter ist jedoch als ein „Weiterleitungsfall" im Sinne eines Geschäftsbesorgungsvertrags einzustufen. D.h., dass im Rahmen von Geschäftsbesorgungsverträgen der Geschäftsbesorger von seinem Auftraggeber Geld annimmt, um das Geld an einen Dritten weiterzuleiten.[432]

Laut der Vertragskonstellation dient die Einschaltung einer Zweckgesellschaft letztendlich dem Forderungseinzug und der Forderungsverwaltung, sodass diese damit ermächtigt wird.[433] Dabei lässt sich darüber hinaus feststellen, dass der Betreiber sich das Geld der Investoren nicht vor Abschluss konkreter Darlehensverträge einzahlen lässt.[434] Das ist weder beim Plattform-Betreiber noch bei der Einschaltung der Zweckgesellschaft in den hier zu betrachtenden Modellen zu sehen.

Die Annahme, wonach sich die Entstehung eines schuldrechtlichen Anspruchs der Investoren gegen die Zweckgesellschaft wegen der unmittelbaren Verfügbarkeit des Geldes als Betreiben eines Einlagengeschäfts qualifiziert, überzeugt hinsichtlich des in der Vertragsgestaltung zu vereinbarenden Zwecks deshalb nicht.

Im Ergebnis betreiben weder die Kreditvermittlungsplattformen noch die Zweckgesellschaften beim unechten Crowdlending das Einlagengeschäft i.S.v. § 1 Abs. 1 S. 2 Nr. 1 KWG.[435]

b. Kreditgeschäft (§ 1 Abs. 1 Satz 2 Nr. 2 KWG)

Es stellt sich nun die Frage, ob die Kreditvermittlungsplattformen bei der Ausübung ihrer Tätigkeiten das Kreditgeschäft betreiben. Aufgrund der umfassenden Aufgaben, die die Plattform-Betreiber bei der Vermittlung von Krediten privater Geldgeber an Privatpersonen oder Unternehmen laut der Vertragsgestaltung wahrzunehmen haben, ist dies zu klären.

---

432 BaFin Merkblatt: Hinweise zum Tatbestand des Einlagegeschäfts I Nr. 5 d), Stand: März 2014, abrufbar unter: https://www.bafin.de/SharedDocs/Veroeffentlichungen/DE/Merkblatt/mb_140311_tatbestand_einlagengeschaeft.html; zuletzt geprüft am 07.04.2020.

433 Vgl. im Fall von Auxmoney, §§ 3, 4 Abs. (1) ff. des „Muster – Servicingvertrag", Anlage D der Nutzungsbedingungen für Anleger, abrufbar unter: https://www.auxmoney.com/contact/dokumente/lender/AnlageD.pdf; zuletzt geprüft am 07.04.2020.

434 Vgl. BaFin Journal, 05.2017, S. 4; *Weber/Seifert*, in: Luz/Neus/Schaber/Schneider/Wagner/Weber, KWG § 1 Rn. 27.

435 So im Ergebnis auch *Hartmann*, BKR 2017, 321 (323).

Als die Gewährung von Gelddarlehen und Akzeptkrediten ist das Kreditgeschäft nach dem Wortlaut des § 1 Abs. 1 S. 2 Nr. 2 KWG zu verstehen. Damit ist der Begriff enger gefasst als der Kreditbegriff gem. § 19 KWG. Eine direkte Verbindung zum Einlagengeschäft ist nicht erforderlich. Unerheblich ist, ob die Kreditvergabe mit eigenen oder fremden Mitteln erfolgt oder ob die Kredite verzinslich sind oder nicht.[436] Im Fall des Plattform-Betreibers bei unechtem Crowdlending ist aber vor allem die Gewährung von Gelddarlehen von Bedeutung, die unter der Beachtung der Definition eines privatrechtlichen Darlehensvertrages gem. § 488 BGB hervorzuheben ist. So sind Darlehen als Verträge i.S.v. § 488 BGB anzusehen, aufgrund derer der Darlehensgeber zur Hingabe von Geld verpflichtet ist, der Darlehensnehmer zur Rückzahlung von Geld.[437]

Problematisch sind bei ausführlicher Analyse der Vertragsgestaltung die weitreichenden Prüfungs- sowie Verwaltungskompetenzen, über die die Kreditvermittlungsplattformen verfügen. U.a. können sie das Risiko der vermittelten Kredite überprüfen, die Bonität der Kunden einschätzen, bei Störungen intervenieren und zudem die jeweiligen Garantien hereinnehmen und verwerten.[438] In diesem Zusammenhang ist auch die mögliche Einschaltung einer vom Plattform-Betreiber gegründeten Zweckgesellschaft (oder sogar eines Dritten) im Fall von Kreditstörungen oder bei der Darlehensforderungsverwaltung zu problematisieren, weil diese von der Seite der Plattform-Betreiber mit allen erforderlichen Rechten bevollmächtigt sein können, um z.B. die Rückzahlungsansprüche durchzuführen.[439]

In der Praxis bedeutet das nicht nur eine unmittelbare Wirkung auf die Kreditentscheidung, sondern auch die Erfüllung von wichtigen Forderungsverwaltungsaufgaben. Es handelt sich um wesentliche Aufgaben im Rahmen des

---

436 Vgl. *Schäfer*, in: Boos/Fischer/Schulte-Mattler, KWG § 1 Rn. 55; *Weber/Seifert*, in: Luz/Neus/Schaber/Schneider/Wagner/Weber, KWG § 1 Rn. 27.

437 Vgl. *Schäfer*, in: Boos/Fischer/Schulte-Mattler, KWG § 1 Rn. 55. Über die von der BaFin dargelegten Merkmale des Kreditgeschäfts s. BaFin Merkblatt „Hinweise zum Tatbestand des Kreditgeschäfts“, Stand: Mai 2016, S. 2, zugänglich unter www.bafin.de.

438 Dazu im Fall von Auxmoney „Sicherungsübereignungsvertrag (Barkredit)“, abrufbar unter: https://www.auxmoney.com/contact/dokumente/lender/AnlageE.pdf; zuletzt geprüft am 07.04.2020.

439 Vgl. im Fall von Auxmoney s. den sog. „Kreditvertrag für das Kundenkonto“, S. 2, Nr. 16: „Die Kreditbedingungen der SWK Bank“, abrufbar unter: https://www.auxmoney.com/contact/dokumente/lender/AnlageB.pdf; zuletzt geprüft am 07.04.2020.

Kreditprozesses,[440] die angesichts der damit verbundenen Risiken vom Betreiben des Kreditgeschäftes umfasst werden dürften.[441]

Betrachtet man jedoch das Geschäftsmodell des unechten Crowdlending bezüglich der wahrgenommenen Darlehensvermittlungstätigkeiten, findet man, dass die Plattform-Betreiber trotz ihrer entscheidenden Beteiligung selber weder Kreditentscheidungen treffen noch im eigenen Namen Kredite gewähren.[442] Letztendlich wird dafür ein Kreditinstitut eingeschaltet, mit dem die Schließung u.a. eines Darlehensvertrags und eines Forderungskaufvertrags unter anderen Aufgaben vorgesehen ist.[443]

In diesem Zusammenhang zielt das Unterliegen der staatlichen Aufsicht durch die Einschaltung des Kreditinstituts mittelbar darauf, dass die jeweiligen Kontrollen sowie die dazu gehörenden organisatorischen Pflichten i.S.v. § 25a Abs. 1 S. 1 KWG auch bei der Auslagerung solcher Tätigkeiten gem. § 25b Abs. 1 S. 2 KWG von der Bank (und nicht von der Kreditvermittlungsplattform) rechtskonform übernommen werden sollen.[444] Außerdem wird formell über die Regulierung der eingeschalteten Bank ein gewisser Schutz der angelegten Vermögenswerte gewährleistet,[445] da diese bei der Kreditvergabe den für sie

---

440 Unter Berücksichtigung des Rundschreibens der BaFin 09/2017 (BA) – Mindestanforderungen an das Risikomanagement – MaRisk, BTO 1.2, in dem die zum Kreditgeschäft gehörenden Prozesse eingestuft sind. Zu beachten ist, dass es sich bei den Rundschreiben der BaFin um atypische norminterpretierende Verwaltungsvorschriften handelt, die nicht Maßstab, sondern Gegenstand gerichtlicher Kontrolle sind (*Gurlit*, ZHR 2013, 862 (897)).

441 Hier ist auf die Argumente bei der Festlegung der von den MFI´s durchgeführten Tätigkeiten über die gewerberechtliche Erlaubnis hinaus im zweiten Teil dieser Arbeit zu verweisen.

442 Vgl. *Veith*, BKR 2016, 184 (186 ff.).

443 Dazu beispielsweise AGB für Anleger bei Auxmoney, abrufbar unter: https://www.auxmoney.com/agb; zuletzt geprüft am 07.04.2020.

444 Abgesehen von dem hier zu treffenden Ergebnis wäre es dazu zu fragen, inwiefern die Banken bei der Auslagerung dieser Aufgaben an die Plattform-Betreiber eine ordnungsgemäße Organisation immer noch gewährleisten können. Hierzu ist auf den Zweiten Teil zu verweisen, in dem die Überprüfung für die Auslagerung solcher Aufgaben vom Kreditinstitut in die sog. „MFI´s“ im Rahmen des in Deutschland geförderten Mikrofinanzierungsmodells erfolgte.

445 Unabhängig von einer möglichen Bankeinschaltung wird durch die Plattform-Betreiber vor allem auf Prospekt- und Informationspflichten gesetzt, um den Anlegerschutz zu garantieren.

geltenden Anforderungen hinsichtlich Eigenmittel und Liquidität sowie Risiko- und Liquiditätsmanagement unterliegt.[446]

Das Kreditinstitut trifft eigenständig, unabhängig die Kreditentscheidung und wickelt auch sämtliche Zahlungen ab, wie es nach dem Willen des Gesetzgebers vorgesehen ist.[447]

Im Ergebnis betreiben beim unechten Crowdlending weder Kreditvermittlungsplattformen noch Zweckgesellschaften das Kreditgeschäft nach § 1 Abs. 1 S. 1 Nr. 2 Alt. 1 und § 32 Abs. 1 Satz 1 KWG.

c. *Anlagevermittlung (§ 1 Abs. 1a S. 2 Nr. 1 KWG)*

Ein Plattform-Betreiber kann die erlaubnispflichtige Finanzdienstleistung einer Anlagevermittlung gem. § 1 Abs. 1a S. 1 Nr. 1 KWG erbringen, wenn er in der Zusammenführung von Investoren und Kreditinstitut bzw. Zweckgesellschaft als Bote die zum Vertragsschluss führenden Willenserklärungen weiterleitet.[448]

Die Finanzdienstleistung der Anlagevermittlung wird als die Vermittlung von Geschäften über die Anschaffung und die Veräußerung von Finanzinstrumenten nach § 1 Abs. 1a S. 2 Nr. 1 KWG definiert. Unter Vermittlung ist jede final auf den Abschluss entsprechender Geschäfte gerichtete Tätigkeit zu verstehen,[449] in der auch die Botentätigkeit, die auf elektronischem Weg (wie in diesem Fall) erfolgt, erfasst wird.[450] Seinerseits werden Finanzinstrumente nach § 1 Abs. 11 S. 1 Nr. 2 KWG als Vermögensanlagen gem. § 1 Abs. 2 des Vermögenanlagengesetzes (VermAnlG) mit Ausnahme von Anteilen an einer Genossenschaft definiert.

Von Bedeutung ist in diesem Fall die Entscheidung des Gesetzgebers, das unechte Crowdlending bzw. den Forderungskauf als Vermögensanlage einzuordnen, sodass der Forderungskauf als sonstige Anlage gem. § 1 Abs. 2 Nr. 7 VermAnlG zu qualifizieren ist.[451] Diese Einstufung bleibt trotz der Wortlautänderungen dieser Norm[452] bestehen, sodass beim Kauf der Forderung des Kreditinstituts gegen den Darlehensnehmer auf Rückzahlung und Verzinsung

---

446 *Wilhelmi*, ZVglRWiss 2017, 298 (304).

447 BT-Drs. 18/3994 v. 11.2.2015, S. 39.

448 Vgl. *Veith*, BKR 2016, 184 (188). Deswegen ist es systematisch im Zusammenhang mit § 34f GewO zu sehen.

449 Vgl. *Hartmann*, BKR 2017, 321 (323).

450 Vgl. Bafin – Merkblatt Anlagevermittlung, Stand: Juli 2017 Sub 1. a).

451 Vgl. s. zunächst BT-Drs. 18/3994 v. 11.2.2015, S. 39. Dann aber auch BT-Drucks. 18/4708, S. 58 u. 63.

452 Zuletzt geändert durch Art. 4 Nr. 2 des Ersten Finanzmarktnovellierungsgesetzes v. 30.6.2016, mWv 31.12.2016, BGBl. I 1514 (1534).

gem. § 488 Abs. 1 S. 2 BGB in der Konstellation des unechten Crowdlending eine Vermögensanlage zu sehen ist.[453] Dabei ist beim unechten Crowdlending zu beachten, dass nicht der Plattform-Betreiber selbst, sondern das Kreditinstitut oder ggf. die Zweckgesellschaft der Verkäufer der Kreditforderung aufgrund des Forderungskaufvertrages bzw. der Abtretung ist. So wurde infolgedessen in der Begründung zur Beschlussempfehlung des Finanzausschusses klargestellt, nicht nur, dass bei der Abtretung an eine Zweckgesellschaft der Befreiungstatbestand des § 2a VermAnlG n.F. im unechten Crowdlending auch greift, sondern auch, dass nicht das Kreditinstitut, aber der Kreditnehmer als Emittent i.S.v. § 1 Abs. 3 VermAnlG anzusehen sei.[454] Dabei bleibt offen, ob der Gesetzgeber damit die Absicht hätte, nicht nachrangige Darlehen unabhängig von der Frage eines öffentlichen Angebots nicht mehr als Vermögensanlagen einordnen zu wollen.[455] Diese Ansicht lässt sich bisher in der Praxis nicht beobachten.

Dennoch, obwohl die Plattform-Betreiber eine Finanzdienstleistung im Sinne einer Anlagevermittlung gem. § 1 Abs. 1a S. 1 Nr. 1 KWG erbringen, benötigen sie keine Erlaubnis der BaFin, wenn sie von der Bereichsausnahme i.S.d. § 2 Abs. 6 S. 1 Nr. 8 e) KWG Gebrauch machen, sofern sich diese Finanzdienstleistungen auf Vermögensanlagen beschränken, die erstmals öffentlich angeboten werden,[456] und diese Unternehmen nicht befugt sind, sich bei der Erbringung dieser Finanzdienstleistungen Eigentum oder Besitz an Geldern oder Anteilen von Kunden zu verschaffen.

Da die Plattform-Betreiber in der Praxis sich dafür entschieden haben und von der genannten Bereichsausnahme Gebrauch machen, besteht für diese im Ergebnis seit der Einführung des § 1 Abs. 2 Nr. 7 VermAnlG mit dem Inkrafttreten des Kleinanlegerschutzgesetzes (KASG)[457] statt einer bankmäßigen Erlaubnispflicht gem. § 32 KWG eine gewerbeaufsichtsrechtliche Erlaubnispflicht nach § 34f Abs. 1 Satz 1 Nr. 3 GewO.

---

453 Vgl. *Riethmüller*, DB 2015, 1451 (1456).

454 Beschlussempfehlung und Bericht des Finanzausschusses, BT-Drucks. 18/4708, S. 58 u. 63; *Riethmüller*, DB 2015, 1451 (1456).

455 Vgl. *Riethmüller*, DB 2015, 1451 (1456).

456 Seit dem 31.12.2016. Damit soll nach dem KWG nur die Vermittlung von Vermögensanlagen am Primärmarkt erlaubnisfrei bleiben, s. BT-Drs. 18/8099 v. 13.4.2016, S. 110 f.

457 Kleinanlegerschutzgesetz vom 3.7.2015 (BGBl. I S. 1114), zuletzt geändert durch Art. 4 Nr. 2 des Ersten Finanzmarktnovellierungsgesetzes v. 30.6.2016, BGBl. I 1514 (1534).

2. *Zwischenergebnis*

Weder die Plattform-Betreiber noch die Zweckgesellschaften betreiben im Rahmen des unechten Crowdlending-Geschäftsmodells Bankgeschäfte i.S.d. § 1 Abs. 1 S. 2 KWG und sind bei der Erbringung der Finanzdienstleistung der Anlagevermittlung i.S.d. § 1 Abs. 1a S. 2 Nr. 1 KWG von der Erlaubnispflicht gem. § 2 Abs. 6 S. 1 Nr. 8 e) KWG befreit. Infolgedessen können gewerbeaufsichtsrechtliche Erlaubnispflichten bestehen.

II. Gewerbsmäßige Erbringung gewerblicher Tätigkeiten (GewO)

Laut eigenen Angaben der Kreditvermittlungsplattformen verfügen sie über alle notwendigen Genehmigungen.[458] Dabei erbringen sie finanzproduktbezogene Vermittlungsdienstleistungen, die besondere gewerbeaufsichtsrechtliche Verhaltenspflichten umfassen und nicht mehr den Erlaubnispflichten aus dem KWG unterfallen. Diese sind nun näher zu analysieren.

1. *Darlehensvermittlung (§ 34c Abs. 1 Nr. 2 GewO)*

Bei der Durchführung der Vermittlungstätigkeiten der Plattform-Betreiber kann im Rahmen des unechten Crowdlending-Geschäftsmodells eine Genehmigungspflicht gem. § 34c Abs. 1 Nr. 2 GewO bestehen.

Diese besteht für denjenigen, der gewerbsmäßig den Abschluss von Darlehensverträgen im Sinn des Zivilrechts vermittelt oder die Gelegenheit zum Abschluss solcher Verträge nachweist.

In diesem Sinne umfasst die Vermittlung, wie oben erwähnt,[459] sowohl eine Tätigkeit, die den Abschluss des Vertrages nur vorbereitet, als auch eine solche, die ihn selbst herbeiführt. Auch bei einer Tätigkeit, die erfolglos bleibt oder nur der Vorbereitung des Vertragsschlusses dient, ist eine Vermittlung gegeben.[460] Die Vermittlung eines Gelddarlehens ist seinerseits gewerberechtlich im Sinne des Begriffs in § 488 BGB anzusehen, in dem nach der Definition des Abs. 1 der Darlehensgeber dem Darlehensnehmer einen Geldbetrag zur Verfügung zu stellen hat, den der Darlehensnehmer zu verzinsen und bei Fälligkeit zurückzuerstatten hat.[461]

---

458 Vgl. § 1 der Darlehensvermittlungsvertrag, Anlage A der Nutzungsbedingungen für Anleger, abrufbar unter: https://www.auxmoney.com/contact/dokumente/lender/AnlageA.pdf; https://www.lendico.de/impressum; https://www.kapilendo.de/impressum; alle zuletzt geprüft am 07.04.2020.

459 Dazu Zweiter Teil.

460 VGH Kassel NJW 2003, 3578; *Marcks*, in: Landmann/Rohmer, GewO § 34c Rn. 8.

461 *Marcks*, in: Landmann/Rohmer, GewO § 34c Rn. 24.

Das ist in diesem Geschäftsmodell zu sehen, wenn der Plattform-Betreiber z.B. im Anwendungsbereich des § 513 BGB an Existenzgründer gewerbsmäßig gegen Entgelt Verbraucherdarlehensverträge im Sinne von § 491 Abs. 2 BGB mit einem inländischen Kreditinstitut vermittelt.[462] Dies ist außerdem unter Berücksichtigung des Normziels bzw. des Kreditnehmerschutzes zu beachten.[463]

Die Tatbestandsvoraussetzungen sind in jedem Fall erfüllt. Bei der Durchführung der Vermittlungstätigkeiten der Plattform-Betreiber besteht im Rahmen des unechten Crowdlending-Geschäftsmodells eine Genehmigungspflicht gem. § 34c Abs. 1 Nr. 2 GewO.

2. *Finanzanlagevermittlung (§ 34f Abs. 1 S. 1 Nr. 3 GewO)*

Wie oben erwähnt, kann seit der Verabschiedung des Kleinanlegerschutzgesetzes[464] eine gewerberechtliche Genehmigungspflicht für die Plattform-Betreiber nach § 34f GewO bestehen.

Finanzanlagevermittler ist, wer im Umfang der Bereichsausnahme des § 2 Abs. 6 S. 1 Nr. 8 KWG gewerbsmäßig zu bestimmten Finanzinstrumenten Anlagevermittlung im Sinne von § 1 Abs. 1a S. 2 Nr. 1 KWG erbringen will.

Die Finanzdienstleistung einer Anlagevermittlung ist die Vermittlung von Geschäften über die Anschaffung und die Veräußerung von Finanzinstrumenten (§ 1 Abs. 1a S. 2 Nr. 1 KWG). Dabei ist unter Vermittlung auch diejenige Tätigkeit zu verstehen, die den Abschluss eines Vertrages zur Anschaffung oder Veräußerung einer Finanzanlage umfasst, auf ihn gerichtet ist oder zumindest die Möglichkeit eines späteren Vertragsschlusses eröffnet. Es ist dann immer ein Drei-Personen-Verhältnis zwischen Verkäufer, Vermittler und Käufer erforderlich.[465]

Vermittlungstätigkeiten sind von einer reinen Kontaktherstellung bzw. einem Handel mit Daten abzugrenzen. Somit sind sog. „Tippgeber"- Tätigkeiten vom hier zu betrachtenden gewerberechtlichen Begriff der Vermittlung auszunehmen, da es im Fall einer bloßen Kontaktherstellung nicht zu einer Abgabe einer

---

462 Vgl. im Fall von Auxmoney, „Darlehensvermittlungsvertrag", Anlage A der Nutzungsbedingungen für Anleger, abrufbar unter: https://www.auxmoney.com/contact/dokumente/lender/AnlageA.pdf; zuletzt geprüft am 07.04.2020.

463 Begründung zur Verordnung zur Durchführung des § 34c der Gewerbeordnung, BR-Drucks 786/73 vom 18.12.1973, S. 2.

464 Kleinanlegerschutzgesetz vom 3.7.2015 (BGBl. I S. 1114), zuletzt geändert durch Art. 4 Nr. 2 des Ersten Finanzmarktnovellierungsgesetzes v. 30.6.2016, BGBl. I 1514 (1534).

465 *Schönleiter*, in: Landmann/Rohmer, GewO § 34f Rn. 35, 37; BaFin Merkblatt Anlagevermittlung v. 17.05.2011 (Stand Juli 2017), Sub 1. a).

Willenserklärung durch den Kunden kommt. Maßgeblich ist für die Abgrenzung nicht die vertragliche Bezeichnung, sondern das objektive Erscheinungsbild der Geschäftstätigkeit.[466]

Diese Auslegung des Vermittlungsbegriffes ist bisher nicht nur in der Rechtsprechung des BGH zuletzt im Rahmen einer Klage auf Schadenersatz gem. § 823 Abs. 2 BGB i.V.m. § 32 Abs. 1 S. 1 KWG vertreten,[467] sondern auch bei der Auslegung der materiellen Vorschriften der Finanzmarktrichtlinie (MiFiD II)[468] mit der Entscheidung des EuGH vom 14.6.2017 bestätigt worden.[469]

Finanzinstrumente sind gem. § 1 Abs. 11 S. 1 Nr. 2 KWG Vermögensanlagen im Sinn von § 1 Abs. 2 VermAnlG, unter denen Nr. 7 sonstige Anlagen, die eine Verzinsung und Rückzahlung vorsehen, als Vermögensanlage zu sehen sind, sofern die Annahme der Gelder nicht als Einlagengeschäft im Sinne des § 1 Absatz 1 Satz 2 Nummer 1 des Kreditwesengesetzes qualifiziert.

Obwohl es dabei um die Erbringung der Finanzdienstleistung einer Anlagevermittlung geht,[470] gelten diejenigen Unternehmen nach § 2 Abs. 6 S. 1 Nr. 8 e) KWG nicht als Finanzdienstleistungsinstitute, sofern sich diese Finanzdienstleistungen auf Vermögensanlagen beschränken, die erstmals öffentlich angeboten werden,[471] und diese Unternehmen nicht befugt sind, sich bei der Erbringung dieser Finanzdienstleistungen Eigentum oder Besitz an Geldern oder Anteilen von Kunden zu verschaffen.

So findet allgemeines Gewerberecht im Rahmen dieser Bereichsausnahme Anwendung, welches zur Erlaubnispflicht aus den § 34f GewO (u.a.) führen kann. Zu beachten ist, dass mit der Einfügung des § 34f in die Gewerbeordnung sowie durch das Vermögensanlagegesetz (VermAnlG) das Ziel einer besseren

---

466 *Herz*, EuZW 2018, 5 (6 f.).

467 BGH, Beschl. vom 10.11.2015, WM 2016, 149; s. auch BGH, Urt. v. 10.10.2017, in dem jedoch zu berücksichtigen ist, dass der BGH die in § 1 Abs. 1a S. 2 Nr. 1 und 1a KWG legal definierten Begriffe „Anlagevermittlung“ und „Anlageberatung“ im Hinblick auf ihr Verhältnis zur „Finanzportfolioverwaltung“ (§ 1 Abs. 1a S. 2 Nr. 3 KWG) konkretisiert, dazu Anm. von *Bausch*, NJW 2018, 231 f.

468 RL 2014/65/EU des Europ. Parlaments u. des Rates v. 15.5.2014 über Märkte für Finanzinstrumente sowie zur Änderung der RL 2002/92/EG und 2011/61/EU, ABL. 2014 L 173, 349 (MiFID II RL).

469 Diese dürfte auf die vom allgemeinen Gewerberecht ausgenommenen „Tippgeber“-Tätigkeiten übertragbar sein, *Herz*, EuZW 2018, 5 (6 f.); NZG 2017, 1030 Rn. 32.

470 So auch *Hartmann*, BKR 2017, 321 (323).

471 Ab dem 31.12.2016, damit soll nach dem KWG nur die Vermittlung von Vermögensanlagen am Primärmarkt erlaubnisfrei bleiben, s. BT-Drs. 18/8099 v. 13.4.2016, S. 110 f.

Regulierung des sog. „grauen“ Kapitalmarktes zu erreichen ist. Anderes als § 34c GewO, mit dem vor allem dem Schutz des Verbrauchers bzw. Kreditnehmers gedient wird, wird durch § 34f GewO eine Verbesserung des Anlegerschutzes als Ziel verfolgt.[472]

Das unechte Crowdlending kommt hier in Betracht, weil in diesem Fall im Laufe der Abtretungskette auch der Forderungskauf des Kreditinstituts gegen den Darlehensnehmer auf Rückzahlung und Verzinsung gem. § 488 Abs. 1 S. 2 BGB vorgesehen ist.[473] Es handelt sich somit um die Vermittlung eines Finanzinstruments, das zugleich als „sonstige Anlagen“ bzw. als Vermögensanlage i.S.v. § 1 Abs. 2 Nr. 7 VermAnlG qualifiziert. Dennoch gelten die Plattform-Betreiber nicht als Finanzdienstleistungsinstitute, weil sie sich auf die Vermittlung von Vermögensanlagen beschränken und weder Eigentum noch Besitz an den Geldern ihrer Kunden erlangen.

Somit besteht eine Genehmigungspflicht nach § 34f GewO,[474] weil der Plattform-Betreiber den Investoren im Umfang der Bereichsausnahme des § 2 Abs. 6 S. 1 Nr. 8 e) KWG eine Vermögensanlage im Sinne eines Forderungskaufs des Kreditinstituts gegen den Darlehensnehmer auf Rückzahlung und Verzinsung gem. § 488 Abs. 1 S. 2 BGB vermittelt. Diese festgestellte Genehmigungsbedürftigkeit der Kreditvermittlungsplattformen ist aus teleologischer Perspektive im Prinzip gerechtfertigt, weil dadurch letztendlich eine ergänzende Schutzwirkung

---

472 Vgl. *Schönleiter*, in: Landmann/Rohmer, GewO § 34f Rn. 4.

473 Vgl. im Fall von Auxmoney, „MUSTER – Vertrag über den Verkauf und die Abtretung einer zukünftigen Verbraucherdarlehensforderung einschließlich Verwertungsvollmacht“, Anlage C der Nutzungsbedingungen für Anleger, abrufbar unter: https://www.auxmoney.com/contact/dokumente/lender/AnlageC.pdf; zuletzt geprüft am 07.04.2020.

474 Damit liegen diese Anforderungen nach dem Willen des Gesetzgebers noch weit unterhalb derjenigen des KWG, dazu *Hartmann*, BKR 2017, 321 (323). Hinzuweisen ist an dieser Stelle darüber hinaus darauf, dass laut Koalitionsvertrag vom März 2018 beabsichtigt ist, „zur Herstellung einer einheitlichen und qualitativ hochwertigen Finanzaufsicht“ die Zuständigkeit für die Beaufsichtigung der „freien Finanzanlagevermittler schrittweise auf die Bundesanstalt für Finanzdienstleistungsaufsicht“ zu übertragen (dazu Koalitionsvertrag zwischen CDU, CSU und SPD, 19. Legislaturperiode, S. 135). Im März 2020 legte das Bundesministerium der Finanzen ein Gesetzentwurf zur Übertragung der Aufsicht über Finanzanlagevermittler und Honorar-Finanzanlagenberater auf die BaFin vor; abrufbar unter: https://www.bundesfinanzministerium.de/Content/DE/Gesetzestexte/Gesetze_Gesetzesvorhaben/Abteilungen/Abteilung_VII/19_Legislaturperiode/2019-12-23-FinAnlVUEG/0-Gesetz.html; zuletzt geprüft am 07.04.2020.

erreicht werden kann. Sowohl Verbraucher (§ 34c GewO) als auch Anleger (§34f GewO) können im Laufe des Geschäftsmodells bei den stattgefundenen Rechtsgeschäften geschützt werden.

3. Zwischenergebnis

Unter Berücksichtigung des Wortlauts des Gesetzgebers benötigen die Plattform-Betreiber bzw. Zweckgesellschaften im Rahmen des unechten Crowdlending-Geschäftsmodells Genehmigungen im Sinne der §§ 34c sowie 34f GewO.

III. Aufklärungs- und Informationspflichten nach der FinVermV

1. In der vor dem 01.08.2020 geltenden Fassung

Die Finanzanlagenvermittlungsverordnung (FinVermV) sieht für Plattform-Betreiber bzw. Zweckgesellschaften, die auch über eine Erlaubnis nach § 34f GewO verfügen sollen, einmalige und laufende Pflichten vor.

Zu nennen sind zunächst die Informationspflichten nach §§ 12 und 12a FinVermV, die vor Abschluss der ersten Anlagevermittlung einmalig in Textform rechtzeitig und in verständlicher Form gegenüber dem Anleger zu erfüllen sind. Es handelt sich um Angaben zur zuständigen Erlaubnisbehörde nebst Anschrift, die Anbieter der Finanzanlagen, an die vermittelt wird (Projekte), Angabe der Eintragung in das Vermittlerregister nebst Registrierungsnummer, genauer Bezeichnung der Art der Erlaubnis und ob vom Anleger eine Vergütung an die Kreditvermittlungsplattform zu zahlen ist bzw. wie diese berechnet wird oder Zuwendungen von Dritten fließen (ggf. Art und Weise der Berechnung der Zuwendungen).

Zu beachten ist dabei, dass Zuwendungen, Provisionen oder Gebühren von Dritten im Zusammenhang mit der Anlagevermittlung von den Kreditvermittlungsplattformen nicht angenommen werden dürfen, es sei denn, nähere Angaben über die Zuwendung (Art, Existenz, Umfang) gemacht werden und diese einer ordnungsgemäßen Vermittlung an den Anleger nicht entgegensteht (§ 17 Abs. 1 FinVermV).

Außerdem sollen Anleger über Risiken (§ 13 Abs. 1, 2 FinVermV), Kosten, Nebenkosten (§ 13 Abs. 3 FinVermV) sowie etwaige Interessenkonflikte informiert werden (§ 13 Abs. 5 FinVermV). Informationen über die Risiken der angebotenen oder vom Anleger nachgefragten Finanzanlage sind zur Verfügung zu stellen. Dass diese Informationen so gefasst sein müssen, dass der Anleger nach vernünftigem Ermessen die Art und die Risiken der Finanzanlagen verstehen und auf dieser Grundlage seine Entscheidung treffen kann, ist im Rahmen des

Unechten Crowdlending-Geschäftsmodells, in dem vor allem unprofessionelle Anleger aktiv sein können, von Bedeutung. In diesem Sinne ist auch die Pflicht der Plattformbetreiber nach § 13 Abs. 5 FinVermV hervorzuheben, rechtzeitig vor Abschluss der Vermittlung auf Interessenkonflikte hinzuweisen, die in Ausübung der Finanzvermittlungstätigkeiten zwischen ihm oder seinen Mitarbeitern und den Anlegern oder zwischen den Anlegern bestehen können.

Darüber hinaus ist eine Angemessenheitsprüfungspflicht der vermittelten Finanzanlage für die Kreditvermittlungsplattformen als Finanzanlagenvermittler vorgesehen (§ 16 Abs. 1–3 FinVermV). Somit sollen alle Informationen über Kenntnisse und Erfahrungen des Anlegers in Bezug auf Finanzanlagen, die Anlageziele und seine finanziellen Verhältnisse eingeholt werden, damit in jedem Fall eine für den Anleger geeignete Finanzanlage empfohlen werden kann. Diese Angaben sind nur insoweit abzufragen, als sie zur Beurteilung der Angemessenheit von der Seite der Kreditvermittlungsplattformen erforderlich sind.

Eine Prüfpflicht für Kreditvermittlungsplattformen ist in der am 07.05.2016 geltenden Fassung des § 16 Abs. 3a FinVermV auch zu finden (ebenfalls in § 2a Abs. 3 VermAnlG vorgesehen). Es geht um die Prüfung der Anlagegrenzen, die durch den Anleger eingehalten werden sollen. Notwendig ist (ab Investitionen von über 1.000 Euro), Informationen vom Anleger darüber einzuholen, ob er über frei verfügbares Vermögen von mind. 100.000 Euro verfügt (§ 16 Abs. 3a Nr. 1 FinVermV) oder maximal das Zweifache seines Nettomonatsverdienstes investiert, höchstens jedoch 10.000 Euro (§ 16 Abs. 3a Nr. 2 FinVermV).

2. *In der ab dem 01.08.2020 geltenden Fassung (Umsetzung der MiFID II-Vorgaben)*

Die Vorgaben der Finanzmarktrichtlinie 2014/65/EU (MiFID II) sind mit der zweiten Verordnung zur Änderung der FinVermV des Bundesministeriums für Wirtschaft und Energie vom 9. Oktober 2019 in deutsches Recht umgesetzt worden und treten am 1. August 2020 in Kraft.[475]

Für Finanzanlagenvermittler gelten dann Neuregelungen u.a. in Bezug auf die Vermeidung und Offenlegung von Interessenkonflikten, Information des Anlegers über Risiken, Kosten und Nebenkosten sowie die Pflicht zur Empfehlung geeigneter Finanzanlagen.

So sind die Kreditvermittlungsplattformen gem. § 11a FinVermV verpflichtet, angemessene Maßnahmen zu treffen, um Interessenkonflikte bereits im Vorfeld

475 Zweite Verordnung zur Änderung der Finanzanlagenvermittlungsverordnung v. 09.10.2019 (2. FinVermVÄndV), BGBl. I S. 1434.

zu erkennen und zu vermeiden. Anders als bisher in § 13 Abs. 5 FinVermV geregelt, hat der Plattformbetreiber nun die Pflicht, nicht nur darauf hinzuweisen, sondern durch angemessene Maßnahmen ein Interessenkonflikt zu vermeiden. Der Anlegerschutz wird damit so verstärkt, dass Nachteile für die Anleger von der Seite des Plattformbetreibers auszuschließen sind und das Risiko der Beeinträchtigung von Anlegerinteressen zu vermeiden ist (§ 11a Abs. 1 FinVermV). Ist das nicht möglich und wird eine Beeinträchtigung der Interessen des Anlegers noch riskiert, muss der Plattformbetreiber die Anleger rechtzeitig vor Vertragsabschluss über die Art und die Quelle des Interessenkonflikts informieren. Die Offenlegung des Interessenkonflikts muss ausführlich mittels eines dauerhaften Datenträgers erfolgen (§ 11a Abs. 2 FinVermV).

Eine Erweiterung der Pflichten für Finanzanlagenvermittler, Anleger über Risiken, Kosten und Nebenkosten zu informieren, ist auch im Rahmen der Umsetzung der Vorgaben der MiFID II im neu § 13 FinVermV zu finden. So müssen Kreditvermittlungsplattformen, Anleger vor Abschluss eines Geschäfts umfassend und in verständlicher Form über Risiken, Kosten und Nebenkosten informieren. Wie bisher können diese Informationen auch in standardisierter Form zur Verfügung gestellt werden, die Neuregelung sieht aber ausführlicher vor, welche Angaben zu enthalten sind. Zudem sind diese hinsichtlich der Finanzanlagen und der vorgeschlagenen Anlagenstrategie, für die die Finanzanlage bestimmt ist (§ 13 Abs. 2 Nr. 1 FinVermV), hinsichtlich der Risiken (§ 13 Abs. 2 Nr. 2 FinVermV) und hinsichtlich aller Kosten und Nebenkosten (§ 13 Abs. 2 Nr. 3 FinVermV) zu differenzieren und zu übermitteln.

Ferner sind die Vorgaben für die durchzuführende Geeignetheitsprüfung auch angepasst. Es handelt sich um die Einholung von Informationen über den Anleger und die Pflicht zur Empfehlung geeigneter Finanzanlagen, die im § 16 FinVermV geregelt ist. So ist im neu eingefügten Abs. 3b vorgesehen, dass Plattform-Betreiber ggf. Zweckgesellschaften künftig auch den Zielmarkt berücksichtigen und mit den Anlegerbedürfnissen abgleichen müssen. Dazu müssen sie alle zumutbaren Schritte unternehmen, um sich Informationen einschließlich der Bestimmung des Zielmarktes von dem Wertpapierhandelsunternehmen oder dem Emittenten zu beschaffen und die Merkmale sowie den Zielmarkt der Finanzanlage zu verstehen. Sicherzustellen ist außerdem, dass sie Finanzanlagen unter Berücksichtigung des Zielmarktes nur empfehlen, wenn diese im Interesse der Anleger sind.

Zuletzt ist die künftige Pflicht zur Aufzeichnung der Inhalte von Telefongesprächen und elektronischer Kommunikation mit den Kunden zu nennen. So ist im neu geschaffenen § 18a FinVermV geregelt, dass zum Zwecke der Beweissicherung die Kreditvermittlungsplattformen Telefongespräche oder sonstige elektronische Kommunikation aufzeichnen müssen, deren Inhalt sich auf die Vermittlung von Finanzanlagen bezieht. Die Anleger müssen vorab in geeigneter Weise über die Aufzeichnung des Telefongespräches oder sonstiger elektronischer Kommunikation informiert werden (§ 18a Abs. 3. FinVermV). Dies kann einmalig vor der ersten Durchführung von Telefongesprächen oder der sonstigen elektronischen Kommunikation mittgeteilt werden. Hat der Anleger widersprochen oder wird er darüber nicht informiert, darf die Kreditvermittlungsplattform keine telefonische oder mittels sonstiger elektronischer Kommunikation veranlasste Anlagevermittlung erbringen. Außerdem sind die Aufzeichnungen so zu sichern, dass keine nachträgliche Verfälschung oder unbefugte Verwendung möglich ist (§ 18a Abs. 5 FinVermV). Diese sollen darüber hinaus nach Ablauf der Aufbewahrungsfrist nach § 23 FinVermV vernichtet oder gelöscht werden (§ 18a Abs. 6 FinVermV).

IV. Keine Prospekt- und Kurzinformationsblattpflichten des Plattform-Betreibers nach vermögensanlagerechtlicher Regulierung

Plattform-Betreiber ggf. Zweckgesellschaften können verpflichtet sein, einen Verkaufsprospekt und ein Vermögensanlagen-Informationsblatt (VIB) zu erstellen und zu veröffentlichen sowie etwaige Werbung mit einem Warnhinweis über die damit verbundenen Risiken zu versehen.[476] Das kann der Fall sein, wenn im unechten Crowdlending Anlagen angeboten und vermittelt werden, die auch als sonstige Anlagen nach § 1 Abs. 2 Nr. 7 VermAnlG qualifizieren, bzw. die eine Verzinsung und Rückzahlung oder einen Vermögenswerten Barausgleich im Austausch für die zeitweise Überlassung von Geld gewähren oder in Aussicht stellen.

Wie oben erwähnt handelt es sich um Ansprüche i.S.d. § 488 Abs. 1 S. 2 BGB, die hierzu subsumiert werden sollen. So findet man in den Gesetzgebungsmaterialien des Kleinanlegerschutzgesetzes, dass die „von dem Kreditinstitut durch Forderungskaufverträge angebotenen Teilbeträge der Kreditforderungen nach der Neufassung des § 1 grundsätzlich vom Vermögensanlagengesetz erfasst werden".[477] Das bedeutet insofern, dass mit dem Inkrafttreten des Kleinanlegerschutzgesetzes (KASG)[478] der Anwendungsbereich des VermAnlG eröffnet ist, sodass die im Fall vom unechten Crowdlending gegebenen Forderungsansprüche in den Anwendungsbereich des Vermögensanlagegesetzes fallen.[479]

---

476 Vgl. *Wilhelmi*, ZVglRWiss 2017, 298 (306).

477 BT-Drs. 18/3994 S. 39.

478 Kleinanlegerschutzgesetz vom 3.7.2015 (BGBl. I S. 1114).

479 Im Ergebnis auch *Hartmann*, BKR 2017, 321 (325); *Riethmüller*, DB 2015, 1451 (1456).

Relevant sind hierzu demzufolge die vom Gesetzgeber vorgesehenen Ausnahmen für einzelne Arten von Vermögensanlagen (§ 2 VermAnlG) sowie die Befreiungen für Schwarmfinanzierungen (§ 2a VermAnlG). Da es um ein Geschäftsmodell geht, in dem insbesondere die Risikostreuung geboten wird, liegt die Rechtfertigung für den Verzicht auf die Prospektpflicht darin, dass der individuelle Schaden eines Anlegers überschaubar ist. Statt eine bankmäßige Kreditsicherung zu berücksichtigen, wird i.d.R. von den Plattform-Betreibern eine Diversifizierung als Mechanismus der Risikostreuung von den Anlagenbeträgen ausdrücklich[480] empfohlen.[481]

Konkret in Bezug auf das unechte Crowdlending als einzelne Arten von Vermögensanlagen gilt die Pflicht zur Erstellung eines Prospekts oder eines VIB gem. §§ 2 Abs. 1 Nr. 3, 2a Abs. 1 u. 13 VermAnlG nicht für diejenigen Angebote, in denen der Verkaufspreis der innerhalb von zwölf Monaten angebotenen Anteile einer Vermögensanlage insgesamt die Summe von 100.000 Euro nicht übersteigt (§ 2 Abs. 1 Nr. 3 lit. b) VermAnlG) oder wenn das Darlehen auf nicht mehr als 20 Kapitalanleger aufgeteilt wird (§ 2 Abs. 1 Nr. 3 lit. a) VermAnlG).

Als besondere Schwellenwerte für Schwarmfinanzierungen bedarf es auch keiner Veröffentlichung eines Prospektes gem. §§ 2a Abs. 3, 6 VermAnlG, wenn die Vermögensanlagen ausschließlich im Wege der Anlageberatung oder Anlagevermittlung über eine Internet-Dienstleistungsplattform vermittelt sind. Voraussetzung dafür ist, dass der Verkaufspreis sämtlicher in einem Zeitraum von zwölf Monaten von dem Plattform-Betreiber angebotenen Beteiligungen desselben Emittenten (auf derselben Plattform) nicht mehr als 6,0 Mio. Euro beträgt. Dabei sollen nicht verkaufte oder vollständig getilgte Vermögensanlagen nicht angerechnet werden (§ 2a Abs. 1 VermAnlG).[482]

Dazu treten neben den auf den Verkaufspreis bezogenen Schwellenwert Einzelanlageschwellen, die vom jeweiligen Kapitalanleger, bezogen auf eine

---

480 Vgl. im Fall von Auxmoney: „Schon ab 25 Euro können Sie in ein einzelnes Kreditprojekt investieren. Wir empfehlen allerdings: 2.500 Euro auf 100 Projekte zu streuen“, „Die wichtigsten Fragen auf einen Blick: Wie hoch ist der Mindestanlagebetrag?“, abrufbar unter: https://www.auxmoney.com/infos/geld-anlegen-mit-auxmoney; zuletzt geprüft am 07.04.2020.

481 Vgl. *Kumpan*, ZGR 2016, 2 (21); *Wilhelmi*, ZVglRWiss 2017, 298 (306); *Hartmann*, BKR 2017, 321 (322 ff.).

482 § 2a VermAnlG in der am 16.07.2019 geltenden Fassung, zuletzt geändert durch Artikel 5 des Gesetzes zur weiteren Ausführung der EU-Prospektverordnung und zur Änderung von Finanzmarktgesetzen v. 08.07.2019 BGBl. I S. 1002; s. auch dazu, BT-Drucks. 18/4708, S. 58 u. 63.

Vermögensanlage eines Emittenten, nicht überschritten werden dürfen.[483] Das bedeutet, dass der Plattform-Betreiber prüfen soll,[484] ob der Gesamtbetrag der Vermögensanlagen, die von einem Erwerber erworben werden, nicht über 1.000 Euro oder 10.000 Euro bei einem frei verfügbaren Einkommen des Erwerbers von mehr als 100.000 Euro oder dem Zweifachen des durchschnittlichen monatlichen Nettoeinkommens des Erwerbers liegt, höchstens jedoch 25.000 Euro. Diese Schwellenwerte beziehen sich nur auf Kapitalanleger, die keine Kapitalgesellschaft sind. Sie gelten auch nicht für einen Anleger, der eine GmbH & Co. KG ist, deren Kommanditisten gleichzeitig Gesellschafter der GmbH oder an der Entscheidungsfindung der GmbH beteiligt sind, sofern die GmbH & Co. KG kein Investmentvermögen und keine Verwaltungsgesellschaft nach dem Kapitalanlagegesetzbuch ist (§ 2a Abs. 3 VermAnlG). Die Prüfungspflicht ihrer Einhaltung von der Seite der Plattform-Betreiber trifft, sofern diese vom Aufnahmetatbestand Gebrauch machen möchten.

Zu beachten ist außerdem, dass diese Befreiung nach § 2a Abs. 4 VermAnlG nicht in Anspruch genommen werden kann, solange eine Vermögensanlage des Emittenten nach § 2 Absatz 1 Nummer 3 VermAnlG öffentlich angeboten wird oder eine auf diese Weise angebotene Vermögensanlage des Emittenten nicht vollständig getilgt ist. Hierdurch soll verhindert werden, dass die festgelegten Einzelbeteiligungsgrenzen durch eine Aufspaltung des Gesamtemissionsbetrags auf mehrere Einzelemissionen unter teilweiser Ausnutzung der Ausnahmetatbestände des § 2 Absatz 1 Satz 1 Nummer 3 VermAnlG umgangen werden können.[485]

Die Einführung u.a. solcher Schwellenwerte zielt nach dem Willen des Gesetzgebers auf die rechtliche Erfassung der bis dahin bestehenden Umgehungsstrukturen sowie sämtliche wirtschaftlich vergleichbaren Vermögensanlagen, damit

---

483 *Veith*, BKR 2016, 184 (191).

484 Diese Pflicht trifft jedoch erst seit dem 7.5.2016 ein. Aufgrund des neuen eingefügten § 16 Abs. 3a FinVermV sind die Kreditvermittlungsplattformen durch eine Verordnung i.S.v. § 2a Abs. 3 VermAnlG zur Überprüfung der Einhaltung der Investitionshöchstbeträge der Anleger verpflichtet. Dabei wurde die Anwendbarkeit der Ausnahmevorschrift für die betreffenden Regelungsadressaten in Frage gestellt, da in einem Zeitraum von rund 10 Monaten nach Inkrafttreten des KASG (Kleinanlegerschutzgesetz) eine der Tatbestandsvoraussetzungen des § 2a Abs. 3 VermAnlG nicht vorlag. Über die mögliche Haftung für die Kreditvermittlungsplattformen s. eingehend *Gerlach/Köhler*, ZBB 2017, 84 ff.

485 BT-Drs. 18/3994 S. 42.

diese in den Anwendungsbereich des Gesetzes einbezogen werden, sofern sie nicht als Einlagengeschäft im Sinne des Kreditwesengesetzes anzusehen sind.[486]

Um festzustellen, ob die Plattform-Betreiber ggf. Zweckgesellschaften von den Pflichten einer Erstellung und Veröffentlichung eines Verkaufsprospekts und eines Vermögensanlagen-Informationsblattes (VIB) befreit werden können, soll im Einzelfall die Einhaltung der oben genannten Schwellenwerte überprüft werden. Ob unter Umständen die Plattform-Betreiber von einer Ausnahmevorschrift Gebrauch machen können, ist darüber hinaus zu prüfen.

Zunächst ist festzustellen, dass Prospektpflichten nur in einer Größenordnung gelten, die das Crowdlending allgemein gesehen nicht erreicht.[487] Gleichfalls ist in Bezug auf das Geschäftsmodell in Deutschland die Prospektpflicht gem. §§ 2a, 6 VermAnlG auszuschließen, weil ein Anlagevolumen von mind. 6,0 Mio. Euro auf derselben Plattform vorausgesetzt ist. Das gilt auch bei Darlehen mit einer Summe von mehr als 100.000 Euro, da sich solche Summen in der Praxis kaum beobachten lassen. Ist das jedoch der Fall, treten die entsprechenden Prospekt- und Informationspflichten ein.

Von Bedeutung ist auch die Ausnahme einzelner Arten von Vermögensanlagen, wonach die Pflicht zur Erstellung eines Prospekts oder eines VIB nicht gilt, wenn das Darlehen auf nicht mehr als 20 Kapitalanleger aufgeteilt wird (§ 2 Abs. 1 Nr. 3 lit. a) VermAnlG). Aufgrund der Neigung des Geschäftsmodells, die Risikostreuung zu fordern, ist diese Voraussetzung beim Crowdlending in allen Fällen erfüllt.[488] Die Plattform-Betreiber müssten dann verpflichtet sein, einen Prospekt oder ein VIB zu erstellen.

Beim unechten Crowdlending jedoch, wenn ein Kreditinstitut im Sinne von § 1 Absatz 1 des Kreditwesengesetzes den Erwerb von Teilbeträgen von Kreditforderungen als Vermögensanlagen dauerhaft und wiederholt anbietet, soll regelmäßig die Befreiung des § 2 Abs. 1 Nr. 7 Lit. d) VermAnlG greifen. Solche Veräußerungen sind dann nach dem Willen des Gesetzgebers von einer Prospektpflicht zu befreien.[489]

1. *Die Problematik der Befreiung nach § 2 Abs. 1 Nr. 7 lit. d) VermAnlG*

Problematisch ist diese Befreiung, weil sich dabei ein Konstruktionsfehler identifizieren lässt, indem das beteiligte Kreditinstitut als der agierende Emittent

486 BT-Drs. 18/3994 S. 38 f.

487 So auch *Hartmann*, BKR 2017, 321 (325).

488 *Hartmann*, BKR 2017, 321 (325).

489 BT-Drs. 18/3994 S. 39.

angesehen wird. Tatsächlich ist nach der Vertragsgestaltung aber der Darlehensnehmer als Emittent zu identifizieren. Dies wurde infolgedessen in der Begründung zur Beschlussempfehlung des Finanzausschusses geklärt, sodass als Emittent i.S.v. § 1 Abs. 3 VermAnlG der Darlehensnehmer klargestellt wird.[490] Dennoch bleiben in der Praxis offene Fragen, die hier näher analysiert werden.

a. Die Zustimmung des Darlehensnehmers

Obwohl das oben dargestellte Konstruktionsproblem teilweise gelöst wurde, bleibt immer noch der Fall zu problematisieren, in dem ein nicht nachrangiges Darlehen ohne Zustimmung und sogar ohne Kenntnis des Darlehensnehmers vom Darlehensgeber aufgeteilt und auf Grundlage eines öffentlichen Angebots an Kleinanleger verkauft und abgetreten wird. Die Tatsache, dass der Kreditnehmer als Emittent i.S.v. § 1 Abs. 3 VermAnlG angesehen wird, sei nicht mit den daran anzuknüpfenden Folgepflichten vereinbar, weil durch den in der Vertragsgestaltung vorgesehenen Vorgang solche Rechtsgeschäfte ohne eigenes Tun und Zustimmung als Emittent kaum denkbar und nicht möglich sein könnten.[491]

Aus Sicht des Verfassers wird dabei aber nicht beachtet, dass die Vertragskonstellation in der Tat die Kreditvergabe von Anfang an davon abhängig macht, dass der Kreditnehmer mit seiner Unterschrift dem gesamten Vorgang zustimmt, sodass das Darlehen nur unter der Bedingung der gleichzeitigen Aufteilung und Abtretung gewährt werden kann. Das Darlehen bleibt deshalb nur „eine juristische Sekunde" als solches anzusehen und wird konsequent als Forderungskauf bzw. als Vermögensanlage dann aufgeteilt, verkauft und abgetreten.

In der Tat ist ohne die frühere Zustimmung des Darlehensnehmers kein Verkauf und keine Abtretung an Kleinanleger möglich, weil dabei die Zustimmung für die Kreditvergabe vorausgesetzt wird. D.h., der Abschluss eines Forderungskaufvertrages steht unter der aufschiebenden Bedingung eines zustande gekommenen rechtswirksamen Kreditvertrags. So ist im Licht der Gesamtbewertung der Vertragsgestaltung die Willenserklärung des Darlehensnehmers zu verstehen. Allerdings bleiben aus vertragsrechtlicher Perspektive und insbesondere nach §§ 398 ff. BGB Fragen hinsichtlich der Forderungsübertragungsrechte und Pflichten offen, die noch detaillierter außerhalb der hier dargestellten Fragestellung zu klären sind.

---

490 Beschlussempfehlung und Bericht des Finanzausschusses, BT-Drucks. 18/4708 S. 63.
491 *Riethmüller*, DB 2015, 1451 (1456).

b. *Die Überprüfungspflicht der Investitionsbeträge zwischen dem 10.7.2015 (Inkrafttreten des KASG) und dem 7.5.2016*

Wie oben erwähnt, liegt ein Zeitraum von rund 10 Monaten nach Inkrafttreten des KASG, in dem die Pflicht zur Überprüfung der Investitionsbeträge in Bezug auf die Regelungsadressaten in Frage zu stellen ist, weil eine der Tatbestandsvoraussetzungen des § 2a Abs. 3 VermAnlG im Sinne einer „Verpflichtung durch Gesetz" nicht vorlag.[492] Diese wird nur bis zum Inkrafttreten des eingefügten § 16 Abs. 3 FinVermV erfüllt, sodass durch eine Verordnung i.S.v. § 2a Abs. 3 VermAnlG die Kreditvermittlungsplattformen zur Überprüfung der Einhaltung der Investitionshöchstbeträge der Anleger ab dem 7. Mai 2016 verpflichtet sind.

Obwohl sich die Fragen zu haftungsrechtlichen Folgen dieser Regelungslücke hier nicht beantworten lassen, ist zu beachten, dass es aber nicht ausschließlich aus prospektrechtlicher Perspektive gelöst, sondern auch im Rahmen der finanzaufsichtsrechtlichen Anforderungen berücksichtigt werden soll.

In diesem Kontext findet man in der Besonderheit des Geschäftsmodells, dass die Kreditvermittlungsplattformen, wie oben erwähnt, umfangreiche Kompetenzen im Hinblick auf die Bonitätsprüfung sowie die Risikoeinschätzung und Kreditverwaltung haben, die als Teil des Kreditprozesses anzusehen sind und damit unter finanzaufsichtsrechtlichen Gesichtspunkten relevant bleiben. Ob die Durchführung solcher Aufgaben deswegen im Rahmen einer Auslagerung i.S.d. § 25b KWG stattgefunden haben sollen, lässt sich hier nicht feststellen.[493] Immerhin ist nach einer Gesamtabwägung darauf hinzuweisen, dass, abgesehen von ihrer eigentlichen Rolle als Kreditgeber und Originator[494] (und nicht als Emittent i.S.v. § 1 Abs. 3 VermAnlG), das dabei eingeschaltete Kreditinstitut subsidiär dafür in der Verantwortung bleibt, die zur Transaktion gehörenden

---

492 Diese Pflicht trifft erst seit dem 7.5.2016 ein. Aufgrund des neuen eingefügten § 16 Abs. 3a FinVermV sind die Kreditvermittlungsplattformen durch eine Verordnung i.S.v. § 2a Abs. 3 VermAnlG zur Überprüfung der Einhaltung der Investitionshöchstbeträge der Anleger verpflichtet. Dabei wurde die Anwendbarkeit der Ausnahmevorschrift für die betreffenden Regelungsadressaten in Frage gestellt, da in einem Zeitraum von rund 10 Monaten nach Inkrafttreten des KASG (Kleinanlegerschutzgesetz) eine der Tatbestandsvoraussetzungen des § 2a Abs. 3 VermAnlG nicht vorlag. Über die mögliche Haftung für die Kreditvermittlungsplattformen s. eingehend *Gerlach/Köhler*, ZBB 2017, 84 ff.

493 Fraglich bleibt, inwiefern die Banken bei der Auslagerung dieser Aufgaben an die Plattform-Betreiber eine ordnungsgemäße Organisation immer noch gewährleisten können.

494 So auch *Riethmüller*, DB 2015, 1451 (1456).

Risiken zu berücksichtigen, wenn die tatbestandlichen vermögensrechtlichen Voraussetzungen nicht vorliegen.

Das bedeutet, dass die Bonitätsprüfungsaufgaben sowie die Risikobeurteilung im Einzelfall nicht unabhängig von der Beachtung der vordefinierten Investitionshöchstbeträge wahrgenommen werden können. Konkret sind in dieser Fallkonstellation sowohl die Investitionshöchstbeträge als auch die Überprüfung der Werte des jeweiligen Kreditprojekts, die eine Befreiung von vermögensanlagenrechtlichen Informationspflichten ermöglichen (z.B. die Zahl der angebotenen Anteile der Vermögensanlagen), auch bei ihrer Risikoeinschätzung in der Praxis zu integrieren. Durch die vorgesehenen Prospekt- und Informationspflichten ist mit einer Verringerung der bestehenden Informationsasymmetrien in jedem Kreditprojekt zu rechnen, die dem Anlegerschutz unmittelbar dient, dazu gehört aber auch die Einschätzung der Rückzahlungsfähigkeit des Kreditnehmers, sodass die Investitionshöchstbeträge u.a. beim Kreditausfallsrisiko bei der Kreditabwertung zugleich eine Rolle spielen.

Obwohl die Kreditvermittlungsplattformen keiner Verpflichtung zur Überprüfung der Investitionshöchstbeträge zwischen dem 10.7.2015 und dem 7.5.2016 unterliegen, ist davon auszugehen, dass im Laufe einer Auslagerung das entsprechende Kreditinstitut über die Plattform-Betreiber gem. § 25b Abs. 1 S. 2 KWG subsidiär in die Pflicht zu nehmen ist.

2. *Ergebnis zu Prospekt- und Kurzinformationsblattpflichten des Plattform-Betreibers nach vermögensanlagerechtlicher Regulierung*

Aufgrund der Erfüllung der tatbestandlichen Voraussetzungen des Finanzanlagevermittlers bedürfen die Kreditvermittlungsplattformen einer Erlaubnis gem. § 34f GewO. Die oben erwähnten Befreiungsregelungen nach vermögensanlagerechtlicher Regulierung greifen nicht ein. Stattdessen machen Kreditvermittlungsplattformen von der Ausnahmevorschrift i.S.v. § 2 Abs. 6 S. 1 Nr. 8 e) KWG Gebrauch, sodass unter Berücksichtigung der bisher schon dargelegten Ergebnisse die Plattform-Betreiber bzw. die Zweckgesellschaften im Rahmen des unechten Crowdlending-Geschäftsmodells von den Prospekt- und Kurzinformationsblattpflichten zu befreien sind.[495]

---

495 Eine vergleichbare Regelung für die Möglichkeit, von solchen Ausnahmevorschriften bei Vermögensanlageregulierung im Rahmen von Schwarmfinanzierungen Gebrauch zu machen, findet man in den USA, Section 4 (a) (6) of the Securities Act. S. dazu „Regulation Crowdfunding“, abrufbar unter: https://www.sec.gov/rules/final/2015/33-9974.pdf, S. 14 ff., Securities and Exchange Commission.

Sie erbringen lediglich die Anlageberatung oder Anlagevermittlung zwischen Kunden und Anbietern oder Emittenten von Vermögensanlagen, die erstmals öffentlich angeboten werden, ohne sich dabei Eigentum oder Besitz an Geldern oder Anteilen von Kunden zu verschaffen. Sie gelten nicht als Finanzdienstleistungsinstitute und können von der Ausnahmevorschrift gem. § 2 Abs. 6 S. 1 Nr. 8 e) KWG Gebrauch machen.

V. Ergebnis zur Genehmigungsbedürftigkeit der Plattform-Betreiber bzw. Zweckgesellschaften

1. Ergebnis

Die Plattform-Betreiber bzw. Zweckgesellschaften betreiben im Rahmen des unechten Crowdlending-Geschäftsmodells kein Bankgeschäft i.S.d. § 1 Abs. 1 S. 2 KWG und sind bei der Erbringung der Finanzdienstleistung der Anlagevermittlung i.S.d. § 1 Abs. 1a S. 2 Nr. 1 KWG von der Erlaubnispflicht gem. § 2 Abs. 6 S. 1 Nr. 8 e) KWG befreit.

Die Plattform-Betreiber bzw. Zweckgesellschaften benötigen im Rahmen des unechten Crowdlending-Geschäftsmodells Genehmigungen im Sinne der §§ 34c sowie 34f GewO.

Aufgrund der Erfüllung der tatbestandlichen Voraussetzungen des Finanzanlagevermittlers bedürfen die Kreditvermittlungsplattformen einer Erlaubnis gem. § 34f GewO. Die oben erwähnten Befreiungsregelungen nach vermögensanlagerechtlicher Regulierung greifen nicht ein. Stattdessen machen Kreditvermittlungsplattformen von der Ausnahmevorschrift i.S.v. § 2 Abs. 6 S. 1 Nr. 8 e) KWG Gebrauch, sodass unter Berücksichtigung der bisher schon dargelegten Ergebnisse die Plattform-Betreiber bzw. die Zweckgesellschaften im Rahmen des unechten Crowdlending-Geschäftsmodells von den Prospekt- und Kurzinformationsblattpflichten zu befreien sind.

2. Eigene Bewertung

Die Kreditvermittlungsplattformen sollen keine Kreditrisikofunktion wahrnehmen und sind laut der Vertragsgestaltung im Wesentlichen als Kreditvermittler mit ungewöhnlich vielen Informationsaustauschkompetenzen ausgestattet. Insofern sind sie angesichts ihrer Funktion eher als bloße Darlehensvermittler anzusehen. Sie sind vor allem als Informationsvermittler bzw. Informationsintermediäre mit besonderen Bonitätsprüfungsaufgaben tätig.[496]

Dies löst viele Fragen bezüglich ihrer Natur als Finanzakteur und damit als Regulierungsadressat aus, die in Zusammenhang mit den Besonderheiten des in Deutschland adoptierten Crowdlending-Modells und im Rahmen der Schutzfunktionen der finanzmarktaufsichtsrechtlichen Ziele zu bewerten sind.

a. Funktionsschutz

Ob Kreditvermittlungsplattformen wegen der typischen granularen Risikoverteilung des Crowdlending eine stabilisierende Wirkung auf das Finanzsystem haben (können),[497] ist eine Frage, die eine empirische Antwort erfordert und außerhalb der hier dargelegten Fragestellung bleibt. Zu erwähnen ist jedenfalls aus wirtschaftlicher Sicht, dass je nach Entwicklung des Geschäftsmodells die Gefahr monopolartiger Marktkonzentrationen besteht, wenn ein Plattform-Betreiber zu groß wird.[498]

Konkret aus funktionsschutzrechtlicher Perspektive lassen sich positive Effekte bei der Gewährleistung der Kreditversorgung durch die Tätigkeiten der Plattform-Betreiber als Informationsintermediäre beobachten.[499] Wie im Fall der Einhaltung und Sicherstellung der regulatorischen Vorgaben beim Compliance-Last, in dem „Fin-Techs" zu „RegTechs" als digitale Helfer der Finanzmarktregulierung werden,[500] bringen die Plattform-Betreiber durch die Wahrnehmung ihrer Tätigkeiten eine konkrete Lösung in Hinblick auf die hier plausibilisierte Kreditfunktionsstörung für KKMU und Existenzgründer. Wie oben festgestellt, soll diese Störung von der Seite der Aufsicht vermieden werden.[501]

Es geht um ein Geschäftsmodell, das auf Verbraucher und KKMU bzw. auf Kleinkredite zielt[502] und dadurch trotz geringer Summen im Sinne einer sinnvollen Erweiterung des Kreditmarktzugangs für KKMU und Existenzgründer zur Stabilität des Finanzsystems beiträgt. Diese typisierten geringeren Summen des Geschäftsmodells in Deutschland schließen zugleich die mögliche Entstehung

---

496 Vgl. etwa bei Auxmoney, § 7 der Nutzungsbedingungen für Kreditsuchende, abrufbar unter https://www.auxmoney.com/contact/dokumente/Nutzungsbedingungen_Kreditsuchende.pdf; zuletzt geprüft am 07.04.2020.

497 Vgl. *Broer*, ZVglRWiss 2017, 189 (200).

498 *Hartmann*, BKR 2017, 321 (324 f.).

499 Eingehend auf Informationsintermediäre s. *Leyens*, Informationsintermediäre des Kapitalmarkts, 2017, S. 95 f.

500 *Klebeck/Dobrauz-Saldapenna*, RdF 2017, 180 f.

501 Dazu oben, Erster Teil, Viertes Kapitel.

502 Vgl. u.a. *Hartmann*, BKR 2017, 321 (325).

von systemischen Risiken bei den Tätigkeiten der Plattform-Betreiber aus. Außerdem werden dabei auch keine Risikotransformationsaufgaben wahrgenommen.[503]

b. Anlegerschutz

Es besteht Einigkeit darüber, dass jede Erleichterungsmaßnahme bei Prospekt- sowie Informationspflichten zur Schwächung des Anlegerschutzes führen kann. Dies lässt sich dadurch erklären, dass damit die bestehenden Informationsasymmetrien zwischen Kreditnehmern und Anlegern auf den Kapitalmarkt vergrößert werden.[504]

Solche Erleichterungsmaßnahmen verstärken aber auch die Informationsasymmetrien zwischen Plattform-Betreibern und Anlegern im unechten (sowie im echten) Crowdlending. Informationsasymmetrien sind dabei nicht zu vermeiden. Auch die Entstehung von Interessenkonflikten bei den Plattform-Betreibern kommt in Betracht, weil diese je nach Vertragsgestaltung von jedem Abschluss profitieren (können).[505]

Ein angemessener Anlegerschutz kann deshalb nur garantiert werden, solange Mindeststandards bei Informationspflichten bestehen bleiben. Statt vergrößert sollten Informationsasymmetrien von der Regulierung verringert werden. Insofern besteht Anlass zur Annahme, dass die Entwicklung des unechten Crowdlending auf eine Verringerung bzw. Beeinträchtigung des Anlegerschutzes setzt.[506] Das soll aber unter Berücksichtigung der eingeführten Regelungen im Rahmen der Umsetzung der MiFID II-Vorgaben vermieden werden. Das neue Aufklärungs- und Informationsregime nach der FinVermV, das am 01.08.2020 in Kraft tritt, ist daher zu begrüßen.

In diesem Kontext ist die künftige Entwicklung konkret in Bezug auf eine mögliche Verbesserung des Informationsaustausches zu berücksichtigen, sodass

503 Das ist jedenfalls beim echten Crowdlending relevant, da systemischen Risiken aufgrund der stattgefundenen Transformationsaufgaben der Plattform-Betreiber denkbar sind. Der große Unterschied und damit ein wichtiger Beitrag zum Funktionsschutz liegt an den im Vergleich zu Kreditinstituten geringeren „Rettungskosten", die die Kreditplattformen beim Eintreten von solchen Ereignissen mit sich bringen würden. Dazu *Broer*, ZVglRWiss 2017, 189 (200).

504 Vgl. *Wilhelmi*, ZVglRWiss 2017, 298 (311 f.); *Kumpan*, ZGR 2016, 2 (21).

505 Vgl. *Hartmann*, BKR 2017, 321 (325).

506 Hinsichtlich der jüngeren Maßnahmen im Rahmen der Kapitalmarktunion, *Wilhelmi*, ZVglRWiss 2017, 298 (311 f.).

die Qualität des Informationsaustausches als Anlegerschutzmechanismus gewährleistet werden kann.

Zu bedenken ist in erster Linie, dass sich die Risiken beim unechten Crowdlending nicht wie im traditionellen Kreditgeschäft äußern. Während bei den Kreditinstituten die Kredite regelmäßig mit bankmäßigen Garantien gedeckt werden sollen und die Sicherung der angelegten Vermögenswerte gegen Verluste beim Betreiben von Einlagengeschäften eine wichtige Rolle spielt, werden diese im Gegensatz dazu beim unechten Crowdlending nicht prioritär berücksichtigt.[507] Kreditvermittlungsplattformen betreiben in diesem Fall kein Kreditgeschäft, und grundsätzlich sollen die Kredite nicht immer bankmäßig gesichert werden.

Das führt zur Entstehung eines überhöhten Risikos, das ausschließlich vom jeweiligen Anleger mittels Forderungskauf übernommen werden soll, nachdem das Kreditinstitut das Darlehen gewährt hat. Dieses Ungleichgewicht wird jedoch durch die Crowd als immanentes Merkmal des Geschäftsmodells ausgeglichen, sodass die sog. granulare Risikoaufteilung das überhöhte Investitionsrisiko kompensiert.

Die Tendenz, Prospekt- sowie Informationspflichten zu vereinfachen, beeinträchtigt unmittelbar den Anlegerschutz und betrifft die Entwicklung des Plattform-Betreibers als Informationsintermediär langfristig durchaus, weil es dann keine Pflicht bzw. keine Notwendigkeit mehr gibt, Mindeststandards hinsichtlich der Qualität der vermittelten Information zu garantieren. Dies ist entscheidend, denn die Plattform-Betreiber sind u.a. auch als Informationsintermediär tätig und können durch die Wahrnehmung ihrer Funktionen die Informationsgrundlage auf dem Markt steuern, sodass sie das Anlageverhalten direkt beeinflussen und die Kreditvergabe modifizieren.[508]

Das bedeutet letztendlich, dass dem Anlegerschutz im unechten Crowdlending nicht durch die Sicherung der im Einzelfall geringeren angelegten Vermögenswerte, sondern viel mehr durch die Gewährleistung eines transparenten Informationsaustauschs über die Qualität und Quantität zukünftiger potenzieller Kreditnehmer, was durch den Plattform-Betreiber stattfinden soll, zu dienen ist.[509]

Dieses Risiko einer Beeinträchtigung des Anlegerschutzes durch die Verringerung der Informationspflichten bei unechtem Crowdlending ist dennoch

507 Vgl. *Wilhelmi*, ZVglRWiss 2017, 298 (311).
508 Vgl. *Kaufhold*, ZVglRWiss 2017, 151 (156 f.).
509 Vgl. *Wilhelmi*, ZVglRWiss 2017, 298 (311).

durch eine Beaufsichtigungsform zu minimieren, in der sie nicht nur als Kreditvermittler, sondern auch als Informationsintermediäre angesehen werden könnten, sodass die Qualität des Informationsaustausches gesichert wird. Zugleich könnte dabei die Finanzmarktaufsicht sich an den spezifischen Kennzeichen des Geschäftsmodells orientieren.[510]

Ein erster Schritt in diesem Sinne kann der am 8.3.2018 von der EU-Kommission in Brüssel vorgelegte Vorschlag für die künftige Regulierung von Crowdfunding-Plattformen sein.[511] Aber auch die Verschärfungen, die aufgrund der MiFID II zum 1. August 2020 in die Finanzanlagenvermittlungsverordnung (FinVermV) eingeführt wurden, orientieren sich an die Verstärkung von Informationspflichten, die genau darauf zielen, die Transparenz und damit den Anlegerschutz zu verbessern. Relevant ist in Bezug auf das Crowdlending-Geschäftsmodell vor allem, die Pflicht für die Kreditvermittlungsplattformen, Interessenkonflikte bereits im Vorfeld zu erkennen und zu vermeiden (§ 11a Abs. 1 FinVermV).

c. *Verbraucherschutz*

Die wahrgenommenen Funktionen der Kreditvermittlungsplattformen bei unechtem Crowdlending kommen hinsichtlich verbraucherschutzrechtlicher Anforderungen in Betracht, wenn zwischen einem als Kreditgeber zu qualifizierenden Unternehmen und einem als Privatperson zu behandelnden Kreditnehmer „Verbraucherkredite" i.S.d. §§ 13, 491 ff. BGB, vereinbart werden. Das kann in diesem Geschäftsmodell bei Existenzgründern gem. § 513 BGB der Fall sein, weil die §§ 491 bis 512 BGB auch für natürliche Personen gelten, die sich ein Darlehen, einen Zahlungsaufschub oder eine sonstige Finanzierungshilfe für die Aufnahme einer gewerblichen oder selbstständigen beruflichen Tätigkeit gewähren lassen oder zu diesem Zweck einen Ratenlieferungsvertrag schließen, es sei denn, der Nettodarlehensbetrag oder Barzahlungspreis übersteigt 75.000 Euro.

Im Rahmen des unechten Crowdlending für Existenzgründungsfinanzierung bedeutet das, dass bei Kreditprojekten von natürlichen Personen, die unter

---

510 Über die Notwendigkeit, „online" innovative Geschäftsmodelle von der Aufsicht durch den Aufbau einer Bundesdigitalagentur zu erfassen, s. Bundesministerium für Wirtschaft und Energie (Hrsg.), „Digitale Strategie 2025", S. 23 ff., abrufbar unter: https://www.bmwi.de/Redaktion/DE/Publikationen/Digitale-Welt/digitale-strategie-2025.pdf?__blob=publicationFile&v=18; zuletzt geprüft am 07.04.2020.

511 Vorschlag für eine Verordnung des Europäischen Parlaments und des Rates über Europäische Crowdfunding-Dienstleister für Unternehmen vom 8.3.2018, KOM (2018) 113 endgültig.

den o.g. Konditionen und mit gewerblichen oder selbstständigen beruflichen Zwecken auf die Plattform gestellt werden, die Regelungen für Verbraucherdarlehensverträge nach § 491 ff. BGB als Existenzgründer gem. § 513 BGB Anwendung finden.

Abgesehen davon, dass nach der Vertragsgestaltung des unechten Crowdlending das Kreditinstitut das Kreditrisiko auslagert und den Kredit in der Tat für eine „juristische Sekunde" hält und gewährt,[512] bleibt es in diesem Kontext vertragsrechtlich nach §§ 505a, 505b u. 505d BGB für die beteiligte Bank problematisch, einen Kreditvertrag mit Existenzgründern, der 75.000 Euro nicht übersteigt, abzuschließen, ohne eine vorherige überprüfte bankübliche Bonität und Sicherheitsvorlegung festgestellt zu haben. Im Laufe des Kreditvergabeprozesses sollen auch die strengeren Bonitätsprüfungspflichten gem. §§ 505a, 505b BGB beachtet werden.[513]

Angesichts der zahlreichen Bonitätsprüfungskompetenzen, die sich bei den Plattform-Betreibern beobachten lassen, ist aus bankaufsichtsrechtlicher Perspektive von einer Auslagerung der Bonitätsprüfungsprozesse auszugehen. Dabei sollen die entsprechenden Kontrollen sowie die dazu gehörenden organisatorischen Pflichten bei der Durchführung solcher Tätigkeiten i.S.v. § 25b Abs. 1 S. 1 KWG bei der Bank (und nicht bei der Kreditvermittlungsplattform) bleiben.

---

512 Unter Berücksichtigung des vom Verfasser vertretenen Ansatzes soll es bis dahin zusammengenommen als eine einzige Investition angesehen werden, obwohl danach der Kredit zerlegt, verkauft und abgetreten wird, sodass daraus Vermögensanlagen werden. Dies ist als relevant zu beachten, weil dann die Beträge der von den Investoren erworbenen Forderungskäufe i.d.R. nicht über 200 Euro hinausgehen. Sollten diese jeweils von Anfang an als Kredite angesehen werden, würden die verbraucherschutzrechtlichen Anforderungen gem. § 491 Abs. 2 S. 2 Nr. 1 BGB keine Anwendung mehr finden. Unerheblich aus verbraucherschutzrechtlichen Gründen bleibt deshalb, dass danach beim Forderungskauf eine Kreditgewährung i.S. eines Kreditgeschäfts nach § 1 Abs. 1 S. 2 Nr. 2 KWG vorliegt.

513 Wie u.a. im zweiten Teil dieser Arbeit erwähnt wurde, treten diese Pflichten an die Stelle des bisherigen § 509 BGB, sodass auch die Vermittlung von Verbraucherdarlehensverträgen (§§ 655a – 655e BGB) beeinflusst wird. Es geht um die Umsetzung der RiL 2014/17/EU v. 4.2.2014 über Wohnimmobilienkreditverträge für Verbraucher und zur Änderung der RiL 2008/48/EG und 2013/36/EU und der Verordnung (EU) Nr. 1093/2010, ABl. EU Nr. L 60, S. 34ff., v. 28.2.2014 („Wohnimmobilienkredit-Richtlinie" 2014/17/EU) m.W.v. 21.03.2016. Darüber hinaus ist im Sinne des Zwecks des Gesetzgebers zu beachten, dass die Kreditwürdigkeitsprüfung nicht mehr als eine primär im öffentlichen Interesse liegende Pflicht, sondern zugleich als Schutzpflicht gegenüber dem Verbraucher zu verstehen ist, (BT-Drs. 18/5922, 96).

Dass das Kreditinstitut in der Praxis das Kreditrisiko auszulagern hat, stellt keine Befreiung von den Bonitätsprüfungspflichten aus verbraucherschutzrechtlicher Perspektive bei der Kreditvergabe dar. Inwiefern die Banken bei der Auslagerung dieser Aufgaben an den jeweiligen Plattform-Betreiber eine ordnungsgemäße Organisation immer noch gewährleisten, ist eine Frage, die sich an dieser Stelle nicht beantworten lässt. Dabei geht es um eine Verantwortungsteilung zwischen dem Kreditinstitut und dem Plattform-Betreiber, deren spezifische Anforderungen in § 25b KWG und AT 9 des MaRisk-Rundschreibens sowie § 20 ZAG definiert sind.[514]

Konkret findet man bei Auxmoney als repräsentatives Beispiel in diesem Bereich, dass nach den üblichen Kreditkonditionen Darlehen ab 1.000 und bis zu 50.000 Euro mit einer Laufzeit von maximal 7 Jahren angeboten und geschlossen werden.[515] Auch als Beispiel sind die Kreditbedingungen zu nennen, bei denen von Auxmoney vermittelte Darlehensverträge dann in der Kreditgewährung gegenüber der Bank vereinbart werden und wonach die Kreditnehmer als Verbraucher eingestuft werden.[516]

Hierzu sind Indizien bezüglich möglicher Erfüllung der Bonitätsprüfungspflichten nach einer ausführlichen Analyse der inhaltlichen Vertragsgestaltung zu finden.[517] So werden beispielsweise komplexe Scoringprozesse verwendet, wonach u.a. auch die Bonität des jeweiligen Kreditsuchenden eingestuft wird und der Kredit in der Tat nicht möglich ist, wenn keine Rückzahlungsfähigkeit festgestellt wird. Darüber hinaus ist die Maßnahme, bankmäßig spezialisierte Bonitätsprüfer wie z.B. die Schufa-Auskunft dabei zu integrieren,[518] in diesem Sinne auch als positiv zu bewerten.

---

514 Insbesondere soll das Kreditinstitut durch die Kreditvermittlungsplattform u.a. die Anforderungen an das Risikomanagement weiter uneingeschränkt erfüllen, vgl., *Scholz-Fröhling*, BKR 2017, 133 (139).

515 Etwa bei Auxmoney, vgl. https://www.auxmoney.com/kredit, zuletzt geprüft am 07.04.2020.

516 Vgl. Auxmoney, Nr. 3 und Nr. 10, "Die Kreditbedingungen der SWR Bank" https://www.auxmoney.com/contact/dokumente/borrower/AnlageB.pdf; zuletzt geprüft am 07.04.2020.

517 Im Fall von Auxmoney s. § 2 Abs. (3), „Nutzungsbedingungen des auxmoney Online-Kreditmarktplatzes für Kreditsuchende", abrufbar unter: https://www.auxmoney.com/contact/dokumente/Nutzungsbedingungen_Kreditsuchende.pdf; zuletzt geprüft am 07.04.2020.

518 S. im Fall von Auxmoney und der positiven Auswirkung solcher Maßnahmen, indem sich gezeigt hat, dass dadurch die Kreditschwierigkeiten zurückgegangen sind, *Dorfleitner/Hornuf*, FinTech – Markt in Deutschland, 2016, S. 33–34.

Sowohl die Einführung bankmäßiger Standards als auch die Schaffung strengerer Bonitätseinstufungsmodelle sprechen dafür, dass die Kreditvermittlungsplattformen bei der Ausführung ihrer Bonitätsprüfungsfunktionen i.d.R. bankmäßige Standards berücksichtigen, sodass Verbraucher bzw. Existenzgründer selbst von einem Überschuldungsrisiko geschützt werden können. Es ist davon auszugehen, dass diese Bonitätsprüfungspflichten im unechten Crowdlending von den Plattform-Betreibern eingehalten werden und ein effektiver Verbraucherschutz dabei gewährleistet ist.

B. Genehmigungsbedürftigkeit der Tätigkeit der Investoren

I. Erfordernis des Betreibens bei einzelnen Bankgeschäften bzw. der Erbringung von Finanzdienstleistungen

1. Kreditgeschäft

a. Definition und Tatbestandsvoraussetzungen

Da die Investoren Darlehensrückzahlungs- sowie Zinsforderungen von den Plattform-Betreibern bzw. den Zweckgesellschaften oder direkt vom darlehensgewährenden Kreditinstitut erwerben, ist zu fragen, ob beim in der Vertragsgestaltung vorgesehenen Forderungserwerb das Tatbestandsmerkmal der Gewährung von Gelddarlehen von der Seite der Investoren erfüllt wird. Wäre das der Fall, könnten diese dabei das Kreditgeschäft betreiben, weil die Gewährung von Gelddarlehen Kreditgeschäft im Sinne des § 1 Abs. 1 Satz 2 Nr. 2 Alt. 1 KWG ist.[519]

Die Gewährung eines Kredits im Sinne des Tatbestands wird nur bei der erstmaligen Hingabe von Geld umfasst, nicht aber bei der Übernahme und ordnungsgemäßen Abwicklung schon bestehender Darlehen. Das Tatbestandsmerkmal der Gewährung von Gelddarlehen wird somit nicht erfüllt, unabhängig davon, ob dabei eine Vertragsübernahme, eine Abtretung oder eine offene bzw. stille Unterbeteiligung stattgefunden hat.[520] Die Übernahme eines bestehenden Darlehens kann aber zum Kreditgeschäft werden, wenn der Zessionar dem

519 BaFin Merkblatt „Hinweise zum Tatbestand des Kreditgeschäfts", 1. a) aa), Stand: Mai 2016, zugänglich unter www.bafin.de; vgl. *Veith*, BKR 2016, 184 (188).

520 Vgl. *Schäfer*, in: Boos/Fischer/Schulte-Mattler, KWG § 1 Rn. 57; *Weber/Seifert*, in: Luz/Neus/Schaber/Schneider/Wagner/Weber, KWG § 1 Rn. 28; BaFin Merkblatt „Hinweise zum Tatbestand des Kreditgeschäfts", 1. a) bb) Abs. 4, Stand: Mai 2016, zugänglich unter www.bafin.de.

Darlehensnehmer einen Kredit gewährt, etwa durch die Ausreichung neuer Kreditmittel oder die Prolongation der bestehenden Darlehensvereinbarung.[521]

b. Einzelfall: Die Rückzahlungsansprüche der Investoren

Obwohl das Betreiben eines Kreditgeschäfts gem. § 1 Abs. 1 Satz 2 Nr. 2 Alt. 1 KWG von der Seite der Investoren im Lichte der von der Aufsicht bisher vertretenen Auslegung auszuschließen wäre, erscheint es immerhin angesichts der hier betrachteten Vertragsgestaltung problematisch und erfordert zugleich aufgrund der Risikoauslagerung eine nähere Betrachtung.

Das Kreditinstitut gewährt dem Kreditnehmer das Darlehen nur deswegen, weil der Investor das wirtschaftliche Risiko mittels Forderungskauf schon vorher übernommen hat.[522] Der hierzu relevante Abschluss des Forderungskaufvertrages ist dennoch nur unter der aufschiebenden Bedingung eines zustande gekommenen rechtswirksamen Kreditvertrags zwischen dem Kreditinstitut und dem Kreditnehmer möglich. Das Betreiben eines Kreditgeschäfts vom Kapitalanleger kann deswegen in Betracht kommen, weil die Risikoauslagerung schon vor der Kreditgewährung durch den darauf abzuschließenden Forderungskauf vereinbart wurde. D.h., die Kreditgewährung kann nur durchgeführt werden, nachdem die Verlagerung des Kreditrisikos durch Vereinbarung gesichert wurde.[523]

Fehlerhaft ist aus Sicht des Verfassers deshalb, den Erwerb der Forderung in diesem Kontext als nur die erstmalige Hingabe eines Kredites oder die Kreditentscheidung des Erwerbes zur Prolongation zu bewerten,[524] weil die Kreditprolongation (sog. echte Abschnittsfinanzierung) den Ablauf der vereinbarten Vertragslaufzeit und die vom Zessionar (Investor) neu festgelegten Kreditkonditionen voraussetzt, sodass dies als eine neue Kreditentscheidung zu verstehen ist. Nur wegen der neu zu treffenden Kreditentscheidung des Zessionars wird durch eine Prolongationsvereinbarung zu einem ursprünglich gewährten Gelddarlehen das Kreditgeschäft im Sinne des § 1 Abs. 1 Satz 2 Nr. 2 Alt. 1 KWG betrieben.[525] Eine solche Vereinbarung ist in der Vertragsstruktur des

---

521 Vgl. BaFin Merkblatt „Hinweise zum Tatbestand des Kreditgeschäfts“, 1. a) bb) Abs. 4, Stand: Mai 2016, zugänglich unter www.bafin.de.

522 So auch *Hartmann*, BKR 2017, 321 (324).

523 Vgl. BaFin Merkblatt „Hinweise zum Tatbestand des Kreditgeschäfts“, 1. a) bb) Abs. 4, Stand: Mai 2016, zugänglich unter www.bafin.de; *Schäfer*, in: Boos/Fischer/Schulte-Mattler, KWG § 1 Rn. 57.

524 Vgl. *Veith*, BKR 2016, 184 (188).

525 Vgl. BaFin Merkblatt „Hinweise zum Tatbestand des Kreditgeschäfts“, 1. a) bb) Abs. 4, Stand: Mai 2016, zugänglich unter www.bafin.de.

Geschäftsmodells jedoch nicht zu finden. Aus dem gleichen Grund fällt der Forderungskauf in diesem Fall auch nicht unter den von der BaFin dargestellten Ausnahmefall im Rahmen einer scheinbaren Kreditprolongation, abgesehen davon, dass der Zessionar (Investor) lediglich aus einer dem Darlehensnehmer bereits von dem Originator (Kreditinstitut) eingeräumten Option auf Prolongation in Anspruch genommen wird.[526] Dabei werden weder die oben genannten Voraussetzungen einer Kreditprolongation erfüllt noch die Tatsache berücksichtigt, dass im Gegensatz zum unechten Crowdlending diese Kreditentscheidung für die Prolongation von der Seite des Originators (Kreditinstitut) vorweggenommen wird, ohne eine Risikoauslagerung vorgesehen zu haben.

In diesem Zusammenhang ist es außerdem aufsichtsrechtlich erforderlich, nicht nur die Rolle eines Risikotransfers in den zu beaufsichtigenden Transaktionen zu bewerten. Maßgebend ist aber die Interessenlage der Parteien. Im gleichen Sinne hat sich das VG Frankfurt am Main in seiner Entscheidung vom 22.6.2016 auch über die Tatbestandserfüllung des erlaubnispflichtigen Kreditgeschäfts nach § 1 Abs. 1 S. 2 Nr. 2 KWG bei der Vergabe von Darlehen gem. § 488 Abs. 1 BGB geäußert. Obwohl es dabei um den Kauf von Inhaberschuldverschreibungen ging, ist auch im Fall unechten Crowdlendings die Wertung des Gerichts im genannten Urteil zu berücksichtigen, wonach die Ausgangssituation bei Anbahnung des Vertragsverhältnisses zusammen mit dem konkreten Inhalt des Leistungsversprechens für die Annahme eines Darlehensvertrages gesprochen hätte. Die Kreditnehmer wenden sich über die Kreditvermittlungsplattformen nicht an das Kreditinstitut, sondern an die möglichen Investoren, weil sie kurzfristig Geld benötigen. Diese Geldbeschaffung ist aber nur durch den Forderungskauf der Investoren möglich. Die konkrete Ausgestaltung des Geschäftes bzw. der Vertragsgestaltung spricht deshalb in einer Gesamtabwägung für eine Darlehensvergabe.[527]

Darüber hinaus ist auf die schon im Laufe dieser Arbeit analysierte Entscheidung des BVerwG vom 22.04.2009 hinzuweisen,[528] wonach zusammen mit dem Abschluss auch die Abwicklung der wesentlichen zum Vertragsschluss hinführenden Schritte zum Kreditgeschäft i.S.d. § 1 Abs. 1 Satz 2 Nr. 2 Alt. 1 KWG gehören.[529] In diesem Sinne ist auch von einem Gelddarlehen bzw. Kreditgeschäft auszugehen.

---

526 Vgl. BaFin Merkblatt „Hinweise zum Tatbestand des Kreditgeschäfts", 1. a) bb) Abs. 4, Stand: Mai 2016, zugänglich unter www.bafin.de.

527 Vgl. VG Frankfurt a.M., Urteil v. 22.06.2016, EWiR 2017, 357.

528 BVerwGE 133, 358.

529 Dazu oben, Zweiter Teil.

Eine Kreditgewährung durch den in der Vertragsgestaltung vorgesehenen Erwerb von Rückzahlungsansprüchen liegt daher trotz der bankaufsichtsrechtlich vertretenen Auslegung vor. Die Investoren betreiben im unechten Crowdlending das Kreditgeschäft gem. § 1 Abs. 1 Satz 2 Nr. 2 Alt. 1.

2. Factoring

Wegen des beim unechten Crowdlending vorgesehenen Forderungskaufs kommt auch die mögliche Erfüllung des Finanzdienstleistungstatbestands des Factorings gem. § 1 Abs. 1a S. 2 Nr. 9 KWG in Betracht. Festzustellen ist bei der Tatbestandserfüllung in diesem Fall insbesondere, ob die Forderungen auf der Grundlage von Rahmenverträgen erworben werden und ob der Ankauf der Forderungen dem Finanzierungszweck des Verkäufers dient.

Als der laufende Ankauf von Forderungen auf der Grundlage von Rahmenverträgen mit oder ohne Rückgriff wird Factoring gem. § 1 Abs. 1a S. 2 Nr. 9 KWG definiert. Dabei erwirbt ein Unternehmen als Factor von einem anderen Unternehmen als Verkäufer Geldforderungen gegen dessen Kunden und nimmt den Einzug dieser Forderungen vor. Ein Ankauf ist jedes Rechtsgeschäft, das auf den Erwerb der Forderungen gerichtet ist, unabhängig davon, ob es sich zivilrechtlich um einen Kauf- oder Darlehensvertrag oder um einen anderen Vertragstypus und ob es sich um echtes oder unechtes Factoring handelt.[530]

Hier zeigt sich wieder die Besonderheit des Geschäftsmodells, weil Eigenschaften sowohl vom sog. echten als auch vom sog. unechten Factoring dabei zu finden sind. Die Investoren übernehmen das Risiko der Bonität ohne die Möglichkeit zum Rückgriff auf den Kunden (echtes Factoring), zugleich bleibt für die Investoren beim Forderungsausfall unter Umständen über die jeweilige Kreditvermittlungsplattform der Rückgriff auf den Factoringkunden laut der Vertragsgestaltung möglich (unechtes Factoring).

Immerhin, obwohl in allen Fällen jedenfalls ein Ankauf vorliegt, der auf einen Forderungserwerb gerichtet ist, fällt ein erstmaliger Ankauf von Forderungen nur darunter, wenn weitere Ankäufe vertraglich verabredet sind;[531] das ist aber beim unechten Crowdlending nicht der Fall. Außerdem werden die Rahmenbedingungen (u.a. Kreditkonditionen) für jeden Ankauf aufgrund des Entscheidungsspielraums des Kreditinstituts (ggf. der Zweckgesellschaft) neu vereinbart, sodass laufende, auf der Grundlage von Rahmenverträgen erworbene Forderungen auszuschließen sind. Das Gleiche gilt auch für den Finanzierungszweck des

530 Vgl. *Schwennicke*, in: Schwennicke/Auerbach, KWG § 1 Rn. 138, 141.
531 Vgl. *Schwennicke*, in: Schwennicke/Auerbach, KWG § 1 Rn. 141.

Forderungskaufs, weil durch das Rechtsgeschäft keine Finanzierungsfunktion für das Kreditinstitut im Vordergrund steht, sondern nur eine vereinbarte Vergütung einer Dienstleistung. Die Investoren schaffen dabei keine Liquidität für das Kreditinstitut als Verkäufer der Forderung.[532] Diese Tatbestandsvoraussetzungen des Factoring nach § 1 Abs. 1a S. 2 Nr. 9 KWG sind daher im unechten Crowdlending nicht erfüllt.

Die Investoren betreiben beim unechten Crowdlending aus den hier dargelegten Gründen kein Factoring i.S.v. § 1 Abs. 1a S. 2 Nr. 9 KWG.

II. Erfordernis der Gewerbsmäßigkeit

Eingehend zu prüfen ist unter Berücksichtigung der Vertragsgestaltung nun, ob bei einer einzigen Darlehensgewährung und dem bloßen Planen einer weiteren Darlehensgewährung das Betreiben eines Kreditgeschäfts bei den Investoren im unechten Crowdlending vorliegt.[533]

Im zweiten Teil dieser Arbeit wurden schon die wesentlichen Merkmale der Gewerbsmäßigkeit zusammen mit dem Fall eines möglichen Betreibens eines in kaufmännischer Weise eingerichteten Geschäftsbetriebs dargestellt. Es geht dabei um die Erfüllung von zwei Kriterien, die alternativ gelten, um unter die Regelung des § 32 Abs. 1 Satz 1 KWG zu fallen.[534] Von einer Genehmigungsbedürftigkeit ist dann auszugehen, wenn die Geschäfte gewerbsmäßig oder in dem einen kaufmännischen Geschäftsbetrieb erfordernden Umfang betrieben werden.

Konkret im Hinblick auf das Geschäftsmodell kommt insbesondere wegen der dabei vorgesehenen Risikostreuung die Gewerbsmäßigkeit in Betracht, weil im unechten Crowdlending (wie im echten) von den Investoren ein weiteres Planen bei einmaliger Kreditgewährung erforderlich ist.[535]

Allerdings kann es nach Ansicht der Rechtsprechung an einer gewerbsmäßigen Tätigkeit fehlen, wenn es um eine lediglich vereinzelte (auch wiederholte)

---

532 Vgl. *Schwennicke*, in: Schwennicke/Auerbach, KWG § 1 Rn. 142, 143.

533 So die BaFin, Merkblatt zur Erlaubnispflicht von Kreditvermittlungsplattformen v. 14.05.2007; BaFin, Crowdfunding: Aufsichtsrechtliche Pflichten und Verantwortung des Anlegers v. 02.06.2014; BaFin, Auslegungsschreiben zum Crowdlending v. 09.10.2015.

534 Vgl. *von Goldbeck*, in: Luz/Neus/Schaber/Schneider/Wagner/Weber, KWG § 32 Rn. 11.

535 Beispielsweise bei Auxmoney, s. „Stichwort Diversifikation“, abrufbar unter https://www.auxmoney.com/de/geldanlage-heute/der-auxmoney-portfolio-builder.html, zuletzt geprüft am 07.04.2020.

Ausführung einer Mehrzahl von Gelegenheitsgeschäften geht.[536] Nicht als „gewerbsmäßig" einzustufen ist nach Ansicht der h. L. die gelegentliche Gewährung von Darlehen an Privatpersonen oder Unternehmen gegen Zinsen, nicht nur, wenn die Geschäfte bei geringeren Summen unter der bankmäßigen Auffassung bleiben, sondern auch, wenn es im Rahmen der Verwaltung privaten Vermögens durchgeführt wird.[537]

Das kann der Fall eines Investors sein, der im unechten Crowdlending in Deutschland tätig ist.

1. *Dauerhaftigkeit*

Ein Betrieb ist nur erlaubnispflichtig, wenn er auf Dauer angelegt ist. Auf eine gewisse Dauer ist der Betrieb bereits bei einem einzelnen Geschäft angelegt, wenn die Absicht besteht, das Geschäft geschäftsmäßig (wenn auch unregelmäßig) zu wiederholen. Geschäftsmäßig ist eine Tätigkeit, wenn ihr die Absicht zugrunde liegt, sie in gleicher Art für die Dauer auszuüben und sie zu einem dauernden regelmäßigen Bestandteil der Beschäftigung zu machen. Ausreichend sind sowohl die wiederholte Tätigkeit als auch die Tätigkeit in Wiederholungsabsicht.[538] Hierbei ist die BaFin davon ausgegangen, dass im Crowdlending bereits beim Abschluss eines einzelnen Geschäfts auch Bankgeschäfte betrieben werden, weil die Absicht zur – auch nur unregelmäßigen – Wiederholung besteht.[539]

Ob die von den Investoren ausgeführten Tätigkeiten im Rahmen des unechten Crowdlending in diesem Sinne auf Dauer angelegt sind, erfordert eine Würdigung des gesamten Geschäftsmodells.

Eine erkennbare Absicht zur Wiederholung ist festzustellen, jedoch lässt sich dabei auch eine Ergänzungsfunktion jedes einzelnen Geschäfts beobachten, sodass in der Tat die durch den wiederholten Erwerb mehrerer Rückzahlungsansprüche durchgeführte Kreditgewährung der Investoren eine einmalige

---

536 OLG Stuttgart 21.2.1958, NJW 1958, 1360 f.; soweit keine Wiederholungsabsicht besteht, BGH, Urt. vom 11.07.2006, BKR 2007, 251 (253); aber VGH Kassel, Beschl. vom 12.12.2007, NJW-RR 2008, 1011 (1014).

537 Vgl. *Hartmann*, BKR 2017, 321 (326 f.); *Schwennicke*, in: Schwennicke/Auerbach, KWG § 1 Rn. 6, 40; *Fischer/Müller*, in: Boos/Fischer/Schulte-Mattler, KWG § 32 Rn. 7, 9. Ausführlich dazu *Schwennicke*, WM 2010, 542 ff.

538 *Schwennicke*, in: Schwennicke/Auerbach, KWG § 1 Rn. 6; *Schwennicke*, WM 2010, 542 (546).

539 Vgl. BaFin, Merkblatt zur Erlaubnispflicht von Kreditvermittlungsplattformen vom 14.5.2007, sub. 1. „Erlaubnispflicht der Nutzer", Abs. 4.

Investition darstellt, die, in ihrer Gesamtheit betrachtet, weder einer wiederholten Tätigkeit noch einer Absicht zu Wiederholung entspricht. Es handelt sich um die Notwendigkeit, eine Risikostreuung durch den Erwerb von mehreren Rückzahlungsansprüchen (Kreditgewährung) in geringeren Summen zu schaffen, wobei diese so zu ergänzen sind, dass sie letztendlich in ihrer Gesamtheit eine einzige Investition darstellen.

Darüber hinaus lässt sich nach objektiven Kriterien wie dem äußeren Erscheinungsbild eines Investors im unechten Crowdlending auch keine Geschäftsmäßigkeit erkennen,[540] wonach eine Absicht zugrunde liegt, sie in gleicher Art für die Dauer auszuüben und sie zu einem dauernden regelmäßigen Bestandteil ihrer Beschäftigung zu machen.[541] Dies wäre nur der Fall, wenn ein Investor höhere Geldbeträge anlegen würde, die über die Bagatellgrenzen der BaFin für das Kreditgeschäft[542] und die etablierten Grenzen der schon ausgenommenen Prospektpflichten hinausgeht. Dabei könnte in ihrer Gesamtheit eine Geschäftsmäßigkeit vorliegen, sodass von einer Ausübung einer gewissen Dauer und einem regelmäßigen Bestandteil der Beschäftigung auszugehen wäre. Eine Ergänzungsfunktion wäre nicht mehr zu sehen, weil dabei von mehreren Investitionen auf derselben oder zugleich sogar auf mehreren Kreditplattformen auszugehen wäre.

Das ist hier i.d.R. nicht der Fall. Tatsächlich ermöglicht das Crowdlending, wie oben erwähnt, nicht nur einen erweiterten Zugang zu Finanzmitteln für traditionelle Verbraucher und KKMU´s, sondern hat sich auch als Investitionsmöglichkeit für nicht professionelle und kleinere Anleger etabliert, bei denen kein Geschäftsmäßigkeitsmerkmal zu finden ist.[543]

Daraus lässt sich schließen, dass trotz einer erkennbaren Absicht zur Wiederholung einer Investition diese nicht als eine auf Dauer ausgerichtete Tätigkeit anzusehen ist. Indizien für einen auf Dauer angelegten Betrieb sind von der Seite des Investors bei unechtem Crowdlending somit auszuschließen. Eine Wiederholungsabsicht ist im Rahmen des Geschäftsmodells aber als Ergänzungsfunktion

---

540 S. im Fall von Auxmoney, „Wer kann bei Auxmoney Geld anlegen“, abrufbar unter https://www.auxmoney.com/infos/geld-anlegen-mit-auxmoney; zuletzt geprüft am 07.04.2020.

541 Vgl. *Schwennicke*, in: Schwennicke/Auerbach, KWG § 1 Rn. 6.

542 Dazu BaFin, Merkblatt „Hinweise zum Tatbestand des Kreditgeschäfts“, Stand: Mai 2016, zugänglich unter www.bafin.de; BaFin, Merkblatt zur Erlaubnispflicht von Kreditvermittlungsplattformen v. 14.05.2007.

543 S. im Fall von Auxmoney, „Wer kann bei Auxmoney Geld anlegen“, abrufbar unter https://www.auxmoney.com/infos/geld-anlegen-mit-auxmoney; zuletzt geprüft am 07.04.2020.

gestreuter Kreditgewährungen einer einzigen Investition zu verstehen, die keine Geschäftsmäßigkeit voraussetzt bzw. darstellt.

2. *Crowdlending als Verwaltung eigenen Vermögens der Investoren*

Zu klären ist auch, ob die von den Investoren gekauften Rückforderungsansprüche im unechten Crowdlending dem Gewerbebegriff wegen der dabei vorgesehenen Gewinnerzielungsabsicht unterfallen.

Die Gewinnerzielung ist von indizieller Bedeutung und nicht mit der Dauerhaftigkeit als Wesenselement des geschäftsmäßigen Handels zu verwechseln.[544] Dass zwischenzeitlich die Entgeltlichkeit als maßgebliches Kriterium gewerbsmäßiger oder unternehmerischer Tätigkeit auch von der Literatur für die entsprechenden europarechtlich geprägten Begriffsbestimmungen des BGB und ebenso für den KWG-rechtlichen Gewerbebegriff für zutreffend gehalten wird,[545] ist hierzu nicht zu diskutieren. Aus dieser Perspektive fällt die erwartete Gewinnerzielung des Investors durch den Kauf von Rückforderungsansprüchen mit den jeweiligen Zinseinkünften unter den Gewerbebegriff. Nur wenn solche Tätigkeiten unentgeltlich (wie es beim Schenkungs- oder Belohnungsmodell des Crowdfunding der Fall ist)[546] durchgeführt werden, gäbe es keine indizierte Gewinnerzielungsabsicht dabei festzustellen.

Dies ist aufgrund der typisierten geringeren Summen und der Natur der erzielten teilhabenden Gruppen des Geschäftsmodells im unechten Crowdlending hervorzuheben.[547] Obwohl auch eine Absicht zur Gewinnerzielung bei der Tätigkeit eines Investors deutlich zu erkennen ist, kann die Geldanlage eines Investors im Rahmen der Verwaltung und Nutzung ihres privaten Vermögens stattgefunden haben. In diesem Sinne ist solche Tätigkeit eines Investors an einem negativen Merkmal des Gewerbebegriffes anzuknüpfen, wenn die festgelegte Gewinnerzielungsabsicht als eine Anlage im Rahmen des privaten Vermögens anzusehen ist.[548]

So findet man, dass es sich im unechten Crowdlending um die gelegentliche Gewährung (durch Forderungskauf) von Darlehen handelt, die an

544 Vgl. *Schwennicke*, WM 2010, 542 (547).

545 *Fischer/Müller*, in: Boos/Fischer/Schulte-Mattler, KWG § 32 Rn. 7.

546 Dazu Erster Teil, Drittes Kapitel.

547 Dazu im Fall von Auxmoney, „Wer kann bei Auxmoney Geld anlegen", abrufbar unter https://www.auxmoney.com/infos/geld-anlegen-mit-auxmoney; zuletzt geprüft am 07.04.2020.

548 VGH Mannheim GewArch 1995, 339; BVerwG GewArch 1993, 196 (197).

Privatpersonen, Existenzgründer oder KKMU´s gegen Zinsen von privaten (keine spezialisierten) Investoren vergeben sind.[549] Diese sind aber nur durch die Anlage geringerer Summen tätig, markttypische Nachfragerisiken werden nicht ausgelöst.[550]

Vertritt man immerhin die Auffassung, wonach auch bei einem äußerlich erkennbar werdenden Tätigwerden in der Öffentlichkeit der Bereich der privaten Vermögensverwaltung verlassen werden kann,[551] stellt man fest, dass das Auftreten der Investoren über die jeweilige Kreditvermittlungsplattform kein Tätigwerden in der Öffentlichkeit darstellt. Konkret wird dadurch nur mit dem Informationsintermediär (Plattform-Betreiber) und dem möglichen Geschäftspartner im Rahmen eines ausgewählten Kreditprojekts Kontakt aufgenommen. Dass die Kreditprojekte über die Kreditvermittlungsplattform im Internet bekannt gegeben werden, bedeutet nicht, dass die Investoren in der Öffentlichkeit agieren. Die von ihnen angestrebten Investitionen bleiben in diesem Sinne privat und werden z.B. von einem sog. „Anlagenkonto" geführt,[552] das nicht zugänglich für Dritte ist. Die Tätigkeit eines typisierten Investors verlässt i.d.R. nicht den Bereich der privaten Vermögensverwaltung.

Die Investoren sind im unechten Crowdlending nur im Rahmen der Verwaltung und Nutzung ihres privaten Vermögens tätig und ihr Auftreten über die jeweilige Kreditvermittlungsplattform stellt kein Tätigwerden in der Öffentlichkeit dar.

III. Erfordernis eines in kaufmännischer Weise eingerichteten Geschäftsbetriebs

Fraglich ist darüber hinaus, ob ein in kaufmännischer Weise eingerichteter Geschäftsbetrieb durch die Überschreitung der von der BaFin festgelegten Schwellenwerte (sog. Bagatellgrenze) festzustellen ist und damit als zweite Tatbestandsalternative in diesem Fall in Betracht kommt.

---

549 Dazu im Fall von Auxmoney, „Wer kann bei Auxmoney Geld anlegen", abrufbar unter https://www.auxmoney.com/infos/geld-anlegen-mit-auxmoney; zuletzt geprüft am 07.04.2020.

550 So im Ergebnis auch *Hartmann*, BKR 2017, 321 (326 f.); vgl. *Schwennicke*, WM 2010, 542 (547).

551 *Schwennicke*, WM 2010, 542 (547).

552 S. im Fall von Auxmoney, „Anlagekonto", abrufbar unter: https://www.auxmoney.com/infos/anlagekonto; zuletzt geprüft am 07.04.2020.

Ein kaufmännisch eingerichteter Geschäftsbetrieb liegt vor, wenn beispielsweise nach kaufmännischen Grundsätzen (§§ 238 ff. HGB) Buch- und Kassenführung geführt wird. Auch die Beschäftigung genügenden Personals und dessen geordnete Beaufsichtigung sowie die Aufstellung einer Bilanz u.a. können als Indizien angesehen werden.[553]

Vor allem richtet sich die Erforderlichkeit eines kaufmännischen Geschäftsbetriebs aber nach dem Umfang der Geschäfte, wobei im Einzelfall zu bestimmen ist, wann die Einrichtung eines solchen Betriebs objektiv erforderlich ist und ob sich beim gleichzeitigen Betreiben mehrere Bankgeschäfte auch bei einem vergleichsweise geringen Umfang ergeben.[554] So können die Anzahl der Geschäfte, Umsatz, Anlagekapital, Ertrag, Einrichtungen des Unternehmens und Inanspruchnahme von Kredit als Kriterien herangezogen werden.[555]

Von Bedeutung sind insofern die nach der Verwaltungspraxis festgestellten Schwellenwerte, in deren Rahmen erlaubnisfreie Bagatellgeschäfte ermöglicht werden. Danach ist ein in kaufmännischer Weise eingerichteter Geschäftsbetrieb im Fall von Kreditgeschäft erforderlich, wenn mehr als 100 Einzeldarlehen (unabhängig vom Kreditvolumen) oder mindestens 500.000 Euro Gesamtkreditvolumen bei mehr als 20 noch nicht abgewickelter Einzeldarlehen betrieben werden. Dieses Volumen kann sogar überschritten werden, solange es weniger als 21 einzelne Kredite sind.[556] Hierzu ist zu bemerken, dass die BaFin diese Wertgrenzen (die für das Kreditgeschäft im Allgemeinen gelten) auch ausdrücklich für Geschäftsmodelle in Zusammenhang mit internetbasierten Kreditvermittlungsplattformen festgelegt hat.[557]

In Bezug auf das unechte Crowdlending ist festzustellen, dass keinerlei Indizien dafür zu finden sind, die für eine Überschreitung solcher Werte sprechen können. Weder im Hinblick auf die Kreditsummen noch bezüglich der Zahl der einzelnen Darlehen gehen die Werte über die vorgesehenen Grenzen hinaus. In der Praxis berücksichtigen die Kreditvermittlungsplattformen die Einhaltung solcher Bagatellgrenzen für die Investoren, sodass es trotz der geforderten

553 Vgl. *Schäfer*, in: Boos/Fischer/Schulte-Mattler, KWG § 1 Rn. 23; *Schwennicke*, in: Schwennicke/Auerbach, KWG § 1 Rn. 7.

554 BaFin-Merkblatt zum Kreditgeschäft vom 08.01.2009, idF v. 02.05.2016, zugänglich unter www.bafin.de.

555 Vgl. *Schäfer*, in: Boos/Fischer/Schulte-Mattler, KWG § 1 Rn. 24.

556 Vgl. *Schäfer*, in: Boos/Fischer/Schulte-Mattler, KWG § 1 Rn. 25.

557 BaFin-Merkblatt zum Kreditgeschäft vom 08.01.2009, idF v. 02.05.2016, zugänglich unter www.bafin.de; BaFin, Merkblatt zur Erlaubnispflicht von Kreditvermittlungsplattformen v. 14.05.2007.

Risikostreuung i.d.R. nicht möglich ist, gleichzeitig in mehr als 100 verschiedene Kreditprojekte zu investieren.[558]

Aber auch bei einer möglichen Überschreitung der genannten Werte bleibt die Feststellung eines in kaufmännischer Weise eingerichteten Geschäftsbetriebs in diesem Fall unerheblich. Grund dafür ist der hier schon begründete Ansatz des Verfassers, wonach tatsächlich mehreren stattgefundenen Kreditgewährungen eher eine Ergänzungsfunktion als Teil einer einmaligen Investition zuzusprechen ist und sie nicht als einzelne Darlehen angesehen werden sollen. Sollte ein Anleger mehrere Investitionen (in ihrer Gesamtheit betrachtet) auf derselben oder zugleich sogar auf mehreren Kreditplattformen durchführen, wäre es ein Indiz für die Festlegung einer Wiederholungsabsicht mit der Folge, dass dabei die Gewerbsmäßigkeit festzustellen wäre, abgesehen davon, dass die Bagatellgrenzen eingehalten werden.

Es zeigt sich im Ergebnis, dass die Feststellung eines in kaufmännischer Weise eingerichteten Geschäftsbetriebs durch u.a. die Überschreitung der Schwellenwerte keine Rolle mehr spielt. Von Bedeutung ist in der Praxis nur, ob der Anwendungsbereich für die erste Tatbestandsalternative in Betracht kommt bzw. ob die Gewerbsmäßigkeit im Sinne einer möglichen Wiederholungsabsicht bei den von den Investoren ausgeführten Investitionen (zusammengenommen) festzustellen ist. Das ist aber aus den oben genannten Gründen im Rahmen des hier behandelten Geschäftsmodells i.d.R. auszuschließen.

IV. Ergebnis zur Genehmigungsbedürftigkeit der Investoren

1. Ergebnis

Eine Kreditgewährung durch den in der Vertragsgestaltung vorgesehenen Erwerb von Rückzahlungsansprüchen liegt daher trotz der bankaufsichtsrechtlich vertretenen Auslegung vor. Die tatbestandliche Voraussetzung des Betreibens ist beim Kreditgeschäft gem. § 1 Abs. 1 Satz 2 Nr. 2 Alt. 1 und § 32 Abs. 1 S. 1 damit im unechten Crowdlending erfüllt.

Die Investoren betreiben beim unechten Crowdlending kein Factoring i.S.v. § 1 Abs. 1a S. 2 Nr. 9 KWG.

Die erkennbare Absicht zur Wiederholung einer Investition ist nicht als eine auf Dauer eingerichtete Tätigkeit anzusehen. Eine Wiederholungsabsicht ist

558 S. im Fall von Auxmoney, „Wer kann bei Auxmoney Geld anlegen“, abrufbar unter https://www.auxmoney.com/infos/geld-anlegen-mit-auxmoney; zuletzt geprüft am 07.04.2020.

im Rahmen des Geschäftsmodells aber als Ergänzungsfunktion einer einzigen Investition zu verstehen, die keine Geschäftsmäßigkeit darstellt. Die Investoren sind i.d.R. nur im Rahmen der Verwaltung und Nutzung ihres privaten Vermögens tätig und ihr Auftreten über die jeweilige Kreditvermittlungsplattform stellt kein Tätigwerden in der Öffentlichkeit dar.

Die Feststellung eines in kaufmännischer Weise eingerichteten Geschäftsbetriebs durch die Überschreitung der Schwellenwerte ist auszuschließen und bleibt als zweite Tatbestandsalternative in der Praxis unerheblich.

Im Ergebnis betreiben die Investoren im Rahmen des unechten Crowdlending kein Bankgeschäft i.S.d. § 1 Abs. 1 S. 2 KWG.

2. *Eigene Bewertung*

a. *Funktionsschutz*

In erster Linie soll in diesem Zusammenhang die Notwendigkeit einer „schutzzweckorientierten Auslegung" des Begriffs der Gewerbsmäßigkeit berücksichtigt werden, da diese nur im Rahmen einer bankmäßigen Betätigung anzusehen und nach der Intention des KWG als vorausgesetzte Gefahrenprävention zu verstehen ist.[559] D.h., dass der auszulegende Begriff der Gewerbsmäßigkeit sich vor allem auf den Schutzgedanken des KWG beruft, wonach die Wahrung der Funktionsfähigkeit des Kreditapparates (sowie der Schutz der Gläubiger von Instituten vor Verlusten) als Schutzzwecke anzusehen sind.[560]

Eine Beaufsichtigung von minderkaufmännisch betriebenem Bankgeschäft ist insofern nicht geboten, weil nur Bankbetriebe von einer gewissen Größe für die Schutzzwecke erheblich sind.[561] Somit kommt man zu den folgenden Abwägungen:

Ziel ist es, durch diesen ergänzenden Kauf von mehreren Rückforderungen das Risiko effektiv minimieren zu können. Bei den Investoren in diesem Geschäftsmodell handelt es sich somit um ein Tätigwerden, in dem nicht nur bedeutungslose Beträge ohne bankmäßige Relevanz zu sehen sind, sondern es auch keine Wiederholungsabsicht wegen der zugesprochenen Ergänzungsfunktion mehrerer Kreditgewährungen darstellt. Eine extensive Interpretation der Gewerbsmäßigkeit von der Seite der Aufsichtspraxis erscheint deshalb als nicht

559 Vgl. *Fischer/Müller*, in: Boos/Fischer/Schulte-Mattler, KWG § 32 Rn. 17.

560 Vgl. Entwurf eines Gesetzes über das Kreditwesen vom 25. Mai 1959, BT-Drucks 3/1114, S. 20.

561 Vgl. Entwurf eines Gesetzes über das Kreditwesen vom 25. Mai 1959, BT-Drucks 3/1114, S. 27.

angemessen, weil durch eine solche Auslegung die Leistungen der Investoren im Abstrakten und ohne ihren konkreten Inhalt bewertet werden.

Andererseits ist es den Investoren im unechten Crowdlending wegen der extensiven Auslegung der Gewerbsmäßigkeit der Verwaltungspraxis der BaFin nicht möglich, gewinnbringende Vermögensanlagen durch die gelegentliche private Kreditvergabe gegen Zinsen zu erwirtschaften.[562] Als gewerbliche Tätigkeit ist diese aber erst einzustufen, wenn die Häufigkeit der Kreditvergabe die Einrichtung eines in kaufmännischer Weise eingerichteten Geschäftsbetriebs i.S. des Auffangtatbestandes erforderlich macht, sodass die Schwellenwerte der Verwaltungspraxis der BaFin für einen kaufmännischen Geschäftsbetrieb erreicht sind.[563]

Eine extensive Auslegung bedeutet die Unzulässigkeit der Darlehensvergabe aus eigenen Mitteln gegen Zinsen. Die objektive Feststellung von Schwellenwerten von der Seite der Aufsichtspraxis verliert darüber hinaus dadurch an Bedeutung und in systematischer Hinsicht ist die Berücksichtigung der in der Norm vorgesehenen zweiten Tatbestandserfüllung eines in kaufmännischer Weise eingerichteten Geschäftsbetriebs (mit der Ausnahme einer zinslosen Kreditvergabe)[564] nicht mehr erforderlich.

In diesem Sinne ist auch die Stellungnahme der Bundesregierung in den Gesetzmaterialien dazu zu beachten, wonach sie sich gegen die Beaufsichtigung des privaten Geldverleihers ausdrücklich geäußert hat und es als nicht zweckmäßig betrachtete:

„Die Bundesregierung hält daran fest, dass Gewerbetreibende, die Bankgeschäfte nur in geringem Umfange betreiben, nicht als Kreditinstitute angesehen werden sollen. Nach der vom Bundesrat vorgeschlagenen Fassung des § 1 Abs. 1 S. 1 würden insbesondere auch private Geldverleiher, die unbedeutende eigene

---

562 Durch den Beschluss des VGH Kassel vom 12.12.2007 wurde dieser Ansatz der Aufsichtspraxis bestätigt; NJW-RR 2008, 1011. Dennoch nach der h. M. handelt es sich bei der Verwaltung eigenen Vermögens um eine von vorneherein nicht dem Gewerbebegriff unterfallende Tätigkeit, dazu *Hartmann*, BKR 2017, 321 (326 f.); *Schwennicke*, in: Schwennicke/Auerbach, KWG § 1 Rn. 6, 40; *Fischer/Müller*, in: Boos/Fischer/Schulte-Mattler, KWG § 32 Rn. 7, 9. Ausführlich *Schwennicke*, WM 2010, 542 ff.

563 Vgl. *Schwennicke*, in: Schwennicke/Auerbach, KWG § 1 Rn. 40.

564 Unter Umständen könnten bestimmte Crowdfunding- bzw. Crowdlending- Geschäftsmodelle darunter fallen, sowie Geschäftstypen wie der sog. „islamischer Finanzwirtschaft", bei denen Zinsen aus religiösen Gründen verboten sind. Auch der Fall einer zinsfreien Darlehensgewährung eines Studentenwerks wäre dabei zu berücksichtigen (VG Berlin, Urteil v. 19.8.1996, NJW-RR 1997, 808 ff.).

Mittel mit einer gewissen Regelmäßigkeit ausleihen, unter das Gesetz fallen. Der Zweck des Gesetzes, die Erhaltung der volkswirtschaftlichen Funktionsfähigkeit des Kreditgewerbes und die Sicherung der Einlagen, erfordert jedoch keine Aufsicht über solche Personen, die auch von der Verkehrsanschauung nicht als Kreditinstitute angesehen werden".[565]

Es ist insofern davon auszugehen, dass die Beaufsichtigung der Investoren beim Crowdlending auch nicht zweckdienlich ist. Die Einfügung der Gewerbsmäßigkeit geht auf den Art. 1 Nr. 2 der Wertpapierdienstleistungsrichtlinie zurück.[566] Zweck war es, den Bereich des sog. „Grauen Kapitalmarkts" in die Aufsicht einzubeziehen, damit er wirksam kontrolliert werden kann, auch wenn der Umfang der Geschäftstätigkeit keine Anforderungen an die Einrichtung eines in kaufmännischer Weise organisierten Geschäftsbetriebs stellt.[567]

Fraglich ist deshalb die Entscheidung der BaFin, die Bewertung des unechten Crowdlending auch unter einer extensiven Anwendung des Gewerbsmäßigkeitsbegriffs bezüglich der Investoren zu erwägen, obwohl diese mit ihrem Tätigwerden (im Gegensatz zu dem üblichen Fall im grauen Kapitalmarkt) keine nachhaltige Teilnahme am allgemeinen Wirtschaftsverkehr darstellen. Die vom Gesetzgeber erwähnte Vorstellung eines grauen Kapitalmarkts unterscheidet sich maßgeblich von der Realität der entwickelten Vertriebsmöglichkeiten verschiedener Crowdlending-Geschäftsmodelle. Der geforderten Bekämpfung des unregulierten Kapitalmarkts kann nicht durch das Einbeziehen der Investoren mit ihrem typisierten geringeren Kapitaleinsatz im unechten Crowdlending gedient werden.[568]

Sinnvoller ist es aus bankaufsichtsrechtlicher Perspektive vielmehr, eine schutzzweckorientierte Auslegung der Gewerbsmäßigkeit bei der Bewertung des Geschäftsmodells zu berücksichtigen. Das würde zugleich aus der Sicht der Investoren die Ermöglichung des Geschäftsmodells ohne die Notwendigkeit der Einschaltung eines Kreditinstituts bedeuten, die zu einem transaktionsgünstigen Geschäftsmodell führen und der Erweiterung des Finanzmittelzugangs für bestimmte Wirtschaftssektoren dienen kann.[569]

---

565 Entwurf eines Gesetzes über das Kreditwesen vom 25. Mai 1959, BT-Drucks 3/1114, S. 67.

566 *Schäfer*, in: Boos/Fischer/Schulte-Mattler, KWG § 1 Rn. 21.

567 Vgl. BT-Drucks. 13/7142, S. 58.

568 Vgl. *Nietsch/Eberle*, ZVglRWiss 2017, 205 (216 f.).

569 In der Tat kann man nach dem Wortlaut von § 1 Abs. 2 Nr. 7 VermAnlG n.F. davon ausgehen, dass der Gesetzgeber gefordert hat, nicht nachrangige Darlehen jenseits der Frage eines öffentlichen Angebots nicht als Vermögensanlagen einzuordnen, vgl.

Dies würde die Schließung mehrerer Darlehensverträge zwischen Anlegern und Kreditnehmern mit sich bringen, die immerhin unter Berücksichtigung des hier vertretenen Ansatzes aufgrund der fehlenden Gewerbsmäßigkeit bzw. der Ergänzungsfunktion verschiedener Kreditbeträge als eine einzige Investition nicht das Betreiben eines Kreditgeschäfts darstellt. Nur dann, wenn der Anleger außerhalb des Umfangs der Verwaltung und Nutzung seines privaten Vermögens ein einziges oder gleichzeitig mehrere Kreditprojekte vollständig finanziert, würde er gewerbsmäßig handeln und damit der Erlaubnispflicht nach § 32 KWG unterliegen.

b. Verbraucherschutz

Auch aus verbraucherschutzrechtlicher Perspektive lässt sich eine Beaufsichtigung der Investoren nicht erklären.[570] Die Annahme, die Geltung des Verbraucherkreditrechts wäre ohne die Einschaltung des Kreditinstituts bei der Kreditvergabe kaum denkbar,[571] ist nach einer eingehenden Abwägung der Vertragsgestaltung nicht nachvollziehbar.

Zur Verbrauchereigenschaft des Darlehensnehmers muss die Unternehmereigenschaft des Darlehensgebers hinzukommen.[572] In Hinblick auf das Crowdlending ist der in den §§ 505a ff. BGB vorgesehene Schutz des Verbrauchers vor allem mit der Erfüllung der Bonitätsprüfungspflichten bei der Kreditvergabe trotz unbedeutender Beträge wahrzunehmen. Dabei ist durch die Durchführung der Bonitätsprüfung, die Einrichtung von Scoringprozessen sowie mit der entsprechenden Risikoeinstufung insbesondere das Überschuldungsrisiko der Kreditnehmer zu minimieren.

In der Praxis werden diese Pflichten nach der Vertragsgestaltung als vereinbarte Leistung im Vorstadium mit den umfangreichen Prüfungskompetenzen von der Seite der Plattform-Betreiber erfüllt, obwohl aufsichtsrechtlich das jeweilige Kreditinstitut für die Erfüllung der Bonitätsprüfungspflichten in die Pflicht zu nehmen wäre, da dabei von einer Auslagerung solcher Prozesse ausgegangen werden kann.

Riethmüller, DB 2015, 1451 (1456). Damit wäre die Notwendigkeit der Einschaltung eines Kreditinstituts bzw. ihre Rolle im Geschäftsmodell in Frage zu stellen.

570 So im Ergebnis auch *Hartmann*, BKR 2017, 321 (326 f.); *Renner*, ZBB 2014, 261 ff.

571 *Nietsch/Eberle*, ZVglRWiss 2017, 205 (217).

572 *Veith*, BKR 2016, 184 (193). Das wäre im Fall vom echten Crowdlending ohne die Einschaltung eines Kreditinstituts problematisch und könnte dazu führen, dass die verbraucherschutzrechtlichen Anforderungen nach §§ 491 ff. u. 513 BGB keine Anwendung mehr finden.

Darlehensgeberpflichten (Risikoeinschätzung und Bonitätsprüfungspflichten) werden dann an die jeweilige Kreditvermittlungsplattform übertragen, ohne zugleich das Ausfallsrisiko übernommen bzw. den Verbraucherschutz beeinträchtigt zu haben. Sowohl beim echten als auch beim unechten Crowdlending werden diese Pflichten von der jeweiligen Kreditvermittlungsplattform eingehalten, die dafür über automatisierte Systeme verfügt und solche Risiken effektiv vermeiden kann.

Dass die Anleger ohne Erlaubnis gelegentlich im Rahmen der Verwaltung und Nutzung ihres privaten Vermögens im Crowdlending tätig sein dürfen, stellt keine Beeinträchtigung des Verbraucherschutzes dar.

C. Genehmigungsbedürftigkeit der Tätigkeit des Kreditnehmers

I. Erfordernis des Betreibens bei einzelnen Bankgeschäften bzw. des Betreibens des Einlagegeschäfts (§ 1 Abs. 1 Satz 2 Nr. 1 KWG)

Im Fall des unechten Crowdlending könnte auch das mögliche Betreiben des Einlagengeschäfts gem. § 1 Abs. 1 S. 2 Nr. 1 KWG in Betracht kommen, wenn der Darlehensnehmer rückzahlbare Gelder des Publikums annimmt.

In Hinblick auf das unechte Crowdlending ist das jedoch nicht der Fall, weil das darlehensgewährende Kreditinstitut nicht dem Publikum zuzuordnen ist, sodass der Kreditnehmer bei Erhalt der Darlehensvaluta keine Gelder des Publikums annimmt.[573] Die Tatbestandsvoraussetzungen eines Einlagegeschäfts werden daher vom Kreditnehmer nicht erfüllt.

II. Ergebnis zur Genehmigungsbedürftigkeit der Tätigkeit des Kreditnehmers

Die Kreditnehmer betreiben im Rahmen des unechten Crowdlending kein Bankgeschäft i.S.d. § 1 Abs. 1 S. 2 Nr. 1 KWG und benötigen keine Erlaubnis nach § 32 KWG.

---

573 *Veith*, BKR 2016, 184 (188).

3. Kapitel: Der Vorschlag der EU-Kommission für eine Crowdfunding-Verordnung v. 8.3.2018[574]

Im Rahmen der Entwicklung einer gemeinsamen europäischen Agenda für FinTech-Unternehmen[575] hat die EU-Kommission am 8.3.2018 einen Vorschlag vorgelegt, um den Marktteilnehmern im Bereich Crowdfunding-Finanzierung einen sicheren Rechtsrahmen zur Verfügung zu stellen. Es handelt sich um den Entwurf einer Verordnung „über Europäische Crowdfunding-Dienstleister für Unternehmen", mit der insbesondere ein in der gesamten Union geltender „Europäischer Pass" für Crowdfundingplattformen-Betreiber geschaffen wird.[576]

Angesichts der Notwendigkeit einer Mindestharmonisierung aufgrund nationaler und divergierender Regelungskonzepte bei der Durchsetzung der o.g. europäischen FinTechs-Pläne, ist es bemerkenswert, dass es gerade ausschließlich im Bereich der Internet-Plattformenfinanzierung gelungen ist, eine vereinheitliche Regulierung auf unionaler Ebene auch als Teil der Vollendung der

574 Vorschlag für eine Verordnung des Europäischen Parlaments und des Rates über Europäische Crowdfunding-Dienstleister für Unternehmen vom 8.3.2018, KOM (2018) 113 endgültig.

575 Dazu Mitteilung der Kommission, „FinTech-Aktionsplan", v. 8.3.2018, COM (2018) 109 final; Mitteilung der Kommission, „Aktionsplan Finanzdienstleistungen für Verbraucher: bessere Produkte, mehr Auswahl", v. 23.3.2017, COM (2017) 139 final; Mitteilung der Kommission, „Strategie für einen digitalen Binnenmarkt für Europa", v. 6.5.2015, COM (2015) 192 final; VO (EU) 2016/679 zum Schutz natürlicher Personen bei der Verarbeitung personenbezogener Daten, zum freien Datenverkehr und zur Aufhebung der RiL 95/46/EG („Datenschutz-Grundverordnung") v. 27.4.2016, ABl. EU 2016 L 119/1; Vorschlag der Europäischen Kommission für eine Richtlinie über digitale Inhalte, v. 9.12.2015, COM (2015) 634 final; Mitteilung der Kommission, Künstliche Intelligenz für Europa, v. 25.4.2018, COM (2018), 237 final. Erwähnenswert ist auf nationaler Ebene die BaFin-interne Projektgruppe zum Thema FinTechs, die seit 2016 das Ziel hat, die Entwicklungen am FinTech-Markt zu beobachten und zu prüfen, ob die BaFin ihre Prozesse angesichts der Fortentwicklung der Digitalisierung anzupassen hat, abrufbar unter: https://www.bafin.de/SharedDocs/Veroeffentlichungen/DE/Fachartikel/2016/fa_bj_1601_fintechs.html.

576 Vgl. Vorschlag für eine Verordnung des Europäischen Parlaments und des Rates über Europäische Crowdfunding-Dienstleister für Unternehmen vom 8.3.2018, KOM (2018) 113 endgültig; *Möslein/Omlor*, BKR 2018, 236 (237 f.).

Kapitalmarktunion vorzuschlagen, die jedenfalls für diejenigen gelten soll, die auch grenzüberschreitende Crowdfunding-Dienstleistungen anbieten wollen.[577]

A. Ziel und Rechtfertigung

In diesem Zusammenhang geht es beim unionalen Gesetzgeber darum, eine Alternative im Bereich der Unternehmensfinanzierung bzw. für kleine und mittlere Firmen zu schaffen, die meist auf relativ kleine Investitionsbeträge angewiesen sind und sich in einem frühen Entwicklungsstadium befinden (Erwägungsgrund 1 des VO-Entwurfs). Somit soll durch den Vorschlag ermöglicht werden, dass die Plattformen ihre Tätigkeiten auf den gesamten europäischen Markt ausweiten, damit Start-ups und KMU Zugang zu alternativen Kapitalquellen erhalten bzw. der Zugang zu Finanzierungsmöglichkeiten dieser Art von Unternehmen erleichtert werden kann (Begründung, S. 3 des VO-Entwurfs).

Der Grundgedanke, wonach diese Art innovativer Finanzierung eine wesentliche Rolle bei der sog. „Early-Stage" eines Unternehmens spielt, bleibt weiterhin bei der EU-Kommission als Hauptgrund für die Schaffung eines angemessenen Rechtsrahmens. In der Tat wird von einer Kreditfunktionsstörung auf europäischer Ebene ausgegangen, die auch die Expansionsphase eines „Start-ups" betreffen kann.[578]

Seinerseits sind Erwähnungen bezüglich des Verbraucher- und Anleger-, aber auch des Funktionsschutzes zunächst beim sog. „FinTech-Aktionsplan" zu finden. In diesem Sinne betont die Kommission, dass ein hohes Schutzniveau für Verbraucher und Anleger sicherzustellen sei. Auch die Abwehrkraft

577 Zu erwähnen ist in dieser Hinsicht, dass gem. Art. 2 Abs. 2 lit. c. des VO-Entwurfes ein Wahlrecht des Crowdfunding-Dienstleisters zwischen unionaler und nationaler Regulierung besteht; vgl. Vorschlag für eine Verordnung des Europäischen Parlaments und des Rates über Europäische Crowdfunding-Dienstleister für Unternehmen vom 8.3.2018, KOM (2018) 113 endgültig, Erwägungsgrund 2, S. 13; Erwägungsgrund 14, S. 15 f.

578 „Für kleine und neu entstehende Unternehmen ist der Zugang zu Finanzmitteln schwierig, insbesondere wenn sie vom Start-up zur Expansionsphase übergehen.", vgl. Vorschlag für eine Verordnung des Europäischen Parlaments und des Rates über Europäische Crowdfunding-Dienstleister für Unternehmen vom 8.3.2018, KOM (2018) 113 endgültig, Erwägungsgrund 2, S. 13. Für den Zusammenhang zwischen einer möglichen Kreditfunktionsstörung im KKMU- und Existenzgründungssektor und dem Crowdlending als innovative Finanzierungsform, s. Erster Teil, Viertes Kapitel.

und Integrität des Finanzsystems sei bei der Nutzung von Finanzinnovationen zu gewährleisten.[579] In Bezug auf die Zulassungsanforderungen bei innovativen Geschäftsmodellen sei eine wirksame Beaufsichtigung der Dienstleister zu ermöglichen, sodass die Stabilität, Integrität und Fairness der Märkte gewährleistet und die Verbraucher und Anleger geschützt werden können.[580]

Im gleichen Sinne erwähnt die Kommission konkret in ihrem VO-Entwurf, dass ein angemessener Investoren- sowie Verbraucherschutz[581] zu gewährleisten sei (Begründung des VO-Entwurfs, S. 7), und spricht von einer „Verbesserung" des Investorenschutzes als eines der Ziele der Verordnung (Erwägungsgrund 43 des VO-Entwurfs).

B. Anwendungsbereich

Erfasst werden zugleich mehrere Varianten der Crowdfunding-Geschäftsmodelle und nicht nur die bisher analysierten Crowdlending-Plattformen.[582] So soll die Verordnung in der Praxis sowohl für Crowdlendingplattformen als auch für Crowdinvestingplattformen gelten, bei denen die Finanzierung über einen Kreditvertrag, einen Kapitalanteil oder einen sonstigen übertragbaren wertpapiergestützten Anteil erfolgen kann (Erwägungsgrund 1 des VO-Entwurfs).[583]

---

579 Mitteilung der Kommission, „FinTech-Aktionsplan", v. 8.3.2018, COM (2018) 109 final, S. 3.

580 Mitteilung der Kommission, „FinTech-Aktionsplan", v. 8.3.2018, COM (2018) 109 final, S. 5.

581 Jedoch findet man, dass „Projektträger", die als „Verbraucher" angesehen werden, vom Anwendungsbereich der Regelung auszunehmen sind (Art. 2 Abs. 2 lit. a des VO-Entwurfs). Somit werden nur Verbraucher, die als Investoren im Geschäftsmodell agieren, berücksichtigt.

582 Über die verschiedenen Varianten des Crowdfunding und die typisierten Erscheinungsformen der Geschäftsmodelle, s. Erster Teil, Drittes Kapitel.

583 Damit sollen auch Crowdinvestingplattformen, über die die sog. „Kryptowährungen" auch angeboten und gehandelt werden, erfasst werden können. Unter bestimmten Bedingungen können Kryptowährungen im Sinne von „Tokens" als Finanzinstrument bzw. Wertpapier (z.B. sog. „Security Token", die auch als „Equity Token" oder „Investment Token" bezeichnet werden) angesehen werden. Dabei könnten darüber hinaus je nach Vertragsgestaltung mehrere Erlaubnis- und Prospektpflichten ausgelöst werden. Eingehend dazu *Weitnauer*, BKR 2018, 231 ff. Aufgrund ihrer Standardisierung und Handelbarkeit (Fungibilität) s. konkret über die rechtliche Einordnung der Kryptowährungen aus rechtsvergleichender Perspektive, *Klöhn/Parhofer/Resas*, ZBB 2018, 89 ff.

Der Vorschlag konzentriert sich vor allem auf das Geschäftsmodell des sog. „P2B-Crowdfunding", der KMU-Unternehmen als Zielgruppe bzw. „Projektträger" und Kreditnehmer betrachtet (Erwägungsgrund 1; Art. 3 Abs. 1 lit. f des VO-Entwurfs). Somit werden Projektträger, die „als Verbraucher i. S. d. Art. 3 Buchstabe a der RiL 2008/48/EG anzusehen sind", nicht erfasst (Art. 2 Abs. 2 lit. a des VO-Entwurfs). Nicht erfasst sind auch Crowdfunding-Dienstleistungen, die von Wertpapierdienstleistern erbracht werden, die schon als Wertpapierfirmen zugelassen wurden (Art. 2 Abs. 2 lit. b des VO-Entwurfs).

Sollte ein Crowdfunding-Dienstleister nur auf den nationalen Markt eingerichtet sein wollen, sollte er weiterhin die Möglichkeit behalten, seine Crowdfunding-Dienstleistungen ausschließlich nach anwendbarem nationalen Recht zu erbringen; diese sind von daher nicht von der Verordnung zu erfassen, wenn sie nach nationalem Recht erbracht werden (Erwägungsgrund 14; Art. 2 Abs. 2 lit. c des VO-Entwurfs). Dabei ist jenseits der dargelegten Besonderheiten des im Fall von Crowdlending in Deutschland etablierten Geschäftsmodells zu fragen, ob dieses Wahlrecht für Dienstleister die Aufsicht über diese Plattformen noch undurchsichtiger macht und statt zur Harmonisierung zur Fragmentierung der Regulierung führt. Es wäre mit einem Wettbewerb wegen der entstehenden Duplizität bei den anwendbaren Regelungen zu rechnen, indem der künftige Crowdfunding-Dienstleister dort bleiben würde, wo er sich am meisten Vorteile verschaffen kann.

Dies deutet deshalb darauf hin, dass das Ziel der Beseitigung der Fragmentierung des Rechtsrahmens für Crowdfunding-Dienstleistungen nicht in dieser Form zu erreichen ist. Der Gesetzgeber könnte mit diesem Vorschlag schaffen, was er eigentlich im Rahmen einer Kapitalmarktunion zu vermeiden versucht (Begründung, S. 1 u. Erwägungsgrund 43 des VO-Entwurfs).[584] Darüber hinaus kann die Fähigkeit der Aufsichtsbehörden, dieses doppelte Regime wegen der Kompetenzverteilung bei der Durchführung der laufenden Kontrollen effizient zu beaufsichtigen, in Frage gestellt werden.

Zum Schluss werden in diesem Sinne Crowdfunding-Angebote mit einem Gesamtwert von mehr als 1 Mio. Euro je Crowdfunding-Angebot nicht berücksichtigt, das mit diesem Gegenwert über einen Zeitraum von 12 Monaten in Bezug auf ein bestimmtes Crowdfunding-Projekt berechnet wird (Art. 2 Abs. 2 lit. d des VO-Entwurfs). Dieser Schwellenwert steht somit im Einklang mit

584 Kritisch äußerte sich auch der Bundestag, der der Annahme ist, dass das im Vorschlag vorgesehene doppelte Regime nicht mit dem EU-Recht vereinbart ist, dazu BR-Drs. 69/18, S. 4 f.

der Prospektverordnung, wonach ab 1 Mio. Euro ein Prospekt veröffentlicht werden soll.[585]

C. Zulassungs- und Aufsichtsregime

Die ESMA ist als Zulassungsbehörde vorgesehen (Art. 10 Abs. 1 des VO-Entwurfs) und hat über den vollständigen Antrag innerhalb von zwei Monaten zu entscheiden (Art. 10 Abs. 6 des VO-Entwurfs).[586] Dabei sollen sich die von der ESMA zugelassenen Crowdfunding-Betreiber als „Crowdfunding-Dienstleister" bezeichnen, sodass dies auch auf ihrer Webseite öffentlich zugänglich sein soll (Art. 11 Abs. 1 VO-Entwurfs).

Die laufende Beaufsichtigung soll weiterhin auch bei der ESMA bleiben (Art. 12 f., 22 ff. des VO-Entwurfs). Dafür wird die ESMA mit Befugnissen bezüglich Informations- (Art. 22 des VO-Entwurfs), allgemeinen Untersuchungs- (Art. 23 des VO-Entwurfs) sowie mit Vor-Ort-Prüfungsrechten (Art. 24 des VO-Entwurfs) ausgestattet, die auch durch die von der ESMA Bediensteten bzw. bevollmächtigten Personen ausgeübt werden dürfen.[587] Auch die Befugnisse, um Aufsichtsmaßnahmen bei Verstößen gegen Bestimmungen aus den Kapiteln I bis V des VO-Entwurfs verhängen zu dürfen, werden der ESMA zugestanden. Somit darf sie Bekanntmachungen und Warnungen vornehmen

585 Art. 1 Abs. 3 UAbs. 1 VO (EU) 2017/1129 über den Prospekt, der beim öffentlichen Angebot von Wertpapieren oder bei deren Zulassung zum Handel an einem geregelten Markt zu veröffentlichen ist, („Prospektverordnung") v. 14.6.2017, ABl. EU Nr. L 168 S. 12 v. 30.6.2017. Jedoch sind Äußerungen des EU-Parlaments öffentlich bekannt gegeben, in dessen Wirtschafts- und Währungsausschuss (Econ) bezüglich des Schwellenwerts die Einbeziehung von Finanzierungen bis zu 8 Mio. statt 1 Mio. Euro in dieser Regelung gefordert wurde, mit dem Ziel, Crowdfunding in Europa „noch attraktiver zu machen", vgl. Börsen-Zeitung, 30.08.2018.

586 Wünschenswert wäre bei den Zulassungsanforderungen auch eine ausführliche Beschreibung der Verfahren und Methoden zur Abgabe und Überprüfung der Bonität des Crowdfunding-Projektträgers, die nur als Auswahlkriterien im Art. 14 im Rahmen der zu Verfügung zu stellenden Informationen für die Kunden vorgesehen sind. Obwohl solche Transparenzpflichten schon bei der Aufnahme der Beaufsichtigung erfüllt werden sollten, sind diese bei den Zulassungsanforderungen gem. Artikel 10 des VO-Entwurfes nicht zu finden.

587 Die Durchführung dieser laufenden Kontrollen löst wegen des bisher fehlenden Vollzugsapparats der ESMA viele Fragen aus. Dass in den genannten Regelungen (Kapitel VI des VO-Entwurfes) eine enge Kooperation mit den betreffenden zuständigen nationalen Behörden vorgesehen ist, erklärt sich vor allem dadurch, dass die Effizienz der Kontrolle nur durch eine solche Kooperation gewährleistet werden kann.

(Art. 27 Abs. 1 Lit. c und d des VO-Entwurfs) sowie auch Geldbußen (Art. 28 des VO-Entwurfs) oder Zwangsgelder (Art. 29 des VO-Entwurfs) verhängen.[588]

D. Bewertung des VO-Entwurfs

I. Anlegerschutz

Im Rahmen des VO-Entwurfs wird als „Investor" diejenige Person definiert, die über eine Crowdfunding-Plattform Kredite gewährt oder übertragbare Wertpapiere erwirbt (Art. 3 lit. g des VO-Entwurfs). Hierbei ist zu beachten, dass der VO-Entwurf dann auch Anwendung findet, wenn die Investoren im Rahmen des jeweiligen Schwarmfinanzierung-Projekts nicht unternehmerisch agieren.[589]

Ob damit eines der Ziele bei der Entwicklung solcher Crowdfunding-Geschäftsmodelle berücksichtigt wird, wonach insbesondere auch eine Gruppe von Anlegern zu erreichen ist, die nicht zum Bereich eines professionellen Investors gehört, bleibt dennoch offen. In diesem Zusammenhang lässt sich nicht klären, dass die potenziellen Investoren Informationen über Grundkenntnisse und das Verständnis hinsichtlich der Risiken bei den Crowdfunding-Dienstleistern einzureichen haben, darunter auch über frühere Investitionen in übertragbare Wertpapiere oder Kreditverträge, einschließlich in Unternehmen, die sich in der Gründungs- oder Expansionsphase befinden sowie Informationen über einschlägige Kenntnisse oder Berufserfahrungen im Zusammenhang mit Crowdfunding-Investitionen (Art. 15 Abs. 2 lit. a und b. des VO-Entwurfs).

Es ist insofern davon auszugehen, dass Investoren, die sich gelegentlich bei einer Crowdfunding-Plattform gemeldet haben und mit „relativ kleinen Investitionsbeträgen"[590] tätig sein möchten, nicht zu erwarten sind, sondern vor allem diejenigen, die schon als spezialisierte bzw. als erfahrene Investoren betrachtet, dabei wahrgenommen werden (können). Abgesehen von der Tatsache, dass potenzielle Investoren mit unzureichenden Kenntnissen nicht daran gehindert werden, in Crowdfunding-Projekte zu investieren und eine sog. „Risikowarnung" vom Crowdfunding-Dienstleister bekommen können, ist die Angemessenheit dieser Regelung in Frage zu stellen. Im gleichen Sinne ist die sog. „Simulation der Verlustfähigkeit" einzuschätzen, abgesehen davon, dass die potenziellen Investoren wegen der Ergebnisse der „Simulation" nicht daran gehindert werden, in Crowdfunding-Projekte zu investieren (Art. 15 Abs. 5 des

588 Vgl. *Möslein/Omlor*, BKR 2018, 236 (238).
589 Vgl. *Möslein/Omlor*, BKR 2018, 236 (240).
590 S. Erwägungsgrund 1 des VO-Entwurfs.

VO-Entwurfs). Der vorgesehene Anwendungsbereich der Norm, indem auch Investoren, die nicht unternehmerisch agieren, umfasst werden, ist nicht mit Art. 15 des VO-Entwurfs bzw. mit der Kenntnisprüfung und Überprüfung der Verlustfähigkeit der Investoren vereinbar. Da dadurch potenzielle Investoren, die keine Erfahrung nachweisen, unverhältnismäßig abschreckt werden können, steht diese Regelung auch nicht im Einklang mit dem Ziel der Erleichterung des Zugangs zu Finanzmitteln durch innovative Finanzierungsformen.[591] Andererseits wird nicht darauf geachtet, dass die Schwarmfinanzierung statt durch Abschreckungsmaßnahmen im Kern die Risiken durch eine granulare Verteilung zu verringern versucht.

Offen bleibt deswegen, ob die Investoren im Einzelfall durch „Risikowarnungs-Maßnahmen" effektiv geschützt werden können, ohne entsprechend das Geschäftsmodell zu beeinträchtigen.[592] Dem Erfordernis nach mehr Schutz beim Risikoeingehen der Investoren sollte bei der Regulierung solcher digitalen Geschäftsmodelle durch die dabei vorgesehene Informations- sowie Berichts- und Transparenzpflichten entsprochen werden.[593] Wie im Fall vom schon dargelegten unechten Crowdlending ist dem Anlegerschutz bei Crowdfunding-Finanzierung nicht durch die Sicherung der im Einzelfall geringeren angelegten Vermögenswerte der Kreditgeber zu dienen, sondern vielmehr durch die Gewährleistung eines transparenten Informationsaustauschs über die Qualität und Quantität zukünftiger potenzieller Kreditnehmer, was durch den Plattform-Betreiber stattfinden soll.[594]

Im Gegensatz dazu kann deswegen die Einführung eines sog. „Basisinformationsblatts für Investoren" als verhältnismäßig bewertet werden. Somit stellen die Crowdfunding-Dienstleister potenziellen Investoren für jedes Crowdfunding-Angebot ein vom Projektträger erstelltes Informationsblatt zur Verfügung (Art. 16 des VO-Entwurfs). Da der Anlegerschutz wegen der Einführung von Vereinfachungen bei Prospekt- und Informationspflichten beeinträchtigt werden kann (wie es im Fall von solchen Schwarmfinanzierungs-Geschäftsmodellen zu sehen ist), erscheint diese vorgesehene Anforderung bezüglich einer Reduktion der Informationsasymmetrien beim Anlegerschutz als sehr geeignet.

---

591 Dazu u.a. Begründung, S. 1 u. 3 sowie Erwägungsgründe 1 u. 2 des VO-Entwurfs.

592 Die Durchführung solcher Maßnahmen kann belastend und zu komplex für die Kostenstruktur des jeweiligen Geschäftsmodells sein, so in Bezug auf Prospektregime sowie Informationspflichten, *Waschbusch*, StB 2016, 206 (210); *Kumpan*, ZGR 2016, 2 (21).

593 Vgl. *Klebeck/Dobrauz-Saldapenna*, RdF 2017, 180 f.

594 Vgl. *Wilhelmi*, ZVglRWiss 2017, 298 (311).

Im Hinblick auf die Erbringung von Crowdfunding-Dienstleistungen sind Schutzvorschriften zu finden, die konkret organisatorische sowie betriebliche Anforderungen an Crowdfunding-Dienstleister umfassen (Kapitel II des VO-Entwurfs), wie eine Allgemeine Interessenwahrungspflicht (Art. 4 Abs. 2 des VO-Entwurfs) oder die Sorgfaltspflichten bei der Geschäftsleitung (Art. 5 des VO-Entwurfs). In diesem Kontext sind auch spezifische Schutzpflichten vorgesehen, wie z.B. bei der Bearbeitung von Kundenbeschwerden (Art. 6 des VO-Entwurfs), der Vermeidung von Interessenkonflikten (Art. 7 des VO-Entwurfs), der Auslagerung betrieblicher Aufgaben (Art. 8 des VO-Entwurfs) und der Verwahrung des Kundenvermögens bezüglich der Erbringung von Zahlungsdiensten (Art. 9 des VO-Entwurfs).

Solche Pflichten tragen beispielsweise dazu bei, dass die Crowdfunding-Dienstleister, ihre Modelle, Methoden sowie ihre Auswahlkriterien nicht dem Moral Hazzard dienen, die Bonität der Darlehensnehmer bzw. des Projektträgers zu beschönigen, weil der Crowdfunding-Dienstleister von einem Abschluss profitieren kann.[595] Auch das Risiko eines starken Eigeninteresses des jeweiligen Crowdfunding-Dienstleisters, dass nicht zu viele vermittelte Darlehen notleiden, sollte somit minimiert werden können.[596]

II. Verbraucherschutz

Problematisch erscheint der VO-Entwurf im Hinblick auf den Schutz des Kreditnehmers, der als „Projektträger" im Rahmen der dabei vorgesehenen Geschäftsmodelle agiert, weil dieser gem. Art. 2 Abs. 2 lit. a des VO-Entwurfs nicht geschützt wird, wenn er wie oben erwähnt als „Verbraucher" i.S.v. Art. 3 Buchstabe a der RiL 2008/48/EG anzusehen ist.

Insofern werden Finanzierungsprojekte, die beabsichtigen, sich zugunsten von Verbrauchern über eine solche Plattform zu finanzieren, nicht als schutzbedürftig berücksichtigt. Da jedoch weder die genannte Verbraucherkreditrichtlinie[597] noch die Hypothekarkreditrichtlinie wegen der bei Crowdfunding-Finanzierung einschlägigen Schwellenwerte Anwendung finden,[598] stellt sich die Frage,

595 Vgl. unechtes Crowdlending, *Hartmann*, BKR 2017, 321 (325); für Crowdlending als allgemeines Geschäftsmodell, *Waschbusch*, StB 2016, 206 (210).

596 Vgl. unechtes Crowdlending, *Hartmann*, BKR 2017, 321 (325).

597 Vgl. Art. 3 lit. b) bzw. Art. 2 Abs. 2 lit. c) VerbrKrRL.

598 Vgl. unechtes Crowdlending, *Hartmann*, BKR 2017, 321; s. auch *Renner*, ZBB 2014, 261 (269); *Veith*, BKR 2016, 184 (185 f.). Problematisch könnte auch sein, dass beide Richtlinien nur für Kreditfinanzierungen gelten sollen (Art. 2 Abs. 1 VerbrKrRL u. Art. 3 Abs. 1 HypothekarKrRL). Verbraucher bei Crowdfunding-Geschäftsmodellen, bei

ob dadurch die zu berücksichtigenden Kreditnehmer als Projektträger bzw. Verbraucher benachteiligt werden, insbesondere während sich die als unternehmerisch agierenden Kreditnehmer auf die Schutzvorschriften dieser Verordnung berufen könnten. Das wäre im Ergebnis nicht mit Art. 169 AEUV vereinbar.[599]

denen die Finanzierung nicht in Form eines Kreditvertrages erfolgt, sind nicht geschützt. Dabei ist dennoch im Sinne des Vorschlags anzumerken, dass nur Crowdlending- sowie Crowdinvesting- Geschäftsmodelle berücksichtigt werden, sodass Crowdfunding-Geschäftsmodelle mit sozialen Zwecken nicht dabei zu beachten sind (s. Erwägungsgrund 1 des VO-Entwurfs).

599 Vgl. *Möslein/Omlor*, BKR 2018, 236 (240).

Vierter Teil

Zusammenfassung der Ergebnisse in Thesen

A. Mikrofinanzierung durch Mikrofinanzinstitute – MFI´s in Deutschland

1. Die MFI´s betreiben Bankgeschäfte i.S.v. §§ 1 Abs. 1 S. 2 Nr. 2 u. 8 KWG mit der Folge einer Erlaubnispflicht nach 32 Abs. 1 S. 1 KWG. Eine Genehmigungsbedürftigkeit bei der Durchführung der Kreditvergabe von Mikrodarlehen mit Beteiligung von Akteuren außerhalb des Bankensektors liegt somit vor.
2. Bei der Auslagerung von Aktivitäten und Prozessen i.S.d. § 25b KWG kann kein angemessenes und wirksames Risikomanagement gewährleistet werden. Eine Beeinträchtigung der Geschäftsorganisation gem. § 25a Abs. 1 KWG und dem MaRisk-Rundschreiben der BaFin ist dabei alternativ festzustellen. Die im Rahmen des Geschäftsmodells der Mikrofinanzierung in Deutschland auszulagernden Aktivitäten oder Prozesse sind nicht auslagerungsfähig, sodass eine Auslagerung gem. § 25b KWG unzulässig ist.
3. Als Schutzzweck steht trotz der charakteristischen niedrigen Beiträge des Geschäftsmodells die Funktionsfähigkeit des Kreditapparats auf dem Spiel, weil der Gesetzgeber durch die Erlaubnisregelung des § 32 Abs. 1 S. 1 KWG u.a. auch in Bezug auf die Integrität, Zuverlässigkeit, technische Sicherheit und Qualität der Anbieter einzelner Bankdienstleistungen die Kreditvergabe in Deutschland einschränkt. Die Tatsache, dass das Risiko in diesem Zusammenhang auf private Teilnehmer bzw. auf die MFI´s zugunsten des Kreditinstituts verlagert wird, lässt dabei nur eine Berücksichtigung der finanziellen Risiken durch die am Ende endgültige Haftungsübernahme des Fonds erkennen. Eine ausreichende Einbeziehung des aufsichtsrechtlichen Zwecks im Sinne der Vermeidung ungeeigneter Kreditnehmer und Anbieter fällt jedoch bei der Konzipierung des Geschäftsmodells aus.
4. Die Vergabe von Mikrokrediten über die MFI´s könnte unter Berücksichtigung der im § 2 Abs. 4 KWG vorgesehenen Befreiungsregelung wegen der Art und Höhe der Geschäfte ermöglicht werden. Jedoch wäre die Funktionsfähigkeit des Kreditapparats in seiner Gesamtheit nicht mehr zu gewährleisten, weil eine solche Ausnahmebestimmung der BaFin eine Ausbreitung von Kreditgeschäften durch unprofessionelle Anbieter und damit auch von kleinen Kreditnehmern mit wirtschaftlich unvertretbaren Bedingungen bedeuten könnte. Es wäre somit mit der möglichen Entstehung eines sog. „grauen Kapitalmarkts“ im Mikrofinanzsektor zu rechnen, sodass die Integrität des Kreditapparats als Schutzzweck des KWG beeinträchtigt werden

kann. Eine Freistellung i.S.v. § 2 Abs. 4 KWG zeigt sich dann als nicht angemessen.

5. Eine Freistellung i.S.d. § 2 Abs. 4 KWG wäre unter verbraucherschutzrechtlichen Gesichtspunkten mit dem Schutz vor Überschuldung nicht vereinbar. Anstatt gefördert zu werden, wären die Existenzgründer und kleine Kreditnehmer dazu gezwungen, an einer unkontrollierten Kreditvergabe mit überhöhten Zinsen teilzunehmen.
6. Um dem Ziel eines „wirksamen" Schutzes der Verbraucher vor der unverantwortlichen Gewährung von Krediten effektiver über eine zivilrechtliche Ebene hinaus dienen zu können, wäre eine nicht nur im öffentlichen Interesse liegende Ausübung bankaufsichtsrechtlicher Maßnahmen aufgrund ihrer präventiven Natur in diesem Fall denkbar. Dabei geht es um die künftige Vermeidung von Verstößen, wenn die finanziellen Möglichkeiten der Verbraucher überschritten sind und die Gewährungsbedingungen zu ihrer Zahlungsunfähigkeit führen, wie es in diesem Fall bei den Existenzgründern sein kann. Dies würde aber die aufsichtsrechtliche Ausdehnung des sich bisherigen nach § 4 Abs. 1a u. 4 FinDAG auf eine Makroperspektive beschränkenden Schutzes des einzelnen Verbrauchers erfordern, um im Einklang mit den vorgesehenen Schutzzwecken des Aufsichtsrechts zu stehen. In diesem Sinne wäre die Möglichkeit einer aufsichtsrechtlichen Umstellung vom kollektiven auf einen individuellen Schutz des Verbrauchers in Deutschland wünschenswert.
7. Anstatt die Haftung für eine nachträgliche Nichteinhaltung der Verpflichtungen gemäß dem Kreditvertrag durch den Verbraucher auf den Kreditgeber zu übertragen, und angesichts der fehlenden Effizienz der Sanktion einer Zinsermäßigung bzw. einer vorzeitigen Kreditvertragskündigung, könnte schon die Androhung mit möglichen Bußgeldern für den Verstoß der Kreditwürdigkeitsprüfungspflicht gegenüber einem Kreditinstitut in einem bestimmten Fall reichen, um den Verbraucher vor seiner Zahlungsunfähigkeit effektiv zu schützen. Bisher sind in Deutschland solche Geldbußen für ein ordnungswidriges Verhalten des betreffenden Instituts nach § 56 Abs. 6, 7 KWG vorgesehen, wenn es nur um einen Verstoß gegen § 18 KWG, nicht aber, wenn es um eine Verletzung der Kreditwürdigkeitsprüfungspflicht des Verbraucherdarlehensgebers i.S.d. § 18a KWG geht.

8. Angesichts der Zielgruppe dieser Initiative zur Förderung des Zugangs zu Finanzmitteln, in der vor allem Frauen mit Migrationshintergrund und traditionell sozial ausgeschlossene Gruppen der Bevölkerung berücksichtigt werden, ist von einem Rationalitätsdefizit bei diesen Personen auszugehen, das nicht nur durch die Beseitigung der typischen Informationsasymmetrien des deutschen Verbrauchers reduziert werden kann. Da es sich dabei um eine unternehmerisch orientierte Entscheidung eines Existenzgründers handelt, in der jedoch die Risikowahrnehmung aufgrund der durch diese Initiative flexibilisierten Kreditbedingungen verzerrt werden könnte, sind interventionistische Instrumente erforderlich. Das Gebot einer Intervention kann dann so weit gehen, dass der Verbraucher gegen seinen eigenen Willen durch ein mögliches Kreditvergabeverbot mit rechtlichen Folgen für das Kreditinstitut zu schützen wäre. So wäre eine mögliche Ausübung solcher Maßnahmen durch das in dieser Konstellation entstehende Verbraucherleitbild eines verletzlichen Verbrauchers zu rechtfertigen, in dem er konkret als Existenzgründer geschützt werden sollte.
9. Ein effektiver Schutz des Verbrauchers durch interventionistische Maßnahmen wäre eine aufsichtsrechtliche Lösung, die viel mehr im Einklang mit dem vom europäischen Gesetzgeber verankerten Zweck i.S.v. einer „Wirksamkeit" des Überschuldungsschutzes des Verbrauchers stehen würde, unabhängig davon, dass jeder Mitgliedstaat europarechtlich mit der Freiheit zu rechnen hat, entweder zivilrechtlich oder aufsichtsrechtlich die Richtlinie umsetzen zu können.[600] Europarechtlich betrachtet ist dann vor allem erheblich, die Wirksamkeit bzw. Effektivität der nationalstaatlichen vorgesehenen Sanktionen zu garantieren.
10. De lege lata ist dann die Notwendigkeit eines Verbots der Mikrokreditvergabe zu bejahen, das sich vor allem auf Verbraucherschutzgründe stützt. Zwar wäre es an dieser Stelle, §§ 505a, 505b und 505d BGB sowie §§ 18a und 32 Abs. 1 S. 1 KWG teleologisch zu reduzieren, weil dieses Mikrokreditvergabeverbot zu einer Verbrauchergefährdung führen kann, sodass durch die Reduktion erneut dem Verbraucherschutz gedient werden könnte. Jedoch gefährdet ein Verbot das Verbraucherwohl nicht, weil dadurch ein Vorrang der Verbraucherschutzbedürftigkeit im Sinne eines effektiven

600 Es geht um die Umsetzung der RiL 2014/17/EU v. 4.2.2014 über Wohnimmobilienkreditverträge für Verbraucher und zur Änderung der RiL 2008/48/EG und 2013/36/EU und der Verordnung (EU) Nr. 1093/2010, ABl. EU Nr. L 60, S. 34 ff., v. 28.2.2014 („Wohninmobilienkredit-Richtlinie" 2014/17/EU) m.W.v. 21.03.2016.

Überschuldungsschutzes vor wirtschaftspolitischen Zielen gewährleistet werden kann. Außerdem kann dem Verbraucherwohl durch die Reduktion nicht gedient werden, da die Erleichterung des Zugangs zu Finanzmitteln nur im Zusammenhang mit einem dabei gleichzeitig ausgelösten Überschuldungsrisiko zu erwarten ist. Eine Reduktion des § 32 KWG Abs. 1 S. 1 bleibt seinerseits außer Betracht, weil der dadurch verfolgte Zweck primär bei der Anwendung der Befreiungsregelung i.S.d. § 2 Abs. 4 KWG zu erreichen wäre. Da dennoch dieser Weg erneut zum Überschuldungsrisiko und ebenfalls zur Auslösung weiterer aufsichtsrechtlicher Risiken führen könnte, ist dieses auch auszuschließen.

11. Da aufsichtsrechtliche bzw. verbraucherrechtliche Schutzzwecke gleichzeitig dabei beeinträchtigt werden können, überzeugt die Vertragsgestaltung bzw. Risikoverteilung des Geschäftsmodells nicht. Die hier dargelegten Anzeichen deuten darauf hin, dass seine Konzipierung nicht dem Willen des Gesetzgebers entspricht. Eine am Zweck der Regelungen orientierte Auslegung spricht deswegen dafür, dass die Erleichterung des Zugangs zu Finanzmitteln für reduzierte Zielgruppen der Bevölkerung, die auch als Verbraucher angesehen werden können, unter den Bedingungen des Geschäftsmodells nicht zu erreichen und wegen der Auslösung weiterer aufsichtsrechtlicher Risiken nicht zu erlauben ist.

B. Unechtes Crowdlending als innovative Finanzierungsform für Existenzgründung und KKMU in Deutschland

12. Die Plattform-Betreiber bzw. Zweckgesellschaften betreiben kein Bankgeschäft i.S.d. § 1 Abs. 1 S. 2 KWG und sind bei der Erbringung der Finanzdienstleistung der Anlagevermittlung i.S.d. § 1 Abs. 1a S. 2 Nr. 1 KWG von der Erlaubnispflicht gem. § 2 Abs. 6 S. 1 Nr. 8 e) KWG befreit.
13. Unter Berücksichtigung des Wortlauts des Gesetzgebers benötigen die Plattform-Betreiber bzw. Zweckgesellschaften Genehmigungen im Sinne der §§ 34c sowie 34f GewO.
14. Investoren betreiben im Rahmen des unechten Crowdlending kein Bankgeschäft i.S.d. § 1 Abs. 1 S. 2 KWG.
15. Kreditnehmer betreiben im Rahmen des unechten Crowdlending kein Einlagengeschäft i.S.d. § 1 Abs. 1 S. 2 Nr. 1 KWG.
16. Das Kreditinstitut fungiert als Erbringer der Dienstleistung im unechten Crowdlending, ohne das unternehmerische Risiko in der Praxis übernommen zu haben. Unter Berücksichtigung des Anlegerschutzes und aus

Risikogesichtspunkten ist die Zwischenschaltung eines Kreditinstituts nicht gerechtfertigt.

17. Der Risikomaßstab ist als materieller Inhalt der Schutznorm nicht mehr in dem bisher anerkannten bankmäßigen Sinn wahrzunehmen. Die Leistungserbringung besteht hinsichtlich der Risikoübernahme eines Intermediärs als Gegenstand der Regulierung i.S.v. § 32 KWG. Es lässt sich der dabei vorgesehene Schutzzweck im Fall von unechtem Crowdlending nicht verwirklichen.
18. Aufgrund der Erfüllung der tatbestandlichen Voraussetzungen des Finanzanlagevermittlers bedürfen die Kreditvermittlungsplattformen einer Erlaubnis gem. § 34f GewO. Die oben erwähnten Befreiungsregelungen nach vermögensanlagerechtlicher Regulierung greifen nicht ein. Stattdessen machen Kreditvermittlungsplattformen von der Ausnahmevorschrift i.S.v. § 2 Abs. 6 S. 1 Nr. 8 e) KWG Gebrauch, sodass unter Berücksichtigung der bisher schon dargelegten Ergebnisse die Plattform-Betreiber bzw. die Zweckgesellschaften im Rahmen des unechten Crowdlending-Geschäftsmodells von den Prospekt- und Kurzinformationsblattpflichten zu befreien sind.
19. Es wird festgestellt, dass im Laufe des Kreditvergabeprozesses im unechten Crowdlending auch die strengeren Bonitätsprüfungspflichten gem. §§ 505a, 505b BGB beachtet werden sollen. Dass das Kreditinstitut in der Praxis das Kreditrisiko auszulagern hat, stellt keine Befreiung der Bonitätsprüfungspflichten aus verbraucherschutzrechtlicher Perspektive bei der Kreditvergabe dar. Es ist davon auszugehen, dass diese Bonitätsprüfungspflichten im unechten Crowdlending von den Plattform-Betreibern eingehalten werden und ein effektiver Verbraucherschutz dadurch gewährleistet ist.
20. Angesichts der zahlreichen Bonitätsprüfungskompetenzen, die sich im unechten Crowdlending bei den Plattform-Betreibern beobachten lassen, ist aus bankaufsichtsrechtlicher Perspektive von einer Auslagerung der Bonitätsprüfungsprozesse auszugehen. Bei der Durchführung solcher Tätigkeiten sollen die entsprechenden Kontrollen sowie die dazu gehörenden organisatorischen Pflichten bei der Bank i.S.v. § 25b Abs. 1 S. 1 KWG (und nicht bei den Kreditvermittlungsplattformen) bleiben.
21. Die Investoren betreiben trotz der Erfüllung des Tatbestandsmerkmals der Kreditgewährung durch den Erwerb von Rückzahlungsansprüchen kein Kreditgeschäft i.S.v. § 1 Abs. 1 S. 2 Nr. 2 KWG, weil dabei keine Gewerbsmäßigkeit festzustellen ist. Die ausgeführten Kreditgewährungen sind nicht isoliert zu betrachten und nur in ihrer Verknüpfung als eine einzelne Investition im Rahmen des unechten Crowdlending sinnvoll.

22. Die erkennbare Absicht zur Wiederholung einer Investition ist nicht als eine auf Dauer eingerichtete Tätigkeit anzusehen. Eine Wiederholungsabsicht ist im Rahmen des Geschäftsmodells aber als Ergänzungsfunktion einer einzigen Investition zu verstehen, die keine Geschäftsmäßigkeit darstellt. Indizien für einen auf Dauer eingelegten Betrieb sind somit auszuschließen.
23. Die Investoren sind im unechten Crowdlending nur im Rahmen der Verwaltung und Nutzung ihres privaten Vermögens tätig und ihr Auftreten über die jeweilige Kreditvermittlungsplattform stellt kein Tätigwerden in der Öffentlichkeit dar.
24. Bei den Investoren handelt es sich um ein Tätigwerden, in dem nicht nur bedeutungslose Beträge ohne bankmäßige Relevanz zu sehen sind, sondern auch keine Wiederholungsabsicht wegen der zugesprochenen Ergänzungsfunktion mehrerer Kreditgewährungen vorliegt. Eine extensive Interpretation der Gewerbsmäßigkeit gem. § 32 Abs. 1 S. 1 KWG von der Seite der Aufsichtspraxis ist deshalb nicht angemessen, weil durch eine solche Auslegung die Leistungen der Investoren im Abstrakten und ohne ihren konkreten Inhalt bewertet werden.
25. Die Bewertung des unechten Crowdlending unter einer extensiven Anwendung des Gewerbsmäßigkeitsbegriffs bezüglich der Investoren steht nicht mit dem Willen des Gesetzgebers im Einklang, da diese mit ihrem Tätigwerden (im Gegensatz zu dem üblichen Fall im Grauen Kapitalmarkt) keine nachhaltige Teilnahme am allgemeinen Wirtschaftsverkehr darstellen. Die vom Gesetzgeber erwähnte Vorstellung eines grauen Kapitalmarkts unterscheidet sich maßgeblich von der Realität der entwickelten Vertriebsmöglichkeiten verschiedener Crowdlending-Geschäftsmodelle. Der geforderten Bekämpfung des unregulierten Kapitalmarkts kann nicht durch das Einbeziehen der Investoren mit ihren typisierten geringeren Kapitaleinsätzen im unechten Crowdlending gedient werden.
26. Nur dann, wenn der Anleger im unechten Crowdlending außerhalb des Umfangs der Verwaltung und Nutzung seines privaten Vermögens ein einziges oder gleichzeitig mehrere Kreditprojekte vollständig finanziert, würde er gewerbsmäßig handeln und damit der Erlaubnispflicht nach § 32 KWG unterliegen.
27. Anleger dürfen ohne Erlaubnis gelegentlich im Rahmen der Verwaltung und Nutzung ihres privaten Vermögens im Crowdlending tätig sein, ohne den Verbraucherschutz zu beeinträchtigen. Aus verbraucherschutzrechtlicher Perspektive lässt sich eine Beaufsichtigung der Investoren auch nicht erklären.

28. Kleine, private und unprofessionelle Anleger unterliegen keiner Erlaubnispflicht i.S.v. § 32 KWG, wenn sie durch den Erwerb von Rückzahlungsansprüchen im unechten Crowdlending investieren, und auch nicht, wenn sie im echten Crowdlending ohne die Einschaltung eines Intermediärs tätig sind, solange sie nicht außerhalb des Umfangs der Verwaltung und Nutzung ihres privaten Vermögens aktiv sind. Weder im echten noch im unechten Crowdlending werden durch das Tätigwerden der Investoren banktypische Risiken ausgelöst.
29. Durch das Wegfallen der bisherigen Erlaubnispflicht bei den durchgeführten Tätigkeiten der Investoren beim echten Crowdlending können weder der Anleger- und Verbraucherschutz noch der Funktionsschutz beeinträchtigt werden. Es gibt dann keine Rechtfertigung für die Erlaubnis, die nach der Rechtsauffassung der BaFin dafür benötigt wird.
30. Da beim echten Crowdlending keine Bedrohung der Schutzobjekte gem. § 32 KWG durch die eingeführten Tätigkeiten der Investoren zu bejahen ist, handelt es sich bei der Rechtsauffassung der BaFin faktisch um ein Verbot privater Kreditvergabe im Rahmen der Verwaltung und Nutzung eigenen Vermögens der Investoren.[601]
31. Der vorgesehene Anwendungsbereich des Vorschlags für eine Crowdfunding-Verordnung v. 8.3.2018, in dem auch Investoren, die nicht unternehmerisch agieren, umfasst werden, ist nicht mit Art. 15 des gleichen VO-Entwurfes bzw. mit der Kenntnisprüfung und Überprüfung der Verlustfähigkeit der Investoren vereinbar. Da dadurch potenzielle Investoren, die keine Erfahrung nachweisen, unverhältnismäßig abgeschreckt werden können, steht diese Regelung auch nicht im Einklang mit dem Ziel der Erleichterung des Zugangs zu Finanzmitteln durch innovative Finanzierungsformen. Andererseits wird nicht darauf geachtet, dass die Schwarmfinanzierung statt durch Abschreckungsmaßnahmen im Kern die Risiken durch eine granulare Verteilung zu verringern versucht. Offen bleibt deswegen, ob die Investoren im Einzelfall durch „Risikowarnungs-Maßnahmen" effektiv geschützt werden können, ohne entsprechend das Geschäftsmodell zu beeinträchtigen. Dem Erfordernis nach mehr Schutz beim Risikoeingehen der Investoren sollte bei der Regulierung solcher digitalen Geschäftsmodelle durch die dabei vorgesehene Informations- sowie Berichts- und Transparenzpflichten entsprochen werden. Dem Anlegerschutz bei

601 Dies löst erhebliche verfassungsrechtliche Bedenken aus, die außerhalb der Fragestellung dieser Arbeit zu klären sind.

Crowdfunding-Finanzierung ist nicht durch die Sicherung der im Einzelfall geringeren angelegten Vermögenswerte der Kreditgeber zu dienen, sondern vielmehr durch die Gewährleistung eines transparenten Informationsaustauschs über die Qualität und Quantität zukünftiger potenzieller Kreditnehmer, was durch den Plattform-Betreiber stattfinden soll.

32. Die Einführung eines sog. „Basisinformationsblattes für Investoren" gem. Art. 16 des Vorschlags für eine Crowdfunding-Verordnung v. 8.3.2018 kann als verhältnismäßig bewertet werden. Somit stellen die Crowdfunding-Dienstleister potenziellen Investoren für jedes Crowdfunding-Angebot ein vom Projektträger erstelltes Informationsblatt zur Verfügung. Da der Anlegerschutz wegen der Einführung von Vereinfachungen bei Prospekt- und Informationspflichten beeinträchtigt werden kann (wie es im Fall von solchen Schwarmfinanzierungs-Geschäftsmodellen zu sehen ist), erscheint diese vorgesehene Anforderung bezüglich einer Reduktion der Informationsasymmetrien als sehr geeignet.
33. Finanzierungsprojekte, die beabsichtigen, sich zugunsten von Verbrauchern über eine solche Plattform zu finanzieren, sind im Sinne des Art. 2 Abs. 2 lit. a des Vorschlags für eine Crowdfunding-Verordnung v. 8.3.2018 nicht als schutzbedürftig berücksichtigt. Da jedoch weder die Verbraucherkreditrichtlinie noch die Hypothekarkreditrichtlinie wegen der bei Crowdfunding-Finanzierung einschlägigen Schwellenwerte Anwendung finden, stellt sich die Frage, ob dadurch die zu berücksichtigenden Kreditnehmer als Projektträger bzw. als Verbraucher benachteiligt werden, insbesondere während sich die als unternehmerisch agierenden Kreditnehmer auf die Schutzvorschriften dieser Verordnung berufen könnten. Das wäre im Ergebnis nicht mit Art. 169 AEUV vereinbar.

C. Übergreifende Gesamtergebnisse

34. Da Mängel in der Kreditversorgung als eine Störung des Funktionsschutzes verstanden wird, ist von einer Beeinträchtigung dieses Schutzguts beim Existenzgründungs- sowie KKMU-Sektor in Deutschland auszugehen. Es handelt sich um eine fehlende Optimierung der Kapitalallokation, die zum Teil auch durch die neue Bankenregulierung verursacht worden ist. Dies hat dann zu Finanzierungsschwierigkeiten sowohl für KKMU-Unternehmen als auch für Existenzgründer geführt, die als Funktionsstörung anzusehen ist, weil diese auch als Teil des Funktionsschutzes verstanden werden soll und daher zu vermeiden bzw. zu beheben ist.

35. Statt einer Behebung könnte die extensive Auslegung der Gewerbsmäßigkeit im Sinne der Erlaubnispflicht nach § 32 KWG eher zur Verschärfung einer Funktionsstörung führen, die selbst durch die Regulierung verursacht wurde. Dies sollte deshalb von der Seite der Finanzmarktaufsicht bei der Entwicklung neuer Geschäftsmodelle bzw. der Entstehung innovativer Finanzierungsformen berücksichtigt werden, sodass dabei jenseits des Anlegerschutzes eine Einbeziehung anderer finanzaufsichtsrechtlichen Rechtsgütern bei einer angemessenen Abwägung geboten ist.
36. Eine expansive Auslegung der Schutzbedürftigkeit bei bestehender Marktstruktur und bei der Teilnehmern in der Kreditwirtschaft kann zu einer Beeinträchtigung der Wettbewerbs- und Leistungsfähigkeit bei der Kreditvergabe führen, die letztendlich den Funktionsschutz im Sinne mangelhafter Kreditversorgung der Volkswirtschaft (oder eines Teils davon) unmittelbar in Form einer fehlenden Optimierung der Kapitalallokation betrifft.
37. Die Rechtfertigungen einer Regulierung von Finanzintermediären als Leistungserbringer sind mit dem Aufkommen von innovativen Finanzierungsformen zu überdenken. Inzwischen hat ihr Etablierungsprozess im Fremdkapitalfinanzierungsbereich in der Praxis eine Stärkung des Wettbewerbs auf dem Kapitalmarkt mit sich gebracht, die zugleich eine relative Schwächung der bisherigen Dominantposition der Kreditinstitute bei der Finanzintermediation als traditionelles Mittel „staatlicher Wirtschaftspolitik“[602] bedeuten kann. Dass innovative Finanzierungsformen wie das Crowdlending die Geldschöpfungskette direkt beeinflussen (können), macht die Erforderlichkeit eines Wandels der Aufsichtsziele „jenseits der klassischen Bank“[603] auch wegen einer partiell oder vollständigen Risikokredit-(Dis) Intermediation durch die Entstehung neuer Finanztechnologien in Deutschland sichtbar.
38. Es besteht Anlass zur Annahme, dass eine positive Entwicklung von Crowdlending-Modellen als geeignete Finanzierungsform für Existenzgründer und KKMU-Unternehmen, die i.d.R. nicht in der Lage sind, über eine banküblische Sicherheit zu verfügen, zur Entlastung von Förderprogrammen für diese Zielgruppe führen kann, ohne finanzaufsichtsrechtliche Risiken auszulösen. Paternalistische Interventionen aufgrund einer Verzerrung der Risikowahrnehmung sind nicht erforderlich. Die Förderungszwecke bei Mikrofinanzierungsprogrammen sind durch das

602 So *von Goldbeck*, in: Luz/Neus/Schaber/Schneider/Wagner/Weber, KWG § 32 Rn. 1.
603 *Kaufhold*, ZVglRWiss 2017, 151.

Crowdlending zu erreichen, ohne das Vertrauen in den Finanzierungsmarkt zu beeinträchtigen.

39. Dass Crowdlending zur Optimierung bei der Kapitalallokation im Rahmen der Kreditfunktion entscheidend beiträgt, damit als stabilisierender Faktor im Finanzsystem wirken[604] und der sinnvollen Erweiterung des Kreditmarktzugangs dienen kann,[605] ist insbesondere in Bezug auf den Funktionsschutz in Deutschland hervorzuheben.
40. Im Gegensatz zum dargelegten Geschäftsmodell zur Mikrofinanzierung, bei der das Überschuldungsrisiko des Verbrauchers nicht berücksichtigt wird und die wichtigen organisatorischen Pflichten im Kreditprozess gem. § 25a Abs. 1 S. 1 KWG (angemessenes Risikomanagement) in Frage gestellt werden, ist im Ergebnis festzustellen, dass das Aufkommen des Crowdlending-Geschäftsmodells bei der Fremdkapitalvergabe im KKMU- sowie im Existenzgründungssektor die Schutzgüter der Finanzmarktaufsicht in Deutschland nicht berührt.

---

604 Offen bleibt dennoch, ob aus einer effizienteren Kapitalallokation über Marktplätze Wohlfahrtseffekte gegenüber einer Kreditvergabe durch Banken entstehen, vgl. *Broer*, ZVglRWiss 2017, 189 (199 f.).

605 „However, each of these reasons indicates that so far, regular financial institutions are still leaving part of the demand for credit unsupplied“, *De Roure/Pelizzon/Tasca*, Deutsche Bundesbank Discussion Paper 30/2016, S. 17.

Literaturverzeichnis

Alscher, Alexander/*Kolbecher*, Marcel: Ist Deutschlands Mittelstand bereit für Fin Tech und Online-Kredite? Eine Akzeptanzanalyse zu Peer-to-Business-Lending für deutsche KMU, ZBB 2018, 43–66.

Armour, John/*Awrey*, Dan/*Davies*, Paul/*Enriques*, Luca/*Gordon*, Jeffrey N./ *Mayer*, Colin/*Payne*, Jennifer: Principles of Financial Regulation, Oxford 2016 (zit.: *Armour/Awrey*, Principles of Financial Regulation, 2016, Kap. 3, S.).

Bamberger, Heinz Georg/*Roth*, Herbert (Hrsg.): BeckOK BGB, Online Kommentar zu BGB, 42. Ed., Stand: 01.02.2017, München 2017 (zit.: *Bearbeiter*, in: Bamberger/Roth, BGB § Rn.).

Barta, Sebastian/*Braune*, Ulrike: Schadenersatz als Rechtsfolge der unzureichenden Prüfung der Kreditwürdigkeit des Verbrauchers – Konsequenzen aus der Entscheidung des EuGH in Sachen Le Credit Lyonnais SA/Fesih Kalhan für das Verständnis des deutschen Rechts, BKR 2014, 324–330.

Bartlitz, David: Die Sanktionierung von Verstößen gegen die Erläuterungs- und Bonitätsprüfungspflicht im Verbraucherkreditrecht, WM 2016, 344–351.

Bausch, Stephan: Anmerkung zu BGH Urteil v. 10.10.2017 - VI ZR 556/14, Keine Anlageberatung oder –Vermittlung bei Empfehlung einer Vermögensverwaltung, NJW 2018, 230–232.

Beckmann, Iris: Entrepreneurship-Politik, Wiesbaden 2009.

Bendig, Mirko/*Unterberg*, Michael/*Sarpong*, Benjamin: Overview of the Microcredit Sector in the European Union, Bruxelles 2014.

Bergmann, Henning: Funktionsauslagerung bei Kreditinstituten – Rechtliche Fragen des Outsourcing, Berlin 2010 (zit.: *Bergmann*, Funktionsauslagerung, 2010, S.).

Boos, Karl-Heinz/*Fischer*, Reinfrid/*Schulte-Mattler*, Hermann (Hrsg.): KWG CRR-VO, Kommentar zu KWG, VO (EU) Nr. 575/2013 (CRR) und Ausführungsvorschriften, 5. Aufl., München 2016 (zit.: *Bearbeiter*, in: Boos/Fischer/ Schulte-Mattler, KWG, § Rn.).

Broer, Frank: Economics von Fintech-Geschäftsmodellen, ZVglRWiss 2017, 189–204.

Buck-Heeb, Petra: Aufklärungs- und Beratungspflichten bei Kreditverträgen – Verschärfungen durch die EuGH-Rechtsprechung und die Wohnimmobilienkredit-Richtlinie, BKR 2015, 177–186.

- Vom Kapitalanleger- zum Verbraucherschutz, ZHR 176 2012, 66–95.
- Finanzaufsichtsrechtsergänzungsgesetz, WM 2017, 1329–1337.

Bülow, Peter: Recht der Kreditsicherheiten – Sachen und Rechte, Personen, 8. Aufl., München 2012 (zit.: *Bülow*, Recht der Kreditsicherheiten, Rn.).

Canaris, Claus-Wilhelm/*Habersack*, Mathias/*Schäfer*, Carsten (Hrsg.): Staub Kommentar zum Handelsgesetzbuch, Band 10/1, 5. Aufl., Berlin u.a. 2016 (zit.: *Grundmann*, in: Staub HGB Kommentar, Band 10/1, Bankvertragsrecht 2. Teil, Rn.).

de Roure, Calebe/*Pelizzon*, Loriana/*Tasca*, Paolo: Deutsche Bundesbank Discussion Paper No. 30/2016, "How does P2P Lending fit into consumer credit market?", Deutsche Bundesbank, Frankfurt am Main 2016.

Deiseroth, Dieter/*Eggert*, Anke: Das Wirtschaftsverwaltungsrecht in der neueren Rechtsprechung des Bundesverwaltungsgerichts – Teil IV: Energierecht, Finanzdienstleistungsaufsichts- und Versicherungsaufsichtsrecht, GewArch 2017, 49–58.

Dorfleitner, Gregor/*Hornuf*, Lars/*Schmitt*, Matthias/*Weber*, Martina: Fintech-Markt in Deutschland, Berlin 2016.

Fehling, Michael/*Ruffert*, Matthias (Hrsg.): Regulierungsrecht, Tübingen 2010 (zit.: *Röhl*, Finanzmarktaufsicht, in: Fehling/Ruffert, Regulierungsrecht, § Rn.).

Fekonja, Benjamin: BaFin-Verlautbarungen, Möglichkeiten und Grenzen der rechtlichen Bindungswirkung, Baden-Baden 2014 (zit.: *Fekonja*, BaFin-Verlautbarungen, 2014 S.).

Fox, Alexander/*Müllerlei*, Thomas/*Joenssen*, William: Zur Eignung von Mezzanine-Kapital für Crowdfunding in Deutschland, Corporate Finance 2015, 1–9.

Freitag, Robert: Vertragsrechtliche Folgen der Verletzung der Pflicht zur Bonitätsprüfung, LMK 2014, 358906.

Fritsch, Michael: Entrepreneurship, Berlin u.a. 2016.

Füglistaller, Urs/*Müller* Christoph/*Müller*, Susan/*Volery*, Thierry: Entrepreneurship, 4. Aufl., Wiesbaden 2016.

Gerlach, Finn/*Köhler*, Silvie: § 2a VermAnlG – Hilfestellung oder Haftungsfalle für Crowdfunding-Plattformen?, ZBB 2017, 84–95.

Grieser, Simon G./*Heemann*, Manfred (Hrsg.): Bankaufsichtsrecht – Entwicklungen und Perspektiven, Frankfurter Reihe zur Bankenaufsicht, Bd. 1, 1. Aufl., Frankfurt a.M. 2010 (zit.: *Bearbeiter*, in: Heemann/Grieser, Bankaufsichtsrecht, S.).

Gsell, Beate/*Krüger*, Wolfgang/*Lorenz*, Stephan/*Mayer*, Jörg (Gesamt Hrsg. für das Zivilrecht): BGB, Online Großkommentar, München 2017, (zit.: *Binder*, in: Gsell/ Krüger/Lorenz/Mayer, BGB § Rn.).

Gurlit, Elke: Verbraucherschutz und Institutsaufsicht, in: Chr. Grüneberg/M. Habersack/P. O. Mülbert/A. Wittig, Bankrechtstag 2015, Berlin 2016, S. 3–27, (zit.: *Gurlit*, in: Grüneberg/Habersack/Mülbert/Wittig, Bankrechtstag 2015, S.).

- Handlungsformen der Finanzmarktaufsicht, ZHR 2013, 862–901.
- Die Entwicklung des Banken- und Kapitalmarktaufsichtsrechts in den Jahren 2015/16, WM 2016, 2053–2063.

Haag, Hendrik: Die Finanzierung von KMUs in der EU-Kapitalmarkt-Union – besser und billiger ohne Banken?, ZVglRWiss 2017, 258–268.

Hartmann, Bernd J.: Digitale Ökonomie am Beispiel der Fintechs, BKR 2017, 321–327.

Heise, Christoph: Mikrofinanzierung als Anlageklasse für nachhaltiges und ethisches Investment, Hamburg 2015 (zit.: *Heise*, Mikrofinanzierung als Anlageklasse, 2015).

Herz, Benjamin: Die Entwicklung des europäischen Bankaufsichtsrechts in den Jahren 2016/2017, EuZW 2018, 5–13.

Kaufhold, Ann-Katrin: Systemaufsicht: Anforderungen an die Ausgestaltung einer Aufsicht zur Abwehr systemischer Risiken entwickelt am Beispiel der Finanzaufsicht, Tübingen 2016 (zit. *Kaufhold*, in: Systemaufsicht, 2016, S.).

- Instrumente und gerichtliche Kontrolle der Finanzaufsicht, Die Verwaltung 2016, 339–368.
- Finanzaufsicht als Aufsicht über Beziehungen, ZVglRWiss 2017, 151–161.

Klebeck, Ulf/*Dobrauz-Saldapenna*, Günther: RegTech – eine digitale Chance für den europäischen Finanzmarkt, RdF 2017, 180–186.

Klöhn, Lars/*Parhofer*, Nicolas/*Resas*, Daniel: Initial Coin Offerings (ICOs), ZBB 2018, 89–106.

König, Christian: Neue Anforderungen an die zivilrechtlichen Kreditwürdigkeitsprüfungspflichten, WM 2017, 269–279.

Kumpan, Christoph: Die Europäische Kapitalmarktunion und ihr Fokus auf kleinere und mittlere Unternehmen, ZGR 2016, 2–35.

Landmann, Robert/*Rohmer*, Gustav: GewO – Gewerbeordnung und Ergänzende Vorschriften, Kommentar, Band I, Loseblatt-Ausgabe Aufl., München 2013 (zit.: *Bearbeiter*, in: Landmann/Rohmer, GewO § Rn.).

Leyens, Patrick C.: Informationsintermediäre des Kapitalmarkts – Private Marktzugangskontrolle durch Abschlussprüfung, Bonitätsrating und Finanzanalyse, Tübingen 2017 (zit.: *Leyens*, Informationsintermediäre des Kapitalmarkts, 2017, S.).

Luz, Günther/*Neus*, Werner/*Schaber*, Mathias/*Schneider*, Peter/*Wagner*, Claus-Peter/*Max*, Weber (Hrsg.): KWG und CRR, Kommentar zu KWG, CRR, FKAG, SolvV, WuSolvV, GroMiKV, LiqV und weiteren aufsichtsrechtlichen Vorschriften, 3. Aufl., Stuttgart 2015 (zit.: *Bearbeiter*, in: Luz/Neus/Schaber/Schneider/Wagner/Weber, KWG § Rn.).

Martinek, Michael/*Semler*, Franz-Jörg/*Flohr*, Eckhard (Hrsg.): Handbuch des Vertriebsrechts, 4. Aufl., München 2016, § 49 Rn. 98 ff. (zit.: *Nastold*, in: Handbuch des Vertriebsrechts, 2016, § Rn.).

Mazzucato, Mariana: Das Kapital des Staates, München 2014.

Meincke, Eberhard/*Hingst Kai* Michael: Der Kreditbegriff im deutschen Recht, WM 2011, 633–640.

Micklitz, Hans-Wolfgang: Brauchen Konsumenten und Unternehmen eine neue Architektur des Verbraucherrechts?, Gutachten A zum 69. DJT in München, 2012, S. A 9–A 125.

Milne, Alistair/*Parboteeah*, Paul: The Business Models and Economics of Peer-to-Peer Lending – European Credit Research Institut (ECRI), Brüssel 2016.

Möslein, Florian/*Omlor*, Sebastian: Die Europäische Agenda für innovative Finanztechnologien (FinTech), BKR 2018, 236–243.

Mülbert, Peter O./*Sajnovits*, Alexander: Vertrauen und Finanzmarktrecht, ZfPW 2016, 1–51.

- Mülbert, Peter O.: Anlegerschutz und Finanzmarktregulierung – Grundlagen–, ZHR 177 (2013), 160–211.

Nietsch, Michael/*Eberle*, Nicolas: Grundsatzfragen der Regulierung internetgestützter Alternativ-Finanzierungen (Online Alternative Finance) unter Berücksichtigung der Entwicklungen in Großbritannien und den Vereinigten Staaten, ZVglRWiss 2017, 205–229.

Nugroho, Yanuar/*Miles*, Ian: Microfinance and Innovation, Global Review of Innovation Intelligence and Policy Studies 2009, 1–48.

Ohler, Christoph: Modelle des Verwaltungsverbunds in der Finanzmarktaufsicht, Die Verwaltung 2016, 309–337.

- *Ehlers*, Dirk/*Fehling*, Michael/*Pünder*, Hermann (Hrsg.): Besonderes Verwaltungsrecht, Band 1, 3. Aufl., München u.a. 2012, S. 1178–1210 (zit.: *Ohler*, Bankenaufsichtsrecht, in: Ehlers/Fehling/Pünder, Besonderes Verwaltungsrecht, 2012, § Rn.).

- Bankenaufsicht und Geldpolitik in der Währungsunion, München 2015 (zit.: *Ohler*, Bankenaufsicht und Geldpolitik, 2015, § Rn.).

Paul, Stephan: Schumpeter im Zeitraffer – FinTechs als Prüflabor und Experimentierfield, Wirtschaftsdienst 2016, 631–636.

Pes, Giovanni Nicola/*Porretta*, Pasqualina: Microfinance, EU Structural Fonds and Capacity Building, Basingstoke 2016.

Prehn, Annette: Das Finanzierungsmodell „Bürgerdarlehen" als gangbarer Weg aus finanziellen Engpässen der Kommunen?, DÖV 2011, 174–185.

Rehm, Hannes: Die Zukunft der Bankindustrie – Bestimmungsgründe und Entwicklungslinien künftiger Geschäftsmodelle, ZVglRWiss 2017, 117–133.

Renner, Moritz: Banking without banks? Rechtliche Rahmenbedingungen des Peer-to-Peer Lending, ZBB 2014, 261–344.

Riethmüller, Tobias: Auswirkungen des Kleinanlegerschutzgesetzes auf die Praxis der bankenunabhängigen Finanzierung, das Crowdinvesting und Crowdlending, DB 2015, 1451–1457.

Rinjes, Axel: Die Irrtumproblematik beim Betreiben von Bankgeschäften ohne Erlaubnis gem. § 54 Abs. 1 Nr. 2 KWG, wistra 2015, 7–9.

Rott, Peter: Die neue Immobiliarkredit-Richtlinie 2014/17/EU und ihre Auswirkungen auf das deutsche Recht, BKR 2015, 8–14.

- Verbraucherschutz durch Kreditwürdigkeitsprüfung, EWS 2014, 201–204.

Rudolph, Bernd/*Zech*, Sarah: Überlegungen zur Regulierung des Crowdlending: Kreditgeschäft im neuen Gewand?, Wirtschaftsdienst 2016, 636–639.

Sabrow, Sophia/*Mader*, Philip: Armutsbekämpfung als Mythos und Zeremonie?: Ursachen und Logiken eines Strategiewechsels in der Mikrofinanz, ZfAS 2014, 175–198.

Säcker, Franz Jürgen/*Rixecker*, Roland/*Oetker*, Hartmuth/*Limperg*, Bettina (Hrsg.): Münchener Kommentar zum Bürgerlichen Gesetzbuch, Band 3a, 7. Aufl., München 2017 (zit.: *Bearbeiter*, in: Münchener Kommentar zum BGB, § Rn.).

Scholz-Fröhling, Sabine: FinTechs und die bankaufsichtsrechtlichen Lizenzpflichten, BKR 2017, 133–139.

Schumpeter, Joseph A.: Kapitalismus, Sozialismus und Demokratie, 3. Aufl., München 1950 (zit.: *Schumpeter*, Kapitalismus, 1950, S.).

Schwennicke, Andreas/*Auerbach*, Dirk (Hrsg.): KWG Kommentar, 3. Aufl., München 2016 (zit.: *Bearbeiter*, in: Schwennicke/Auerbach, KWG § Rn.).

- *Schwennicke*, Andreas: Vergabe privater Darlehen und Erlaubnispflicht nach dem KWG (1), WM 2010, 542–550.

Seebach, Daniel: Die Reichweite des Marktortprinzips im Inlandsmerkmal des § 32 Abs. 1 S. 1 KWG – zugleich methodische Anmerkungen zu BVerwG WM 2009, 1553, WM 2010, 733–740.

Söbbing, Thomas: Rechtliche Herausforderungen bei den Finanztechnologien der Zukunft, BKR 2016, 360–366.

Thiele, Alexander: Finanzaufsicht – Der Staat und die Finanzmärkte, Tübingen 2014 (zit.: *Thiele*, Finanzaufsicht, 2014, S.).

Uffmann, Katharina: Der Schwarm im Bürgerlichen Recht – Rechtsbeziehung zwischen Crowdinvesting-Plattform und Investor, JZ 2016, 928–937.

Varentsov, Georg: Staatshaftungsrechtliche Grundlagenprobleme bei der Durchführung von nationalen Vorschriften im Rahmen der Bankenaufsicht durch die Europäische Zentralbank, DÖV 2017, 53–63.

Veith, Julian: Crowdlending – Anforderungen an die rechtskonforme Umsetzung der darlehensweisen Schwarmfinanzierung, BKR 2016, 184–193.

Wardrop, Robert/*Zhang*, Bryan/*Rau*, Raghavendra/*Gray*, Mia: Moving Mainstream – The European Alternative Finance Benchmarking Report, London 2015 (zit.: *Wardrop/Zhang/Rau/Gray*, Moving Mainstream, 2015, S.).

Waschbusch, Gerd/*Knoll*, Jessica/*Staub-Ney* Nadine/*Salfeld*, Irina: Die Masse macht´s – Crowdfunding als Finanzierungsmöglichkeit für Existenzgründer, StB 2016, 206–213 (zit. *Waschbusch*, StB 2016, S.).

Weitnauer, Wolfgang: Initial Coin Offerings (ICOs): Rechtliche Rahmenbedingungen und regulatorische Grenzen, BKR 2018, 231–236.

Wenzel, Jens: Bankgeschäftsrisiken bei Gesellschaften der Realwirtschaft, NZG 2013, 161–167.

Wilhelmi, Rüdiger: Anlegerschutz im Kapitalmarkt ohne Banken – Ein Vergleich des Bank- und Kapitalmarktrechts angesichts der Kapitalmarktunion, ZVglRWiss 2017, 298–312.

Zirngibl, Nikolas: Crowdfunding – Markt, Modelle und Rahmenbedingungen, in: Bankrechtstag 2015, Berlin u.a. 2016 (zit. *Zirngibl*, Crowdfunding in: Bankrechtstag 2015, 2016, S.).

www.ingramcontent.com/pod-product-compliance
Ingram Content Group UK Ltd.
Pitfield, Milton Keynes, MK11 3LW, UK
UKHW021937290926
8980IPUK00016B/1671

9 783631 824542